考古学

早乙女雅博・設楽博己

(新訂)考古学('18)

©2018 早乙女雅博・設楽博己

装丁・ブックデザイン:畑中 猛

o-30

まえがき

　本書は，放送大学の2018年度から開講される授業科目「考古学」の印刷教材である。

　考古学というと，遺跡の発掘と新しい発見を連想し，ロマンがあり華やかな学問と思う人も多いと思われるが，それは確かに考古学と関わっているが，本来の目的は「人類社会の過去の復元」である。自分あるいは他の研究者の発掘により研究対象である考古資料を獲得したあと，膨大な資料を前にして，「どのような方法で，どのように分析」したら，目的に近づけるかを日々葛藤しながら研究し，新しい成果を出している。その過程は，華やかさとはかけ離れて地道な作業である。膨大な資料といったが，それは人類が残した資料のほんのわずかでしかない。有機物は地中で腐食し，遺構は古いものが新しいものに壊されたりと，過去の人類の生活は，長い歴史の全体に比べればごくわずかしか残っていない。さらに，活動の痕跡のうち，これまでに発掘された面積もわずかであり，地中にあってまだ発掘されていない遺跡が多いのも事実である。したがって，膨大にみえる考古資料も，人類が残した痕跡のごくわずかでしかないことを理解しておく必要がある。だからこそ新しい発見があり，これまでの歴史を塗り替えるということが起こるのである。

　人類社会の過去を復元する考古学は，歴史学としての考古学と人類学としての考古学という考え方に，大きく分かれている。前者は文献や金石文が古くから出現したヨーロッパでおこり，後者は新大陸のアメリカで20世紀に入ってからおこった。最も大きな違いは，歴史学としての考古学は，地域ごとの人類社会の歴史を明らかにしていくのに対して，人類学としての考古学は，人類社会に共通する歴史の一般法則を見つけ出

すことを目的としている。例えば，農耕の出現や都市の発生のように，地域や時代を越えて人類発展の過程で現れる規則性である。どのように過去を復元していくかで違いが見られるが，どちらの考え方でも，扱う考古資料は同じであり，目的は「過去の復元」と共通している。

「どのような方法で，どのように分析」するかが，資料を前にした考古学の出発点となるが，その方法は他の分野の方法を取り入れることも多い。第4章では，炭素14年代法について最先端の研究を行っている国立歴史民俗博物館の研究成果を紹介した。化学の知識がないと理解しにくいが，原理だけでも知ってもらいたいと思っている。これにより求められた年代は確定的なものではなく，第3章の型式学や層位学といった方法で求めた年代による検証が必要であり，それも紹介している。「もの言わぬ考古資料から語らせる」のが「方法と分析」である。これまでは肉眼観察などの目に見える分析が主となっていたが，科学の進歩により理化学分析などの目に見えない分析が，今や考古学にとって欠かせないものとなっている。本書では，これからの考古学を見越して理化学分析の方法にも重点をおき，第4章以外の多くの章でも触れている。

15回にわたる講義のうち，第1章は「考古学とは何か」と題して全体を概観し，第2章以降の入門編とした。第2章から10章までは方法論やそれに基づく考古資料の分析，隣接科学との学際的研究を述べる。ここが考古学で最も大切なところであり，地道ではあるが，論理的な思考により，学問の楽しさが味わえる。第11章から14章までは方法と分析の成果による地域の歴史を語り，第15章で現代社会との関わりを述べる。本教材で考古学を学び，さらにより深く学ぼうとする方は参考文献をあわせて読んで頂きたい。

2017年11月
早乙女雅博・設楽博己

目次

まえがき　　3

1 | 考古学とは何か　　｜ 早乙女 雅博　　9

1．考古学とは何か　　9
2．考古学の歴史　　12
3．考古学と隣接科学　　19
4．考古学の研究　　20

2 | 野外調査の方法と実際　　｜ 西秋 良宏　　23

1．野外調査とは　　23
2．一般調査　　25
3．発掘調査　　30
4．近年利用できるようになった各種の野外調査技術　　39
5．まとめ　　41

3 | 年代決定論①―相対年代と編年―

｜ 設楽 博己　　43

1．型式学と層位学　　43
2．編年とその方法　　52
3．時代区分の考古学的方法　　59

4 年代決定論②―絶対年代― 藤尾 慎一郎 65
1．はじめに　65
2．被熱した年代を測定する方法　66
3．炭素14年代と年輪年代　69
4．高精度年代網の構築　79

5 考古資料による空間分析 設楽 博己 86
1．空間分析の方法　86
2．分布の背景　93
3．分布圏と文化圏　99

6 自然科学とのかかわり 佐藤 宏之 109
1．人と自然　109
2．環境復元の諸相　111
3．道具材料の産地と獲得・交換　121
4．資源の構造と人の利用　125

7 狩猟採集民の生活技術 佐藤 宏之 127
1．狩猟・漁撈・採集生活　127
2．道具の製作と使用　132
3．旧石器時代の生活―遊動型狩猟民　133
4．縄文時代の生活―定着型狩猟漁撈採集民　138

8 　農耕民の生活技術　　　　　　　　　　　　藤尾 慎一郎　143

1．はじめに　　143
2．農耕技術　　145
3．金属器製作技術　　150
4．戦いに関する技術　　157

9 　集落に暮らす人々　　　　　　　　　　　　早乙女 雅博　163

1．竪穴住居の出現　　163
2．集落と社会構造　　169
3．工人などの集落　　176

10 　精神文化　　　　　　　　　　　　　　　　設楽 博己　179

1．考古学による精神文化へのアプローチ　　179
2．人物造形品からさぐる先史時代の儀礼　　181
3．銅鐸を用いた農耕儀礼　　185
4．王権の儀礼と国家的な祭祀　　191
5．まとめ　　197

11 　日本の考古学①―旧石器・縄文・弥生時代―
　　　　　　　　　　　　　　　　　　　　　　設楽 博己　199

1．旧石器時代　　199
2．縄文時代　　205
3．弥生時代と併行する時代　　214

12 日本の考古学②―古墳時代― 早乙女 雅博 227

1．古墳時代　227
2．埴輪と須恵器　235
3．沖縄と北海道の考古文化　240

13 世界の考古学①―朝鮮半島― 早乙女 雅博 244

1．旧石器から新石器時代へ　244
2．青銅器時代　248
3．三国時代　253

14 世界の考古学②―西アジア― 西秋 良宏 261

1．海外の考古学　261
2．西アジアの考古学的課題　262
3．西アジア考古学を学ぶ意味　274
4．まとめ　279

15 考古学と文化財の保護

早乙女 雅博・設楽 博己　281

1．文化財の保存と活用　281
2．博物館と考古学　287
3．大学教育と考古学　290

索引　294

1 | 考古学とは何か

早乙女 雅博

《目標&ポイント》 チャイルドが,「人間の行為から生ずる物質界のあらゆる変化である考古学的記録をもとに,時代と社会環境の産物である人類と人類社会の形成過程を調査し復元する」と述べているように,考古学は遺跡,遺構,遺物などの考古資料(考古学的記録)を用いて,人間の過去の社会と文化を明らかにしていく学問であり,文献史学とともに歴史学に含まれる。講義では,近代科学としての考古学の目的,世界から見た考古学の歴史と日本の考古学の始まり,人間やモノを対象とするので民族学や自然科学という隣接科学との学際的研究の必要性など,考古学を学ぶスタートとしての知識の習得を目標とし,第2章から始まる講義のガイダンスを行う。
《キーワード》 進化論,チャイルド,モース,濱田耕作,発掘,遺跡,遺物,文化,歴史学,人類学,学際的研究

1. 考古学とは何か

(1) 考古学の目的

考古学という言葉は,ギリシャ語の Archaios(古代・古典)と Logos(学問)=が合わさった Archaiologia の英語 Archaeology の日本語訳である。1879年に発行されたシーボルト(Heinrich von Siebold)の『考古説略』の緒言(吉田正春が付す)には「考古学は欧州学課の一部」とあり,考古学という語がすでにこの時使用されている。また,1877年には東京大学理学部のお雇い外国人教師として来日したモース(Edward Sylvester Morse)が東京府で大森貝塚を発掘して,縄文土器と人骨を見つけ,正確な図面と記述にもとづく報告書 "Shell Mounds of Omori"

（矢田部良吉訳『大森介墟古物編』）を刊行した。日本に近代科学としての考古学という学問が外国から入ってきたのは，この時であった。

日本に考古学の方法論の一つである型式学を紹介した京都大学の濱田耕作（1881-1938年）は，「考古学は過去人類の物質的遺物（に拠り人類の過去）を研究するの学なり」

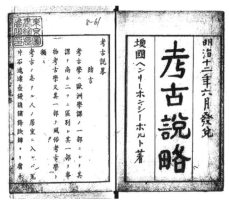

図1-1　考古説略（1879）国立国会図書館デジタルコレクション

と述べ（『通論考古学』大鐙閣1922），物質的遺物は人間が作ったすべての物をいい，それにより過去の時代の生活の模様や文化の状態を研究する学問といっている。ここでいう物質的遺物には，遺跡，遺構，遺物を含んでいる。遺物は石器，土器，金属器などの動かすことができる物をいい，遺構は住居，貝塚，墓などの土地と結びついた物，遺跡は複数の遺構が集まった集落，古墳群などをいうが，遺跡と遺構の区別は必ずしも明確ではない。

戦後になり，チャイルド（Vere Gordon Childe, 1892-1957年）は，考古学を「時代と社会環境の産物であるわれわれ人類，そのわれわれの住む人類社会の形成過程を調査し復原する」学問と定義し，その資料は「人間行動の一切の痕跡を包括するもの」であり，それを考古学的記録（Archaeological Record）と呼んだ（『考古学とは何か』岩波書店1969）。この考古学的記録には，遺跡，遺構，遺物のほか人間の行為の付帯的な結果としての沙漠化などの環境破壊も含まれる。濱田の言う遺物には，遺物，遺構，遺跡を含み，チャイルドはそれに人間が自然に対して行っ

た行為の結果も含めて，それらが考古学の研究対象であると述べている。

(2) 歴史学としての考古学

　考古学は人類の過去を研究する学問ということでは歴史学の中に入る場合が多いが，文献史料を研究対象として史料批判という手続きをへて過去を復元する文献史学とは，扱う資料や研究方法が異なる。また文献史学は文字により記録された時代（これを歴史時代という）の歴史を語ることはできるが，文字が出現する以前の時代（これを先史時代という）の研究は物質的遺物を取り扱う考古学に頼らざるを得ない。文字が出現した時代にあっても，文献は人類の過去をすべて記録しているわけではなく，そこに記されていない過去も多くあり，記されていてもそれを物質的遺物により検証するなど考古学によっても歴史時代の過去を語ることができ，考古学は文献史学とともに歴史学の一分野といえる。それでは人類の過去はどこまでさかのぼるであろうか。二足歩行する人類の出現は化石人骨によると700万年前にさかのぼるが，そのころの石器はまだ発見されていない。最古の石器は打製の石器で約260万〜250万年前までさかのぼるので，考古学による人類の過去はここが出発点となる。それ以前の人類については化石人骨を研究対象とする人類学の分野になる。

(3) 新しい考古学

　1960年代になると，人類社会の復元は，発掘された遺跡，遺物がいつの時代のもので，それらを時代順に並べて人類の過去に何があったかを記述するのみでなく，どのようにして形成されていったか，なぜ変容していったかという説明や遺跡，遺物を作りだした人間の行動を復元する

人類学的な新しい研究法も生まれた。そのためには，遺跡，遺構，遺物という考古資料のみを対象とした研究のほかに，人間社会に影響を及ぼした自然環境や地球規模での環境変動の研究や現代社会に生きる人々の行動などの研究も考古学に取り入れられ，関連する学問分野との学際研究も盛んになってきた。例えば，人間の行動の結果として生じたのではない氷河期が終わり海面が上昇するという大きな気候変動により，人類社会が変容していった歴史を研究する場合は，地質学などの自然科学分野との連携が必要となる。

2．考古学の歴史

（1）古典考古学の始まり

　ヨーロッパにおいては，古代に対する関心と復興が14～16世紀のルネッサンス期に始まり，18世紀前半にはイタリアのヘラクラネウムとポンペイで発掘が行われた。ここは紀元79年のベスビオ火山の噴火により都市全体が埋没した遺跡で，プリニウスがタキトゥスに宛てた書簡に噴火のことが記されている。この発掘にも関心をもったヴィンケルマン（Johann Joachim Winckelmann，1717～1768年，ヴァチカン古物及び図書館）は，古代ローマ・ギリシャの美術品の調査を行い『古代美術史』（"the Geschichte der Kunst des Alterthums" 1764年）を著した。ここでは，美しい物→模倣→衰微→堕落

図1-2　『古代美術史』表紙
出典：Wikimedia Commons

という美術の歴史的流れを述べた。文献記録のある古代ギリシャ・ローマ時代を対象とする古典考古学の始まりであり，美術の流れは，のちに述べる考古学の方法論としての型式学につながり，濱田耕作はヴィンケルマンを近代の考古学研究の始まりといっている。

（2） 先史考古学の始まり

19世紀に入ると，文献に記される以前の先史時代を対象とする研究が始まった。トムセン（Christian Jürgensen Thomsen, 1788～1865年，デンマーク自然史博物館）は博物館の収集品の整理作業で，石の武器や道具には金属が伴わないこと，青銅の武器には鉄の武器が伴わないこと，鉄の武器には青銅の武器ではなく装身具が伴うこと，鉄の道具は最古の歴史時代（デンマークへのキリスト教伝来）の道具と似ていることから，刃物の材質に時代的な移り変わりがあることに気づいた。その成果は『北欧古代学入門』（"*Legetraad til nordisk Oldkyndighed*" 1836年）に述べられ，先史時代を石器時代から青銅器時代へ，さらに鉄器時代へという3時期に区分した。

石器時代はさらに，ラルテ（Édouard A. I. H. Lartet, 1801-1871年）とラボック（John Lubbock, 1834-1913年）により旧石器時代と新石器時代に分けられた。ラルテは1860年にオーリニャック洞窟，その後ロジェリ・オート洞窟を発掘して，磨かれた石器を含む層の下から打ち欠いただけの石器の層を発見し，異なる石器は層位的に上下異なる層に含まれることを証明した。ラボックは『先史時代』（"*Prehistoric Times*" 1865年）のなかで，打ち欠いただけの石器を使用した時代に旧石器時代，磨かれた石器を使用した時代に新石器時代という名称を与えて区分した。

モルティエ（Gabriel de Mortillet, 1821～1898年，フランス国立古代

美術博物館）は古生物学の示準化石の概念を考古学の示準石器に置き換え，示準石器は万能な大型石器（ハンドアックス）から機能分化した剝片石器（石刃）へと変化するという進化論的な考えをもとに，旧石器時代をさらに遺跡名をとってアシュール→ムスティエ→ソリュート→マドレーヌの四段階に分けた。この段階の時代的前後関係は，ドイツのジルゲンシュタイン洞窟でムスティエ期以降が層位的に確認された。20世紀に入って，アシュールを旧石器時代前期，ムスティエを旧石器時代中期，ソリュートとマドレーヌを旧石器時代後期と分類された。

（3）トロイの発掘

　北欧とフランスで先史考古学が発展していくなか，イタリア，ギリシャ，トルコの古代ギリシャ・ローマ文化圏では古典史料にもとづく考古学研究が継続して行われた。当時，ホメロスの叙事詩『イリアス』（紀元前8世紀作と推定）に登場するトロイ（トロヤともいう）は神話上の都市であり，実在しないと多くの学者が考えていたが，シュリーマン（Heinrich Schliemann, 1822～1890年）はトロイは実在する都市で，トルコのヒッサルリク（Hissarlik）の丘にあると推定して1871年より発掘を開始した。彼は幼少期からホメロスに興味をもち，いつかトロイを発掘しようという希望をかなえるため商人や銀行員として資金を貯めて，1863年に43歳で仕事から身を引き，世界旅行に出かけてパリでは考古学を学んだ。その間の1865年には日本にも来ている。

　ヒッサルリクの丘の中央部の発掘を始めたシュリーマンは，第Ⅱ層にみられる火災の跡をギリシャの攻撃による戦火の跡とみて，ここがトロイの都市（図1-3-①）であるとみなした。その後，1873年からの再発掘のときには，建築学者のデルプフェルト（Wilhelm Dörpfeld, 1853-1940年）を招聘して層位的に緻密な発掘を行った。その結果，第Ⅵ層に

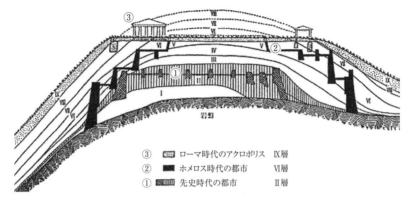

図1-3　トロヤの遺跡断面図
ハンス・ユルゲンス・エガース（田中琢・佐原真訳）(1981)『考古学研究入門』
岩波書店，73頁第3図より作成

は城壁があり，城壁に囲まれた都市は火災により破壊され，その層からミュケナイ陶器（紀元前13世紀）が出土しているので，この都市（図1-3-②）こそが『イリアス』に登場するトロイであるとデルプフェルトは考えた。シュリーマンが発掘した丘の中央部はローマ時代（第Ⅸ層）の都市建設（図1-3-③）でⅥ～Ⅷ層が削平されたため，彼は気づかなかったのである。しかし，トロイの考古学的発掘は古典史料に記された都市の存在を証明する画期的な成果をあげることができた。さらに，『イリアス』という文献に記された歴史時代のトロイの都市（第Ⅵ層）の下層に，文献に記されていない先史時代の遺跡が存在し，先史時代から歴史時代へと続くことも明らかとなった。

(4) 近代科学としての考古学
　このころ考古学に大きな影響を与えたのが生物学における進化論である。ダーウィン（Charles Darwin, 1809-1882年）は『種の起源』("the

Origin of Species"）を1859年に著し，周囲の環境に適応した個体が生き残り，適応しない個体は絶滅して，生き残った個体はその特性を遺伝により子孫へ伝えていくという進化論を提唱した。この考え方を考古学に応用したのがモンテリウス（Gustaf Oscar Augustin Montelius, 1843-1921年，スウェーデン国立歴史博物館）の型式学である（*"Die älteren Kulturperioden im Orient und in Europa / 1. Die Methode" 1903*）。生物の「種 Species」の区別を考古資料の「型式 Type」の区別に応用して考古学の型式を設定し，生物の「種」の系統的変化を考古資料の「型式」の系統的変化，すなわち型式は連続的に変化していくとみなした（第3章参照）。

　これをさらに発展させたのが，ペトリー（Sir William Matthew Flinders Petrie, 1853-1942年，ロンドン大学）である。長い期間にわたりエジプトで発掘にたずさわっていたペトリーは，先王朝時代の遺跡の層位学的発掘により土器の詳細な型式学的編年を行った。また，エジプトの王朝時代の遺跡でギリシャの陶器が出土し，ギリシャではその陶器と同じ時期の陶器と一緒にエジプトの遺跡と同じ時期の遺物が出土したことから，王朝時代の暦年代をもとにギリシャの陶器の年代を求めた。エジプトでは，建物の壁や石碑に歴代の王の名前が記され，これの研究から王朝時代が始まる紀元前3000年以後の暦年代が知られている。この方法は交差年代決定法（cross dating）と呼ばれ，考古学独自の方法である。

（5）日本の考古学の始まり

　モースは動物学が専門であったが，アメリカで貝塚を発掘したことがあり，その経験をもとに1877年に大森貝塚を発掘した。学術的発掘の最初であり，遺物の実測図を入れた最初の報告書を刊行した。図1-4を

みると，中軸線が縦に引かれ，矢印部にはコンパスの針痕が残り，スケッチではなく，計測していることが分かる。1884年には東京府本郷区向ヶ岡弥生町（現，東京都文京区弥生町）で発見された土器が，のちに発見地にちなみ弥生式土器と名づけられた。東京帝国大学人類学教室を中心に1884年に人類学会，帝室博物館を中心に1895年に考古学会が結成され，その学会誌には貝塚や古墳の発掘報告が掲載された。しかし，考古資料からの研究面では低調であった。

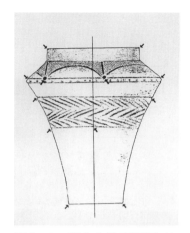

図1-4　縄文土器実測図（矢印は佐原真による）出典：佐原真（1977）「大森貝塚百年」『考古学研究』24-3・4考古学研究会，33頁第4図

　ヨーロッパ留学（1913-1916年）でモンテリウスとペトリーの型式学を学んだ京都帝国大学の濱田耕作は，日本で層位学的発掘を大阪府の国府遺跡で行い，ヨーロッパで学んだ型式学を日本考古学に導入した。したがって，濱田耕作が現在につながる日本考古学の基礎を作ったといえる。この層位学と型式学という方法により，小林行雄

図1-5　大森貝塚石碑（品川区）筆者撮影

（1911-1989年）は畿内の弥生土器を第Ⅰ様式〜第Ⅴ様式に分け，弥生時代前期が第Ⅰ様式，中期が第Ⅱ〜Ⅳ様式，後期が第Ⅴ様式とした。同じ頃，山内清男（1902-1970年）は縄文土器の全国的な編年を行い，早期，前期，中期，後期，晩期の5期編年を提示し，のちに草創期を加えて6

期に分けた。この時期区分は今日まで引き継がれている。

(6) 戦後のニュー・アーケオロジー

　1949年にシカゴ大学のウィラード・リビーは，炭素14の半減期を利用して放射性炭素年代測定法（炭素14年代法）を開発した。この方法を考古学に応用すれば，遺物と同じ地層から出土した炭化物を測定することにより，絶対年代（今から何年前）を求めることができる。これまでの遺物の相対年代や交差年代から求める方法に加えて，自然科学的手法による新しい年代決定法が発見された（第4章参照）。

　チャイルドは，自然環境の変化と人間の生態との関わりから，人類社会のなかでの大きな変革を新石器革命（農耕牧畜と定住）と都市革命（文明）に求め，それを説明した。ラボックが石器により分けた新石器時代を，農耕牧畜という社会の変化により，新たに定義づけた。これまで編年と事実の叙述，民族の移動と文化伝播を扱ってきた考古学に対して，なぜ，どのようにして事実が発生し，どのように変化したかを説明した。

　そのような考古学研究の流れの変化のなかで，1960年代にはビンフォード（Lewis Roberts Binford, 1931-2011年）が，国や民族の歴史形成過程の復元ではなく，考古資料から人類の共通する人間行動の法則性を見つけ出すことを提唱した。すなわち，石器を形態や製作技術からのみ見るのではなく，石器を製作し，運搬し，使用して廃棄した人の行動を復元するのである。考古資料の形態のみの観察ではなく，それと類似したものを使用している人々を観察する民族学，実際に同じ材料で同じ技術と推定した方法で製作する実験考古学，歴史時代に入れば考古資料が記された文献史料を使って人間行動を復元し，そこから一般法則性を見つけ出し理論化する。人類学的手法を取り入れて理論化をめざすこ

のような考古学を，一般にニュー・アーケオロジーあるいはプロセス考古学と呼んでいる（第14章参照）。

3．考古学と隣接科学

　地球上の人類の過去は時間的にも地域的にもきわめて広い範囲に及ぶので，それらをいくつかに区分して研究が行われている。時間的にみると，トムセンにより遺物の材質をもとに区分された石器時代，青銅器時代，鉄器時代という区分があり，文字に記録されていない先史時代，文字に記録された歴史時代があり，それぞれを先史考古学，歴史考古学と呼んでいる。地域的にみると，ギリシャ・ローマ考古学，西アジア考古学，エジプト考古学，東南アジア考古学，アメリカ考古学，中国考古学，朝鮮考古学，日本考古学などに対象地域が細分化されている。これは考古学のみでなく，歴史学（文献史学）でも日本史，東洋史，西洋史と分けられ，東洋史はさらに中国史，朝鮮史，東南アジア史，インド史と分けられるのと同じである。

　遺跡，遺物の性格からは，仏教考古学，動物考古学，植物考古学，環境考古学，地震考古学，水中考古学，産業考古学，戦跡考古学があり，宗教学，生物学，地震学，土木学などの隣接科学の知識が必要となり，その方面の研究者も考古学に関心を持ち学際的研究が行われている。産業考古学は，産業革命以後の機械や廃線となった鉄道などの産業に関する考古資料を対象とし，戦跡考古学は近代の戦争に関する考古資料を扱う（図1-6）。物質的遺物としての

図1-6　高知海軍航空隊掩体壕4号　出原恵三（2004）「高知海軍航空隊跡」戦争遺跡保存全国ネットワーク編著『日本の戦争遺跡』平凡社，270頁

考古資料は地下に埋もれているもののみでなく，地上に残る掩体壕(えんたいごう)のような構造物も含まれる。

　方法論からの分類では，実験考古学，民族考古学，認知考古学，コンピューターを使った数理考古学と呼ばれる分野があり，これは考古学を科学として理論化するために生まれた。このほかに考古学や人文科学の知識のみでは対応できず，自然科学の方法を取り入れなければできない研究も多い。歴史時代では文献の記録をもとに年代を求めることができるが，先史時代では炭素14年代法という分析化学により絶対年代を求めている。物質の元素組成や元素の同位体を測る分析化学により，石器，土器，青銅器やガラス製品の産地を求めたり，石器や土器の鉱物学的観察により材料の産地を求めるなど，自然科学研究者との学際的研究がますます盛んとなっている。

　過去の人間の行動の結果として残された遺跡，遺構，遺物には，様々な情報が含まれているが，そのままでは何も語ってくれない。考古学者は目による観察で土器の文様といった情報を得ていたが，分析化学の発達により目に見えないものも情報として取り出すことができるようになり，さらに考古資料を製作し使用した人間や社会の形成過程を理論化する方法も取り入れて，学際的な研究が今後進められて行くだろう。

4．考古学の研究

　研究の出発点は，何を明らかにしたいかの問題設定である。そのためには，多くの研究論文を読んだり研究史をまとめて，自分の関心事項を見つけ出す。その上で，設定した目的にふさわしい遺跡を分布調査などで選定して発掘調査を行う。一方で，開発の土木工事にともなう事前調査では，すでに発掘すべき遺跡が決まっているが，試掘をして遺跡の性格を把握した上で問題設定をして発掘するのが望ましい。

遺跡の発掘調査で掘り出した遺構，遺物は，実測図，写真撮影，文章による記録を作成して研究資料とする。発掘担当者だけでなく多くの研究者が利用できるよう一定の水準を保たなければならない。特に，事前調査の場合は発掘後の工事により遺構が壊されて二度と見ることはできないので資料化することは大切である。発掘報告書は，考古資料（発掘資料）を研究資料化することに意味がある（第2章参照）。

　つぎの段階は，目的にあった研究資料を集めてさまざまな方法論や隣接科学の成果を用いて分析し，研究資料から多くの情報を引き出し，それをもとに人類の過去の社会，文化，生活の様子を復元する研究をおこなう（第3～10章参照）。発掘された遺物は博物館や埋蔵文化財センターの収蔵庫に保管されているので，実測図のみでなく必要に応じて自分の問題意識で観察することも必要である。過去の復元を記述するなかで，また新たな疑問や問題点が生まれれば研究の出発点に戻り，遺跡の発掘を行ったり研究資料の集成や分析を行って，再び過去の復元の研究を行うというように，発掘→分析→研究を繰り返す。

　歴史学の一分野でもある考古学は，人類の過去の復元の研究成果から，先史時代そして歴史時代でも文献史学とは異なった視点から日本や世界の歴史を構築することができ，これは考古学の魅力でもある（第11～14章参照）。エジプト，メソポタミア，インダス，黄河の四大文明は考古学の研究成果によるところが大きいが，それ以外の地域や国でも考古学の研究活動が行われ，それぞれの歴史と文化が解明されつつある。

参考文献

H.J エガース（田中琢・佐原真訳）『考古学研究入門』岩波書店（1981）
佐々木憲一他『はじめて学ぶ考古学』有斐閣（2011）
チャールズ・ダーウィン（リチャード・リーキー編吉岡晶子訳）『図説　種の起源』東京書籍（1997）
V.G チャイルド（近藤義郎・木村祀子訳）『考古学とは何か』岩波書店（1969）
ブルース G. トリッガー（下垣仁志訳）『考古学的思考の歴史』同成社（2015）
濱田耕作『通論考古学』大鐙閣（1922）
藤本強『考古学の方法―調査と分析―』東京大学出版会（2000）
モンテリウス（濱田耕作訳）『考古学研究法』岡書院（1932）
コリン・レンフルー，ポール・バーン（池田裕・常木晃・三宅裕監訳，松本建速・前田修訳）『考古学―理論・方法・実践―』東洋書林（2007）

2 | 野外調査の方法と実際

西秋 良宏

《目標&ポイント》 考古学は遺構，遺物など物的証拠を材料として過去の人類の行動や文化を研究する学問である。したがって，その出発点は，物的証拠の入手にある。遺構や遺物といったモノはもちろん，それらが遺跡でどのように残されていたかという発見状況の記録も重要な資料となる。本章では，物的証拠を遺跡から得るための野外調査について学ぶ。
《キーワード》 一般調査，発掘調査，コンテキスト，層序，三次元位置記録

1. 野外調査とは

　考古学資料としてのモノの価値は，見た目の美しさや珍しさで決まるものではない。重要なのは，発見の状況である。最も価値が高いのは，（1）発見場所，地層，収集方法などについて再現性のある記録が残された資料である。次いで，（2）細かい収集方法や出土した地層は定かでないが，収集した場所，つまり遺跡がわかっている資料。そして，最も学術的価値が乏しいのが，（3）収集の経緯について信頼できる記録のない資料である。

　見栄えのする黄金細工であっても出所がはっきりしない場合は研究資料としての価値は低い。一方，文様のない素焼きの土器のかけらであっても遺跡やその出土位置，地層，年代などがはっきり記録された資料の価値はきわめて高い。考古学が骨董趣味と大きく違う背景の一つが，そのような入手経緯へのこだわりにある。そもそも，出所不明の骨董品を肉眼で鑑定することができるのも，出所経緯にもとづいて名称や年代が

判明している作品と照合して判断しているからに他ならない。

　遺物や遺構の発見位置や地層などの状況データは考古学的脈絡，あるいは英語でコンテキストと呼ばれる。その記録の重要性は，考古学が学問分野として誕生した19世紀以降，共有され，記録のための方法論が開発されてきた。19世紀前半，河川堆積の中で打製石器と絶滅化石の共伴を論じ旧石器時代の存在を論証したフランスのJ.ブーシェ・ド・ペルテの調査は，どんな遺物がどんな場所で何と一緒に見つかったかという共伴関係の記録意義を示したものと言える。また，19世紀後葉，トルコのトロイ遺跡を発掘したH.シュリーマンは，遺跡の層位的な記録を実施し，地中海古典期の遺物や遺構の年代的変遷を明らかにしている。さらに，19世紀末に活躍した英国のA.ピット・リヴァースは断面図，層序だけでなく遺物・遺構の出土位置の平面図も詳細に記録する発掘を行った。20世紀にはいると，インダス文明遺跡の発掘を先導した英国のM.ウィーラーが，遺跡を碁盤の目（グリッドと呼ばれる）のように区切って平面的に，かつ，層序を記録しつつ発掘する方式を実践した。これをもって，今日まで続く発掘調査法の基本骨格は整ったと言っていいだろう。

　その後も調査法の開発は続いているが，どのような調査にせよ，野外調査において重要なのは，そこに残る遺構や遺物，そしてそれらの発見状況にかかわる記録を十分に記録することである。

　調査の方法には大きくわけて三つある。一つは踏査によって地表に散らばっている遺物を採集し，遺跡を見つける調査である。遺物の分布状況を調べれば遺跡の性質について見当をつけることもできる。第二は，地形や地上に見える構造物を測量する調査。これら二つの方法は，一般調査とか分布調査とか呼ばれることがある。そして，第三は，いわゆる発掘調査である。これらは，調査を深めていく段階の違いと言うことも

できる。遺跡を測量するにはその前に踏査は実施されているはずであるし、発掘調査を行うには踏査も測量もあわせて実施しておかねばならないからである。

　考古学遺跡やそこに埋もれている遺構、遺物は埋蔵文化財と呼ばれる文化遺産である。したがって、遺跡調査はそれぞれの国の文化財保護法にのっとって慎重に実施される。なかんずく、発掘調査にあたっては、細心の注意を払うべきである。発掘調査は、遺跡の現状変更をともなう、再現不可能な、その場限りの行為だからである。しかるべき手続き無しに発掘することは遺跡の破壊に直結するから厳につつしまねばならない。調査の経緯や考古学的脈絡について最大限、正確な記録を残し、第三者に検証可能な発掘を行う必要がある。日本国内で実施されている多くの発掘調査は、大別すれば、学術目的の調査と、道路や建築の工事に先立って行われる事前調査に分けられるが、記録の徹底という基本的な方針は変わらない。

2．一般調査

（1）踏査

　城塞や古墳など、遺跡は地上で視認できる場合もあるが、大半は地下に埋もれていて見えない。どこに遺跡があるのかを探すためには一般に踏査が行われる。地表を丹念に歩き回り、地形に手が加わった痕跡がないか、あるいは遺物が散布していないかを調べる調査である。遺跡が見つかった場合はもちろん、遺跡でなかった場合でも、調査した地点はGPS（全地球測位システム）等を利用して正確な地点を記録しておく。遺跡でない場合も記録しておくのは、遺跡ではないことを確認した地点を記録するという意味がある。

　地表面に散布している遺物は、その遺跡がどんな時代のものであるか

を推測する重要な手がかりになる。遺物を採集することを表面採集（略して表採）と言う。表面採集の方法にもいくとおりかある。第一は，無作為に調査者が対象地域を歩き回り，目に付いた遺物を限定的に採集する方法である。どこを調べるか，どんな遺物を採集するかは調査者の経験や興味に委ねられるため定量的な成果は得られない。しかし，対象地が遺跡かどうかだけを知りたい場合や，将来，本格的な調査を行うことが予定されており遺跡内の遺物分布を予備的に知りたい場合などに適している。第二は，より組織的な表面採集である。たとえば，5mおきに複数の調査者がならび，一定方向に向かって踏査し，地表で遺物を発見するたびにその位置を記録していくやりかたである。この方法は，広大な調査地域において遺跡の範囲をしぼっていく際などに有効である。第三は，それをさらにすすめて遺跡に5mあるいは10m四方の格子目をもうけ，各格子目内の遺物を組織的に回収するやり方もありうる。格子の

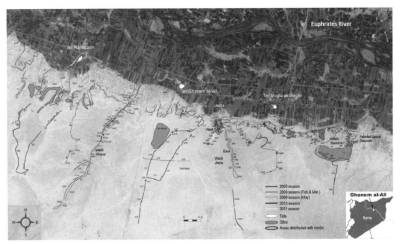

図2-1　遺跡踏査図面の例　暗い部分が河岸平野，白っぽい部分は乾燥ステップ地帯。年次別に踏査したルートを地図に書き込んである。番号は地点名。シリア，ユーフラテス川中流域調査より。©西秋良宏

ことをグリッドといい，個々の区画には番地のように固有の名称をつける。この他，第四の方法として，これらの折衷方式もありうる。たとえば，遺跡の範囲に見当をつけた後，任意で5mないし10mなどの区画をもうけて，遺物を採集する方法である（図2-1）。

　表面採集で集めた個々の遺物の種類や時代を鑑定すれば，遺跡の時期，地点別の時期などを推定することができる。遺物の種類に偏りがある場合，たとえば，粗割段階の石器が大量に採集できる場合は石器の製作跡ではないかと推察できるし，鉱滓が採集できる場合などは金属の精錬遺構が埋もれているのでないかと推測することができる。また，先述の2や3のような組織的遺物回収がなされている場合は，回収した遺物を地点ごとあるいは区画ごとに，定量的に比較すれば遺跡の密度や，どこにどんな時代の遺構が埋もれているのか，見当をつけることも可能である。

（2）測量

　見つかった遺跡の状況を記録するためには，測量図を作成することがふつうである。遺跡が自然地形に埋もれているのであれば既存の地形図を利用することもできるが，古墳や石造建築，山城など人為的な構造物である場合，あるいは洞窟など内部の形状に意味がある場合などは個別に精密な測量，図化を実施するのがよい。測量にあたっては，対象遺跡にふさわしい測量基準点を設け，その位置を地理座標系に位置づけることが必要である。近年では，GPSによって簡便にデータを得ることができるようになった。ただし，市販GPSの測定には一定の誤差があることには注意する必要がある。

　遺跡測量では，まず平面図を作成する。平面図とは遺跡，遺構を真上からみた図面である（図2-2）。コンタと呼ばれる等高線をつけるのが

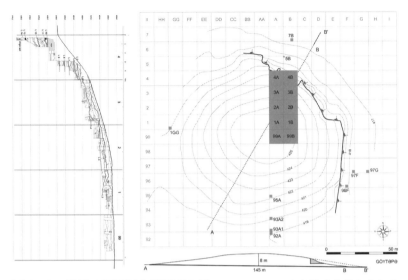

図2-2 遺跡の平面図と断面図の例　アルファベットと数字を組み合わせて10m角のグリッドが設定されている。左には，4A〜99A区の東壁の土層断面図を示した。厚さ11mの堆積が14の建築層（L.1〜14）に区分されている。アゼルバイジャン，ギョイテペ遺跡調査より。Ⓒ西秋良宏

ふつうである。かつては遺跡のグリッドにそって杭を打ち，そこからメジャーで地形を測量したり，平板と言う器具を用いて平面図を描くのが一般的であった。等高線はそれをもとに水準測量器（レベル）を用いて作成した。しかしながら，近年ではトータルステーションと呼ばれる機器によって測点を三次元記録し，コンピュータで線画を描くことが増えてきた。

　石垣遺構などの場合は，立面図，すなわち遺構を真横からみた図を作成することもある（図2-3）。平面図とは方向が90度異なるが実測の原理は同じである。また，エレベーション図と呼ばれる遺跡，遺構の断面図を作成することもある。図面の縮尺は対象のサイズに応じて臨機応変

第 2 章　野外調査の方法と実際　29

図 2-3　レーザー測量器を用いた三次元測量図の例　点群による鳥瞰図と立面図を示している。下は石室内部の合成画像。岡山県こうもり塚古墳石室（提供：寺村裕史）。石室の全長19.4m。

である。一般には，研究室での扱い易さを考慮して，Ａ３やＢ３の方眼紙におさまるような縮尺で記録することが多い。

　さて，以上は線画を残すための方法であるが，近年のデジタル技術の進展にともない，線画と同時に立体的な三次元画像データを簡便に残すことも可能になってきた。レーザー測量機を用いる方法である。それをもとに平面図をおこすことも可能であるし，断面図や立面図の作成も容易に行うことができる。また，同一の被写体を撮影されない面がないよう複数の角度から撮影しておき，それらの画像を合成することによって三次元画像や線画を作成することも容易になりつつある。レーザー測量機を用いた記録は，将来，その遺構が破壊，破損された場合に，おおよその復元を可能とする点，今後も普及していくものと思われる。

　これら最先端機器を用いることによって，かつての実測方式で数時間あるいは数日，数週間を要していた測量が，その数十分の一の時間で完了させることができるようになってきた。技術の進歩は著しく今後も新たな測量法が開発されていくに違いないが，初学者にはメジャーを使った実測を，まず経験することをすすめる。デジタル画面を操作するだけで遺跡形状の実際を理解するのは容易ではない。実測して地形を確かめながら記録していくことが遺跡形状の理解に有効である。

３．発掘調査

　発掘は，生物の解剖のような行為である。堆積物を取り除き，中に埋もれている遺構や遺物の位置関係，構造を明らかにしていく。発掘が終わった時には，その部分の遺跡は消滅してしまう。現状に戻せない行為を行うわけであるから，十分な記録を残せるよう，調査目的に応じて発掘箇所，発掘方法などを計画しておく必要がある。

（1）発掘の単位

　発掘にあたっては，発見物の平面的位置，垂直的位置を再現できるようにせねばならない。それを簡便に行う方法がグリッド・システムである。これは，踏査について説明したような格子目を遺跡にかぶせ，各区画ごとに地層を記録しながら掘り下げていく方法である。格子はトランシットと呼ばれる測量機を用いて設定し，格子の交点に杭を打っておくのが一般的である。遺物や遺構の平面的位置はその区画名，垂直位置は地層名によって記録できる。地層は堆積物の色調や密度，包含物，固さなどを総合して区分していくことになるが，真上から観察するよりは横から観察するほうが容易である。そのため，掘り下げる際には区画の壁の層序を観察したり，各発掘区の境界に幅50cmであるとか1mであるとかの土層断面観察用の土手を残して発掘をすすめることが多い。観察の結果は，土層断面図として記録に残しておく（図2‐2）。

　発掘区の大きさや地層区分の厚さなどは，遺跡の性格によって異なる。一般には，遺跡が古くなるほど，いずれの単位も細かくなる傾向がある。たとえば，歴史時代の遺跡であれば10mあるいはそれ以上大きなグリッドを設けて，数十センチないしそれ以上の厚さで地層を区分しつつ発掘することもあるが，数万年前の旧石器時代遺跡の発掘においてははるかに細かくなる。グリッドを1m単位として，その中をさらに10cm四方や25cm四方に細分し，地層も2‐3cm単位の違いを識別しながら発掘されることも珍しくない。それは，時代がさかのぼるほど遺跡や遺構の規模自体が小さいこと，また，土圧が増すために異なる時期の堆積物が圧縮されていることなどが理由である。極端なことを言えば，江戸時代の遺跡では土木工事によって厚さ数メートルの堆積物が一日で残されたことがありうる一方，旧石器時代の遺跡では，わずか数センチメートルの地層の違いが数千年，数万年の違いを反映している可能性もある。

なお，地層の区分が肉眼では容易でないこともある。その場合は，厚さ5cmとか10cmとか単位を区切って番号をつけながら掘り下げることがしばしば行われる。自然層位に対して，それらは人工層位と呼ばれる。時代の異なる地層を混在させて掘ってしまう可能性がさけられないため，やむを得ない場合に採用するにとどめるべきである。
　空間単位についても同様である。設定した区画を基本的な発掘単位としながらも，平面的に異なる地層が識別できた場合は，区別して掘らなくてはならない。地層が斜めに堆積している箇所を水平に掘ると層位的な混在を招くことになるし，次項で述べるように，遺構が見つかった場合なども，やはり，発掘単位を細かくして臨機応変に対応すべきである。

（2）遺構の発掘

　過去の人々が残した構造物や活動痕跡のことを遺構と呼ぶ。貯蔵穴や柱穴，ゴミ穴などピットと呼ばれる各種の穴，炉跡，石組みなど意図的に作られたものはもちろん，炉跡から掻きだして散らばった灰の広がりや貝塚にたまったゴミの堆積，人の足跡など無意識に残された活動痕跡も遺構となる。遺構が同定できたら，層位学の原則にしたがって，より新しい堆積物から順番に掘っていくことになる。もちろん，その都度，十分な記録を残さねばならない。竪穴住居らしいピット（穴）がみつかった場合を想定して，以下，どのような発掘手順をとるか説明してみる。
　掘り下げは，できるだけ水平に廃土を除去しながらすすめる。ピットが掘り込まれた面（当時の地表面）と覆土（ピットの中にたまっている土）では色調や硬度など堆積物の性質が異なるはずであるから，それを手がかりにピットの輪郭を明らかにする。一つのピットの完全な輪郭が

とらえられることもあるが，別の遺構と重なりあっていることもありうる。その場合，どちらが後から掘られたものかを調べる。遺構の前後関係のことを切り合い関係と呼ぶ。新しい方のピットは充填する堆積物が連続的に分布しているのに対し，古い方は分断されているはずである。

　ピットの中の堆積物も，発掘区を掘り下げた時と同様，層位的に掘り下げていく必要がある。そのため，半分ないし十字に分割して，断面の地層を確認しながら掘っていくのがよい（図2-4）。竪穴住居の場合，廃棄された住居が埋まりきる途中に，ゴミ捨て場に用いられたり火をたく場所にされたりなど再利用された痕跡が覆土の中に見つかることもある。そのような可能性にも留意しつつ，地層観察は常に慎重にすすめる必要がある。

　竪穴住居の底は，ピットそのものの底と，その直上の生活面（床面）

図2-4　竪穴住居の発掘　土層観察用の土手が十字に残されている。この土手は層序を記録した後，除去される。北海道北見市大島2遺跡1号竪穴，擦文期（提供：東京大学大学院人文社会系研究科附属常呂実習施設）。

とに区分される（図2-5）。ピットの底はごつごつした自然面のようにみえるかも知れないが，床面には漆喰や炉跡，ベンチ，敷物などの痕跡が残っている可能性がある。生活に用いた道具類，ゴミなどが原位置を保って残っていて居住の様態を復元できることがありうるから，その平面図，断面図，写真などの詳細な記録を残す必要がある。同一の竪穴住居でも複数の床面が見つかることもある。地山が完全に露出するまで，常に，あらゆる可能性を考えながら掘り進めねばならない。

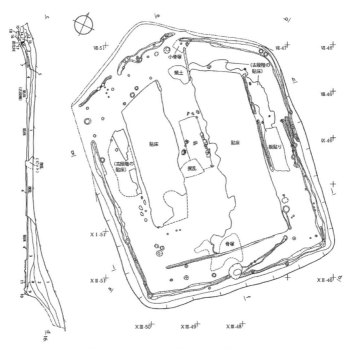

図2-5　竪穴住居の平面図と断面図の例　底に貼り床，板貼りが認められる。オホーツク文化期（熊木俊朗編2012『トコロチャシ跡遺跡オホーツク地点』東京大学大学院人文社会系研究科考古学研究室・常呂実習施設編，図59, 60より作成）。

遺構やその堆積状況について時間をかけて徹底的に分析したい，重要性に鑑み展示などに活用したいなどという場合，堆積物の一部を研究室に持ちかえることもしばしばある。炉跡の廻りに石器や動物骨が散らばっている旧石器時代の生活面や，貝殻と人工物，動物骨などの生活ゴミが重層した縄文貝塚の土層断面，水田の足跡などに樹脂をしみこませて作成した資料は，発見時の状況を直接，一般の方々に伝える資料として多くの博物館で展示に活用されている。

　一方，専門分析のための資料として土壌をブロック状に回収することもよく実施されている。それらを被熱痕跡の同定や年代測定を目的とした熱残留磁気分析に利用することは早くから行われているが，近年では微細構造学的（マイクロ・モフォロジー）分析もさかんになってきた。これは，通常，現場で肉眼で行うような土層断面観察を，研究室で顕微鏡を使って微細レベルで実施するものである。調べたい地層から土壌試

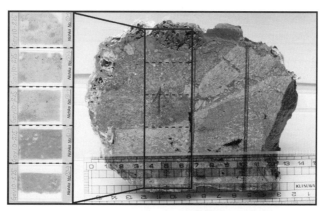

図2-6　マイクロ・モフォロジー試料の例　約7500年前のピットの底部を調べたところ，ムギ類の珪酸体が検出され，穀物貯蔵庫であることが分かった。アゼルバイジャン，ギョイテペ遺跡。©西秋良宏

料を採取し樹脂で固めてその断面を顕微鏡で観察する。肉眼では見えない毛皮の敷物や，植物遺存体の集積などが同定されることがある（図2-6）。

（3）遺物の取り上げ

　発掘の過程で見つかった遺物についても，そのひとつ一つについて，どこで見つかったか，どのように取り上げたのかを，再現できるように記録する必要がある。理想的なのは，全ての遺物を一点ごとに x，y，z 座標を記録しながら取り上げることである。トータルステーションを用いることで比較的簡便に実施することができる（図2-7）。三次元記録されている遺物は，研究室で，その分布や接合関係などについて詳細に分析することができる。ただし，発掘で見つかる遺物は無数にあるから，どこまで細かく記録するべきかという問題が生じる。長さ10cmほどの石器はともかく，数ミリしかない動物の骨片も位置を同じような精度で記録する必要があるのかどうか。そのような判断は，遺跡の性質や発掘調査の目的に応じて調査者が責任をもって行うべきことである。

　一点ごとではなく，遺物を区画，地層，遺構といった単位で取り上げることも一般的である。炉跡周囲の灰層の散布域であるとか，柱穴の中の堆積なども単位になりうる。そうした細かな発掘単位のことを欧米ではローカスとかコンテキストと呼んでいる。一つの遺跡を発掘すると，そのような発掘単位が数百から数千に達することも少なくない。それらがどの地層に属するのか，あるいは，お互いの単位の前後関係などを整理するためにハリスのマトリックス法と呼ばれる整理法が採用されることも少なくない（図2-8）。

　上記は，現場で遺物が見つかった場合の対応であるが，堆積物のフルイがけによって遺物を検出することもある。特に，最も綿密な遺物回収

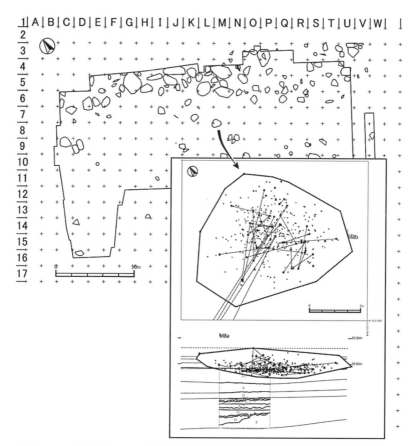

図2-7　出土遺物三次元位置記録の例　上が石器集中部の分布，下が，そのうちの一つの拡大。接合した石器どうしを線で結んでいる。旧石器時代（鈴木美保編2016『下原・富士見町遺跡Ⅰ』明治大学校地内遺跡調査団より作成）。

が必要とされる旧石器時代遺跡調査においては，フルイがけはごく一般的な手続きとなっている。それには乾燥フルイと水洗フルイとがある。乾燥フルイとは堆積物をそのままフルイにかけるやり方であるが，粘性

の高い土壌ではダマができるため 2 mm や 3 mm の細かな網目でフルイがけすることは困難である。そのような場合，有効なのが水洗フルイである。土壌を水で洗浄し溶かしながらフルイがけするもので，1 mm ないしそれより小さな網目にも対応できる。また，この方法によると，炭化した有機物が浮かび上がってくるため，フルイそのものでは回収できない脆弱な植物遺存体を効率的に集めることもできる（水洗浮遊選別法）。土壌はタライやバケツに入れて水洗してもよいが，より効率的にするためにドラム缶のようなタルを用いた簡便な装置が用いられることが多い（図2-9）。この手法は細かな動植物遺存体を回収して先史時代の生業経済研究にとりくんだケンブリッジ大学のグループが1960年代以降，強力に推進し現在にいたっている。

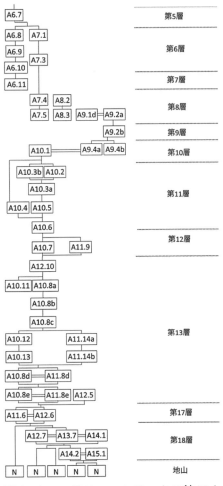

図2-8　ハリス・マトリックス法による発掘単位整理の例　単位が地層ごとに分類されている。この発掘区では第13層で複雑な遺構が見つかったこと，第14〜16層がなかったことなどが分かる。シリア，テル・コサック・シャマリ遺跡発掘より（1994年調査記録の一部）。©西秋良宏

以上，遺物の回収方法には各種あり，実際にはそれらが併用されることが多い。現場で目視して発見した遺物と水洗選別によってみつけた遺物とでは，サイズや内容に顕著な違いが生じるのがふつうである。比較分析に支障がでないよう，個々の遺物について，それをどのような方法で採集したのか十分に記録しておくことが大事である。

図2-9　水洗浮遊選別作業の例
ドラム缶製の装置（左）を用いず，たらいとフルイのみを使って選別することもできる（右）。シリア，デデリエ遺跡調査より。©西秋良宏

4．近年利用できるようになった各種の野外調査技術

　ここまで遺跡，遺構，遺物の基本的な記録法について述べてきた。記録に用いる技術や機器は日進月歩である。平板やレベル，トランシットと言った伝統的な機器，トータルステーションや三次元レーザー・スキャナ，GPSなど近年一般化してきた機器については既に記した。これ以外のいくつかについてふれておく。

　飛行機やヘリコプタで撮影した空中写真を観察し，遺跡や遺構を同定する方法は20世紀初頭から各地で試みられてきた。西アジアの沙漠のように物理的に踏査が難しい地域における石列遺構の探索や，英国ローマ時代の道路や溝の同定などにおいて早くから成果があがっている。地下に遺構が埋もれていると，土壌の湿度や植生が変わることから地表にソイル・マークやクロップ・マークと言われる色の違いが生じることを利用したものである。近年では，デジタル技術の進展によって既存の空中写真を高度な画像解析に供することも一般的になってきた。例えば，GIS

（地理情報システム）を利用して，遺跡立地の傾斜や日照時間，主要地点からの距離など様々な二次解析が可能になっている。また，ドローンが安価で利用できるようになったため，新たな写真を自ら撮影することも可能になってきた。さらに，空中写真の発展版として，衛星画像の利用も一般化してきた。航空画像よりもはるかに高いところから撮影されるため，より広範囲の画像が一望できる利点がある。地球上のほぼ全域を網羅する画像が入手できることでも特徴である。

　一方，遺跡の内部を発掘することなく探る技術もいくつか開発されている。代表的なのは電波（レーダー）探査である。地表から地下に電波を発し，地中の障害物である遺構に衝突して反射してくる時間や強度を測定し，地下の状況を探る方法である。データの読み取りに専門知識を要すること，微妙な地層の違いなどの識別は困難なことなど限界もあるが，コントラストの明確な遺構が埋もれている場合等はかなりの精度で同定することができる。高温で焼かれた竈や地下の石室墓の同定に顕著な成果があがっている。これは，探査機を地表で走らせ実測していく方法であるが，ピラミッドなど実測が難しい巨大建造物を側面から一気に探査する方法も開発されつつある。近年，注目を集めているのが飛来する素粒子（ミューオン）を利用した，ミュオグラフィ法である。火山の内部を透視する方法として開発されたものであるが，考古学への応用も試みられている。

　最後に水中考古学についてもふれておく。遺跡は地面の中だけでなく，河川や湖沼，海の底に沈んでいるものもあり，そうした遺跡を調べる分野は水中考古学と呼ばれている。古代地中海のフェニキア交易船や大航海時代のカリブ海交易に関わる沈没船の調査がよく知られているが，地殻変動によって水没した遺跡の調査も近年，すすめられるようになってきた。我が国でも長崎県沖の蒙古襲来の時の沈没船や琵琶湖湖底

の縄文時代から江戸時代，近代にいたる遺跡群などが発見，調査されている。水中遺跡の調査にはダイバーを要し作業時間が限られるという制約があるため，地上で行うのと同じような調査はできないことが多い。しかし，遺跡や遺構をおおう堆積物が限られていること，後世の構築物などによる破壊をまぬがれていること，有機質の遺物が保存良好であることなど，水中遺跡には通常の遺跡とは異なる有利な点が多々ある。ロボットや各種デジタル技術を活用するなどの工夫が必要となるが，地中遺跡では解明できない問題を調べうる素材として今後，関心が高まっていくことだろう。

5．まとめ

　野外調査においては正確な記録を残すことが重要である。そのための方法について述べた。調査記録は野帳（フィールドノート），日誌，各種の図面，写真などに残るが，それらが第三者にも利用できるよう報告書としてまとめておくことが必須である。調査の目的や経緯，調査の方法，見つかった遺構，遺物，それらの鑑定結果など，できうる限りの記録を報告する。記録を刊行しない発掘は単なる文化財の破壊である，あるいは，報告書の刊行をもって発掘調査は完了する，とはよく言われることである。

　考古学の野外調査風景がテレビなどで報道される場合，移植ごてや竹べら，ブラシなどを使って作業員が丁寧に地面を引っ掻く姿がよく登場する。このハイテクの時代に土にまみれたアナログ的な作業が行われていることを奇妙に思われるかも知れないが，実のところ，技術開発が進んでいるのはもっぱら測量やデータの記録法，遺物の分析法の分野であって，必ずしも発掘そのもののではない。人の手で，細心の注意を払いながら掘り進めていく発掘スタイルは一世紀以上続いてきたし，今後

も当分続くと思われる。

　移植ごてで堆積物を一掻きするごとに新しい状況がうまれる。そして，その都度，最適の対処法　──発掘を中断して図面を残すのか，写真を撮影するのか，そのまま掘り進めるのか，移植ごてではなく竹べらで掘るのか，発掘単位を変更して掘るのか，等々──　を選択しつつ調査は進んでいく。発掘中に無数に繰り返されるこのプロセスを機械化することはにわかに達成されないであろうし，現在のところ，調査者の経験や判断力に頼るのがベストのように思われる。また，そうした作業をとおして行う遺跡の観察や考察が効果的な分析，記録，ひいては正確な解釈につながるのである。野外調査，とりわけ発掘調査は考古学の出発点であると同時に，その後の研究の質を左右する分岐点としてきわめて重要であることが理解されねばならない。

参考文献

泉拓良・上原真人『考古学──その方法と現状』放送大学教育振興会（2009）
井上たつひこ『水中考古学──クレオパトラ宮殿から元寇船，タイタニックまで』中央公論社（2015）
岩崎卓也他編『考古学調査研究ハンドブックス』雄山閣出版（1993）
田中宏幸，大城道則『歴史の謎は透視技術「ミュオグラフィ」で解ける』PHP研究所（2016）
寺村裕史『景観考古学の方法と実践』同成社（2014）
ハリス, E.（小沢一雄訳）『考古学における層位学入門』雄山閣出版（1995）
レンフルー, C.・バーン, P.（池田裕・常木晃・三宅裕監訳）『考古学──理論・方法・実践』東洋書林（2007）

3 | 年代決定論①―相対年代と編年―

設楽 博己

《目標&ポイント》 考古学の年代決定法である型式学と層位学，それを用いた編年研究を紹介する。欧米では考古学的な時代区分として石器時代・青銅器時代・鉄器時代の三時期区分法が知られているが，その問題点に触れながら時代区分について講義する。
《キーワード》 相対年代，型式学，層位学，編年，時代区分，旧石器時代，新石器時代，青銅器時代，鉄器時代，三時期区分法

1. 型式学と層位学

(1) 相対年代と絶対年代

　考古学で求める年代には，相対年代と絶対年代という性格の異なる二つがあり，年代を求める方法も異なる。

　相対年代とは，資料相互の新旧関係にもとづいた年代である。その方法は，遺物Aの方が遺物Bよりも古いということを確かめ，A→Bという順番を定めてAやBの帰属する時期を決定する方法である。この方法だけからでは何年前であるとか，何世紀のものといった値を求めることはできない。

　これに対して絶対年代は，何年に作られたもの，あるいは何世紀ころのものというように数値で示される年代を指す。青銅器に製作された年代が記されていれば，紀元前300年につくられた青銅器というように，1年単位で分かる場合もある。また，炭素14年代法などで示される紀元前3200年±20年といった年代値も絶対年代である。

絶対年代はその語感から絶対に正しい，あるいは優れているという誤解も生じかねないが，数値で示されるというだけであり，相対年代の方が劣るというものではない。考古資料は紀年銘などから数値年代が分かる例は少なく，相対年代決定が有効な資料の方が多いからである。相対編年を行う際の定点として絶対年代の資料を用いるとか，絶対年代の誤差を検証するために相対年代資料を用いるというように，相互に補完しあいながら用いるのが正しい使い方である。実年代という言葉もあるが，これも実際の年代という限定的な意味にとられるならば誤解を生じる。そういう意味では，絶対年代は数値年代と理解した方がよい。この講義では，相対年代による年代決定と編年の方法を学ぶ。

（2）型式学とは何か

われわれの生活で用いる様々な物には，いずれもある一定の形がある。食器でいえば，壺，皿，鉢などであり，車でいえば乗用車，トラック，ワゴン車など，それぞれの用途に応じて形が決まっている。壺に入ったラーメンは食べにくく，荷台がむき出しのワゴン車はとても不便であるし，そもそもそれをワゴン車と呼ばない。これらの道具は，用途によって形が違っていることが分かるが，用途や機能を反映して道具などが備えた形を考古学では形式 form と呼んでいる。

乗用車には，カローラやクラウンといったさまざまな車名がついている。セダンという形は大枠で保ちながら，そのなかに細かな特徴を異にする様々な種別があるのである。考古学では，このように細分された形式を型式 type と呼ぶ。型式は刻々と変化するが，年代順に変化する型式の並びを型式組列 series と呼んでいる。型式学による年代序列の設定は，型式組列を見出すことにほかならない。型式には，時代の流れのなかでの変化とともに，地域による変異がある。

第3章　年代決定論①—相対年代と編年—　　45

つまり，型式は年代上，地域上の考古資料の単位であり，その時間的地理的な位置を定めて配列することを編年 chronology と呼ぶ。

私たちの使っているもの一つ取り上げても，用途・機能・年代・地域などさまざまな要因によってさまざまに区分されている，あるいはできることが分かる。形式や型式以外にも，のちに述べるような様式というカテゴリーもあり，どのような基準にもとづいて考古資料を分類していくのかは，そこから何を明らかにするかにもよる。考古資料の特徴にもとづいて資料を分類して秩序立てることを，型式学 typology と呼んでいる。

型式学の基本を打ち立てたのは，スウェーデンの考古学者，オスカー・モンテリウスである[1]。モンテリウスは，ヨーロッパの青銅器をいろいろと分析して年代序列をつくるなど，型式学を体系的におさめた。その一つとして有名なのが，青銅斧の型式学であるので，紹介しよう（図3-1）。

一番古いのは石斧を模倣してつくった青銅斧（a）である。石斧は柄に孔をあけて装着して使っており，bはそれを踏襲したうえで，両側面に飛び出しをつくって柄のぐらつきを防いだ。さらに，使っているうちに斧が柄に食い込んで孔を破損するのを防ぐために斧頭の中間にリングを設けてそれ以上食い込まないようにした（c）。それでも食い込むことから，青銅器という鋳型でつくる特性を活かして斧頭の根元を袋状に

図3-1　青銅斧の変遷
出典：樋口隆康編（1978）『大陸文化と青銅器』古代史発掘5，講談社135頁282

してそこに途中まで柄を差し込む方式にした(d)。dにはもはやいらなくなった飛び出しとリングがまだ残っている。やがて全体を袋状にする斧が登場したが，飛び出しはうっすらと凹みとなり，リングは沈線になって退化しても根強く残っている（e）。

モンテリウスが重視したのは，斧という伐採具のどの部分が変化しているのか，とくに機能強化のための変化でいらなくなった部分がどのように退化していくのかという点であった。退化した部分は，生物学でいうところの痕跡器官 rudiment であり，モンテリウスは遺物に残る痕跡器官の有無や変化の状態を型式変化を追う手掛かりとしたのである。

日本考古学でも，これを手本とした優れた分析はいくつもあるが，佐原真による銅鐸の編年を紹介する（図3-2）。

銅鐸は弥生時代のまつりに用いた鐘であり，内側にぶら下げた棒で身をたたいて音響を発した。

佐原の編年以前には，身を飾っていた文様の変化に重点を置いて編年していたが，佐原が注目したのは鈕という吊り手の部分である。鈕に目をつけたのは，鳴らす鳴らさないという機能の変化にかかわる重要な部分が編年にとって重要だと見抜いたからである。鈕

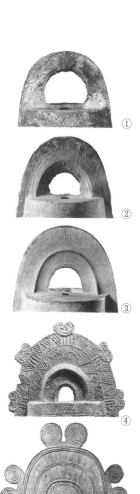

図3-2 銅鐸型式の変化

出典：佐原　真(1996)『祭りのカネ銅鐸』歴史発掘8，講談社107頁154

が厚ぼったい菱環鈕式①,鈕の外側に装飾帯がつく外縁付鈕式②,鈕の内側にも装飾帯がつき扁平になった扁平鈕式③,鈕が幅広くさらに平たくなり,かつての菱形の部分が痕跡的になり,何本もの突線で装飾されるようになった突線鈕式④・⑤の4つの型式変化をとらえた。

現代の身の回りのものでも型式学は展開でき,参考になる。図3-3は,ある特定の型式の乗用車の型式変遷をたどったものである。とくにバンパーの変化に注意すれば,独立式から車体一体型へと変化していることが分かる。バンパーというかつては傷をつけてもよい,そのために設けられたものが,車全体を大事にするようになったことに応じて機能を失って一体型になったのであり,バンパーが痕跡器官といえる。

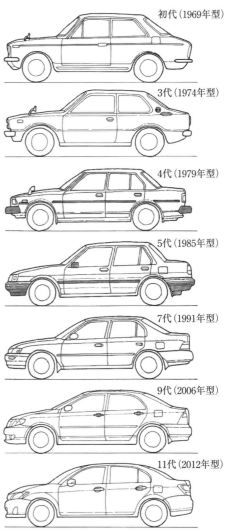

図3-3　乗用車の型式変遷
バンパーが黒いのはウレタンバンパー。

(3) 層位学とは何か

　しかし，考古遺物から痕跡器官を探し出すのはきわめてむずかしい。そうしたとき，型式学的に配列した年代序列を検証するのに有効なのが層位学 stratigraphy である。

　デンマークの科学者ニコラウス・ステノが17世紀に提唱した「地層累重の法則」にもとづく。この法則の原理は，上下に重なり合った地層のうち，上の方が下より新しいというものである。考古学で年代序列を推定したＡ型式とＢ型式の新旧を判別する，あるいは想定された序列の確かさを検証するのに，この原理を応用するのが層位学である。

　また，地質学では地層に含まれている化石から地層の年代を決定する「地層同定の法則」もあり，その際に用いる化石を標準化石あるいは示準化石と呼ぶ。考古学でもそれにならい，型式学で基準になる資料を標準型式，あるいは標準遺物という。

　遺跡における地層は単純ではなく，何層にも重なり合い，途中で途切れたり，場合によっては上下が逆転している場合もあるので，遺跡の発掘の際は慎重な見極めを必要とする。必ずしも層位は型式に優先するのではなく，相互の検証作業を要することを認識しておく必要があり，その判断は発掘現場での観察記録がものをいう。

　地層のあるものが，年代を判別する際の「鍵層」になる場合もある。火山灰 tephra の層などはその最たるものであり，火山列島の日本では，降下年代の分かる火山灰である指標テフラを基準にした火山灰編年 tephrochronology が発達している（図3-4）。

　たとえば鹿児島県錦江湾の姶良カルデラを形作った噴火による姶良・丹沢火山灰（AT）は，およそ29000〜26000年前の火山噴火によるもので，北は東北地方北部にまで及び，旧石器時代の初期の遺跡や遺物の年代を抑えたり，AT上下の遺物の編年を行う際の鍵層になる広域火山灰

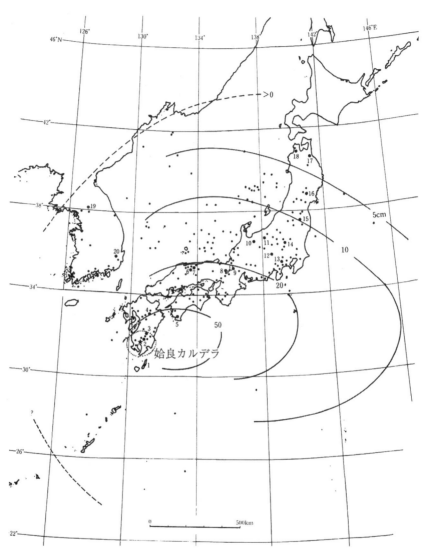

図 3-4　姶良・丹沢テフラ（AT）の分布
出典：町田洋「火山は何を語るか」『検証・日本列島：自然，ヒト，文化のルーツ』
第13回「大学と科学」公開シンポジウム組織委員会編42頁図7（クバプロ，1999）

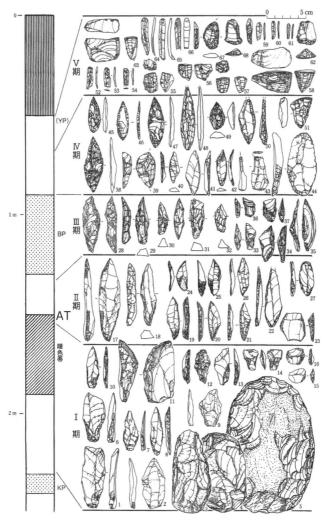

図3-5　関東地方北部の石器群編年

Ⅰ期　1・4：岩宿　2・9：下触牛伏　3・6：十二社　5：末野　7：上林　8・15・16：武田西塙　10・13：天引狐崎　11：房谷戸　12：古城　14：三和工業団地Ⅰ　Ⅱ期　17・20：大上　18・23：後田　19：神明　21：堀下八幡　22：五目牛南組　24〜26：堀越甲真木B　27：多胡蛇黒　Ⅲ期　28：峯山　29：中原後　30・31：寺野東　32：常陸伏見　33：中川貝塚　34：提灯木山　35：殿山　36：岩宿　37：新屋敷　Ⅳ期　38：岩宿　39：細原　40：赤山　41：八幡根東　42：岩宿Ⅱ　43・44：武田石高　45・48〜51：武井　46：梶巾　47：元宿　Ⅴ期　52〜54：市之関前田　55・56：逆井　57：坂田北　58〜61：額田大宮　62：宮脇　63・67：鳥取福蔵寺Ⅱ　64〜66：後野　68：白草　出典：小菅将夫・西井幸雄2010「関東地方北部」『講座日本の考古学1　旧石器時代上』青木書店366頁図3

である（図3-5）。

群馬県榛名山の二ツ岳は5世紀末〜6世紀初頭と6世紀前半の2度にわたる大爆発で、それぞれFAとFPと呼ばれる火山灰を降下させ、古墳時代の遺構の年代を決定するときなど有効に活用されている。群馬県渋川市黒井峯遺跡はFPによって埋没したムラがそっくり発掘され、近年付近の金井東裏遺跡で甲を着けたまま冑を抱くようにしてFAによって息絶えた人骨が発見された。一帯は、まさに日本のポンペイといってよい。ポンペイが79年の火山噴火で滅びたことが分かったのと同様に、金井東裏遺跡の人骨に5世紀末〜6世紀初頭という正確な年代が与えられた。これなどは、絶対年代の範疇に属するものであるが、それは火山灰編年の有効性の幅の広さを物語っていよう。

（4）一括遺物

モンテリウスは、年代決定に際して、型式学のほかに一括遺物という概念を提示している。

一括遺物 hund は、遺構のなかで共存関係の状態で出土する複数の遺物を指す。A型式とB型式が同じ時期に作られたものとしよう。離ればなれの状態で出土したままでは、これらの同時性は分からないが、一括遺物として共存していた場合に、同時性が確認されることになり、編年の確かさが増す。また、一括遺物は形式や型式の組み合わせ assemblage[2] であるので、文化を把握する基礎的な単位となる重要な分析概念である。こうした共存関係をチャイルドは association として重視し、他現象との共存関係のような関連 context のなかで考古遺物は意味をもつとした。その一方、更新世の河川の礫床にえぐられたピットから一緒に掘り上げられた石器は、礫層から押し流された年代の異なる石器が混在している可能性があるので、アメリカの考古学者ロバート・ブレイドウッ

ドが集合 aggregate と呼んだように共存関係とはいえないとしている[3]。

　型式学的に同時存在だと認定されていても，それを検証する必要がある。一括遺物はその検証に有効な概念であり，そういう意味では層位学に含めて理解してよい。しかし，しばしば層位一括資料という言われ方をするが，それは正しくない。我々が識別できる一つの土層は，堆積に要する時間が短い場合もあれば長期にわたる場合もある。見かけ上は一層であるが長期にわたっている場合には，複数の型式にわたる遺物が混在している可能性も当然ながらあるからである。通常は，墓坑の副葬品や，土坑に人為的に廃棄された短時間による集積などを一括遺物と呼ぶ。

　複数の青銅器が同一の土坑から出土したとしても，それが同時に製作されたものとは限らない。一括遺物といっても，製作の同時性と廃棄や埋納の同時性は区別しなくてはならない。なぜならば，青銅器などは伝世される可能性があるからであり，実際に4型式にわたる銅鐸が一括埋納されていた島根県雲南市加茂岩倉遺跡の例がそれを示している。たとえば壺に大量に収められて埋納された貨幣に時間幅のある場合などは，人為的な営為によっており，一括埋納されているという点で集合とは区別され，一括遺物の範疇で理解されることが多い。

2．編年とその方法

（1）山内清男の縄文土器編年

　時間的な縦方向の変化と，地域色といった横方向の変異を網目状に序列づけることも編年作業である。このようにして編まれたのが編年網であるが，ここでは，日本考古学を代表する編年とその方法を二つ取り上げて解説しよう。

　まず，先史土器の編年に取り組んだ山内清男の業績である。山内は大

正年間の終わりころから縄文時代の遺跡を発掘して土器を編年する作業を精力的に展開した。その際，手本にしたのが，古生物学者の松本彦七郎の方法である。

　松本は，仙台湾の縄文時代の貝塚を発掘したが，層位学に学んだ分層発掘を行い，それぞれの層にどのような土器が含まれているのか，型式学的観点から分析して新古の序列を求めた。松本は土器の口縁部，胴部，底部といったそれぞれの部位を飾る文様が発生，進化，退化を経て消滅するという進化論的な動きを見出し，その序列を層位によって確認することに努力した。生物の系統発生という考え方を土器の部位に応じた文様の系統変化に応用したのである。

　山内は遺伝学を志した科学者であったので，やはり生物学的な観点から，土器の部位ごとに設定した文様帯が系統発展を繰り返す状況をとらえた文様帯系統論を武器に編年を行い（図3-6），昭和初期に全国的な縄文土器編年網をつくりあげた[4]。山内も東北，関東地方の貝塚を中心とした遺跡の分層発掘によって，組み立てた型式組列を層位によって検証する作業を怠らなかった。松本とともに，自然科学者としての作法を

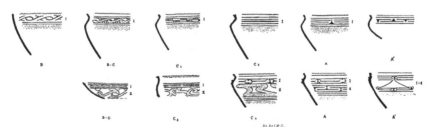

図3-6　山内清男による縄文晩期大洞(おおぼら)式土器の編年
岩手県大船渡市大洞貝塚のA〜C地点の地点別資料をもとにしてⅠ・Ⅱの文様帯の運動から土器に序列を与えた。
出典：山内清男1930「所謂亀ヶ岡式土器の分布と縄紋式土器の終末」『考古学』第
　　1巻第3号，140・141頁第1図

よく身につけていた結果であろう。

　山内が縄文土器編年の全国網を作り上げた時に，縄文土器の1型式はAという地域でもBという地域でも同じ期間であるという原則にもとづいていた。たとえば関東地方の縄文時代中葉の加曾利E1式土器が長野県で出土した場合，それは関東地方で加曾利E1式土器がつくられて使われた時間幅のなかで移動して廃棄されたものであるという前提であった。しかし，移動に要した時間を大きく見積もれば，関東地方で加曾利E2式が用いられたときに長野県ではまだ加曾利E1式が用いられていたことも空想の上ではあり得ないことではない。

　このことを検証するうえで交差編年，あるいは交差年代法（Cross Dating）と呼ばれる方法が重要になる。A地域のX1型式とB地域のY1型式が同時期の型式であると仮定した場合，B地域に運ばれたX1型式と在地のY1型式が共存していることを確かめただけではX1型式とY1型式の同時性は保証されない。上で理論上あり得るとした現象，すなわちA地域からB地域にX1型式が伝播してY1型式と共伴したときはすでにA地域でX2型式の時期に移行していて，時間的にはY1型式がX2型式と同時期になる可能性も否定できないからである。よく，ここまでを指して交差編年という場合があるが（表3-1の1），それでは交差にならない。A地域でもX1型式にY1型式が共伴して出土することを確認す

表3-1　交差編年の原理

地域 年代	A	B
1	X1	
2	X2	X1＋Y1
3	X3	Y2
⋮	⋮	⋮

1　不充分な交差編年

地域 年代	A	B
1	X1 ＋ Y1	Y1 ＋ X1
2	X2	Y2
3	X3	Y3
⋮	⋮	⋮

2　正しい交差編年

ることが必要になるのであり，相互の共伴関係にもとづくのが真の交差編年である（表3-1の2）。

　山内は各地において数多くの発掘調査を重ね，理論上あり得るとしたこの現象が生じていない経験則を積み重ねることによって，縄文土器編年の前提的な原理をつかんだのかもしれない。

（2）小林行雄の弥生土器様式論

　ほぼ同じころ，関西では弥生土器の編年が進んでいた。それを牽引したのが小林行雄である。小林が用意した文化編年の分析概念は，様式論といわれている。それを引用すると，「弥生式土器の研究においては，器形による手法の差がはげしいので，壺の形式に属するA型式と甕の形式に属するB型式とが同時に存在したことをみとめ，A・B両型式の同時性をあらわすために，それらがおなじX様式に属するという説明方法をとっている」というのである[5]。山内の型式学では，形式の細分単位が型式であり，形式の集合も型式であるが，小林は後者を様式として区分した。

　縄文土器編年は貝塚などの積み重なった複数の層位にもとづいていたが，層位に恵まれない関西の弥生集落での編年で，小林は遺跡あるいは遺構ごとの単純資料あるいは一括遺物に近い概念を様式設定の単位にしたり，引き算という方法を用いて単純資料を求めていく作業を行った。A・B型式を出土する遺跡があり，A・B・C型式を出土する遺跡があれば，引き算によって残るC型式は単純な時期の独立した型式として認めることができるという論法である。

　図3-7は，小林が心血を注いだ奈良県川東村唐古遺跡の弥生土器様式編年である。この唐古様式をもとにして近畿地方の弥生土器様式編年が確立された。この図を見ると，系統発生をたどるように枝分かれした

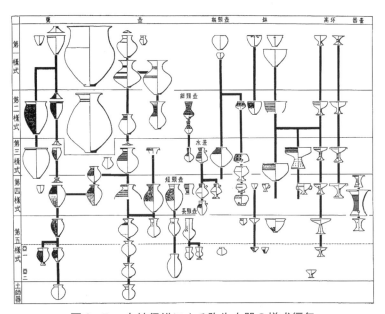

図3-7　小林行雄による弥生土器の様式編年
出典：小林行雄1943「弥生式土器細論」『大和唐古弥生式遺跡の研究』京都帝国大学，第66図

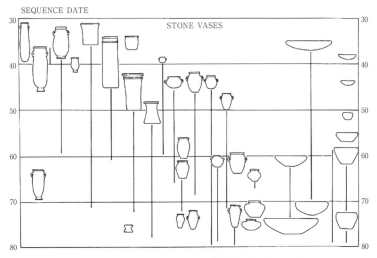

図3-8　F・ペトリーによる仮数年代ダイアグラム
出典：濱田耕作1922『通論考古学』大鐙閣

型式組列を縦方向の基準資料として，それを横軸に巧みに配列したきわめて構造的な編年であることが分かる。一つの様式のなかに上下に配列された二つの型式は，一つの様式のなかで型式が細別されることを示す。

（3）ペトリーのSD法と頻度セリエーション

イギリスの考古学者フリンダース・ペトリーがあみ出した編年の方法がSD法である。

SD法はSequence Datingの略称であり，ペトリーに師事した濱田耕作によって仮数年代法と訳された。エジプト考古学のペトリーは，先王朝時代の土器の編年に際して，墓坑から出土した土器群を一括遺物ととらえて編年の基準としたが，その際に同じ土器が2つ以上確認された墓坑を年代の近い一括遺物として前後に配列した。前後の確認に際しては，壺形土器の肩部の把手が痕跡器官と化していく順序から決定した。この作業は20世紀の初頭に行われたものであり，19世紀のモンテリウスの型式学的方法論をよく学んでいることが分かる。そして，形式を細別した型式の組列をつくり，一括資料で様式を設定して配列する方法は，小林の様式論の母体をなしたといってよい（図3-8）。ペトリーは青銅器や石器の編年にもこの方法を応用した。

実年代の分からない先王朝時代の一括遺物に，たとえば35年-42年という継続年数を振り当てたので，仮数年代法とされるが，仮数年代の根拠はよく分からない。重要なのは仮数年代をあてたことではなくて，確かな方法論にもとづく様式編年と，複数の資料によってそれを構成しようと文化総体の編年に取り組んだ点にあるだろう。

アセンブレッジをもとにしながら行うこの相対編年方法を改良したのが，W・ロビンソンとG・ブレイナードによる頻度セリエーションと呼

ばれる方法であり、ある独特の頻度グラフによる分析である[6]。この方法を、アメリカの考古学者ジェームズ・ディーツが行ったマサチューセッツ州の18世紀から19世紀におよぶ共同墓地の墓碑の研究でみていこう。

まず、墓碑に彫刻された図柄によって型式を区分し、それぞれが立てられた年代が記されているのでそれを調査する。そして、横軸に型式を配列し、縦軸に年代を10年単位で刻み、それぞれの年代間に立てられた墓碑の数をグラフで示した。そうすると、ある型式の増減が軸線上に紡錘形で並び、それが横に並列したグラフをなす。ディーツは紡錘形を戦艦形曲線と呼んだ（図3-9）。

この方法の優れた点は、横に並んだ箱グラフの総和は上下で常に一定なので、様式編年において各形式や型式の量的な増減が定量的に示され、その変化が全体として一目瞭然になっていることであ

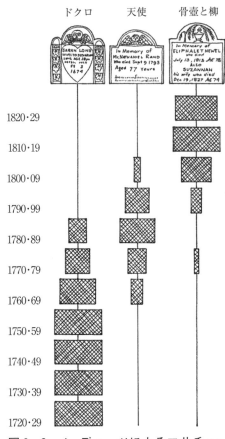

図3-9　J・ディーツによるマサチューセッツ州ストンハムにおける墓石のセリエーション
出典：上原真人 (2009)「セリエーションとは何か」『考古学―その方法と現状―』放送大学教育振興会137頁図7-3

る。グラフが必ずしも紡錘形をなすとは限らない。三角形や逆三角形の場合などがあるが、それぞれに出現や終焉の特殊性のあることが予想されるのであり、その分析も変化の意味や背景をさぐるのに役立つわけだから、視覚的にも大変優れた分析方法ということができよう。

3．時代区分の考古学的方法

(1) 三時期区分法とその評価

　古い時代から新しい時代への変化をとらえてそこに意義を見出し、それぞれの時代に評価を加えていくのは、歴史学の重要な役割である。それが文字のない時代であれば、考古学の役割が大きくなるのであり、いわゆる時代区分の考古学的な方法が問われることになる。

　考古学では道具の素材によって時代を区分する方法がはやくからとられてきた[7]。ローマ時代の哲学者ルクレティウスは、人類は①石の時代、②銅の時代、③鉄の時代を経たことを述べた。こうした三時期区分法は中国でも後漢初期の『越絶書』に認められるという。

　三時期区分法を歴史学のなかで復活させたのは、デンマークの歴史学者ヴェーデル・シモンセンである。1813年に刊行された著書で、スカンジナビアの古代文化の歴史は石の時代、銅の時代、鉄の時代の三つに分けられることを武器や道具の洞察から導いた。

　もっと早い1808年に、イギリスのコルト・ホアも発掘した塚の遺物が石製、真鍮製、鉄製に変化することを見つけていたが、この考え方を博物館の遺物展示に応用したことによって世間に定着させたのが、デンマークのクリスチャン・トムセンであった。1819年に開設された博物館の展示ガイドにこの区分が記述され、一般の書物としては1836年に出版された『北欧古代学入門』に明記された[8]。

　1865年になると、イギリスの先史学者ジョン・ラボックは、フランス

のソンム川渓谷などで更新世の絶滅動物の化石とともに打ち欠かれた石器が出土することを確認し、それを旧石器時代として、磨かれた石器からなる新石器時代と区別することにより石器時代を二つに分けた。

しかし、世界にはこのような三つの時期をたどってきた地域は限られているし、材質は銅でも石器の技術でつくられている場合もあり、技術史の観点からは青銅器時代といってよいのか疑問となるなど、問題の多いことはすでに濱田耕作の『通論考古学』（1922年）で指摘されており、金石併用期などと呼ばれることもあった。日本列島でも弥生時代に最初に現れる鉄器はスクラップを研いで刃をつけたものであり、石器の製作技術によってつくられたことが指摘されている。この段階を鉄器時代と呼んでよいか、はなはだ問題である。

(2) チャイルドの時代区分

三時期区分法はこのように問題をかかえた技術的基準に立った区分であり、そのまま汎世界的な人類史に適応できないことが20世紀前半には明らかになってきた。また、利器という道具の変遷だけが、はたして人類史の再構成にとってどれほど有効なのかという疑問も呈された。

オーストラリア生まれでイギリス人の社会考古学者、ゴードン・チャイルド（図3-10）は、人類史の区分に際して社会経済的な発展段階説に依拠した。1936年に著した著書[9]のなかで、人類史において重要な革命を三つあげた。それが、新石器革命、都市革命と産業革命であ

図3-10　G・チャイルド
©Courtesy of Historic Environment Scotland (Vere Gordon Childe Collection)

る。新石器革命における歴史の転換の契機に対しては，磨製石斧の使用といったものではなく，農業の開始にそれを求めたことで分かるように，かれはマルクス主義に影響を受けており[10]，マルクスやエンゲルスが史的唯物論の構築に際して依拠したアメリカ人類学者ルイス・モーガンの提唱する野蛮→未開→文明という発展段階説を念頭においていた。

　この考え方は三時期区分法の上に立ってそれに経済的な指標を付け加えたものであり，そういう意味では修正三時期区分法といってよい。また，チャイルドはモンテリウスが主張したすべての古代文明は西アジアに起源して伝播したものであるという文化伝播主義に対して慎重であったが，ヨーロッパの新石器文化の出現をメソポタミアからの伝播によって説明した。この修正伝播主義にもとづいた考えは，のちにイギリス考古学者のコリン・レンフリューによる炭素14年代測定や年輪年代法によって批判を受け，ストーンヘンジといった巨石文化などはヨーロッパで独自に形成されたことがあきらかにされている[11]。

　また，農業の開始を革命ととらえることに対しては，イスラエルの中石器時代のナトゥーフ文化の研究成果などによって，植物利用の多角化を経て徐々に形成されてきたという長いプロセスが重視されることになり，必ずしも適切な歴史的評価といいがたいことも指摘されている。

　しかし，このような問題はあるにしても，チャイルドの時代区分は，人類史の再構成にとってより本質的な時代区分として広く受け入れられた。考古学的に文化をどのようにとらえるかといった方法論の構築とともに，チャイルドは日本考古学でいまだに高い評価と根強い人気を誇っている。

（3）日本先史考古学の時代区分

　1877年のエドワード・モースによる東京府大井村大森貝塚の発掘調査

によって，日本に石器時代のあったことが科学的に明らかになったが，それがすぐに縄文時代，弥生時代といった時代区分を生み出したわけではなかった。しかし，その後さまざまな遺跡の発掘調査が進むなかで，土器にいろいろな違いのあることに目をつけて研究が進んだのは，時代区分論の上で有効であった。

1884年に，それまでの縄文土器と違う性格をもつ土器が，東京府本郷区向ヶ岡弥生町で発見され，それに弥生式土器の名がつけられた（図3-11）。研究が進み，縄文土器と弥生土器では使われた時代が違うことから，日本の石器時代は縄文時代，弥生時代に区分され，そのあとに古墳を築き土師器を使う古墳時代が設定されたのである。

図3-11　弥生土器第1号
提供：東京大学総合研究博物館

アジア太平洋戦争後になると，岩宿遺跡での旧石器の発見によって，日本にも旧石器時代の存在していたことが分かった。しかし，旧石器時代とはヨーロッパで石器時代を二つに分けたうちの一つの名称であり，もう一つを新石器時代といった歴史がある。それに対して，日本ではヨーロッパ流の呼び名と日本独自の呼び名が混在することになった。

旧石器時代を先土器時代と呼んだり岩宿時代と呼ぼうという提唱も，そうした不整合を是正する試みであった。

縄文時代と弥生時代の区分については，学史的には土器の違いによって区別されていたのだが，佐原真によって異が唱えられた。佐原は利器による時代区分を経済的指標によって修正したチャイルドの方法に依拠して，より本質的な時代区分として農業の本格化を指標として二つを区分した[12]。窯を用いない土器の製作技術は連続的であって，縄文土器と

弥生土器を製陶の技術史から分けることができないのが，土器による区分を排したもう一つの理由であった。

近藤義郎は，時代区分の指標は①前代にないあるいは萌芽的な特徴的で，②社会的に重要であり，③支配的・普遍的な考古資料だといっている[13]。何を指標にして時代を区分するのかについては，きわめて論理的な問題である。それと同時に，単一の指標によって時代を区分して，それをすべての地域にあてはめることに様々な問題のあることも承知しておかなくてはならない。

たとえば東北地方北部では弥生時代前期から中期に300年間ほど稲作農耕が続いた後，再び採集狩猟の生活に戻ったようであり，普遍性，不変性を重視すれば東北地方北部に弥生時代がなかったことになる。しかし，生活文化の変化と弥生時代の地域性を重視して縄文時代と弥生時代の境界を農耕文化の形成ととらえ，その過程で政治的社会の形成とそれにともなう格差が生じたという見方からすれば，たとえ短くとも東北北部に弥生時代はあったということもできよう。

時代区分は，いかなる視点にもとづいて区分するのか，その論理によってさまざまであることは歴史という学問の宿命であることも認識しておく必要がある。

〈註〉
1　モンテリウスよりも前に，スウェーデンのハンス・ヒルデブラント，イギリスのピット・リヴァースやジョン・エヴァンズなども型式学を重視して遺物の系統的な変化や編年をとらえようとした。
2　V.G.チャイルド著，近藤義郎・木村祀子訳1969『考古学とは何か』岩波新書
3　V.G.チャイルド著，近藤義郎訳1964『考古学の方法』河出書房新社
4　山内清男1937「縄紋土器型式の細別と大別」『先史考古学』1-1，29-33頁，先史考古学会

5 小林行雄1959「形式・型式」『図解考古学辞典』296-297頁,東京創元社
6 コリン・レンフルー＋ポール・バーン2007,池田裕・常木晃・三宅裕監訳,松本健速・前田修訳「型式学的シークエンス」『考古学―理論・方法・実践』124-129頁,東洋書林
7 古代ギリシャの吟遊詩人ヘシオドスは,人類の過去を①黄金の時代,②銀の時代,③青銅の時代,④英雄の時代,⑤鉄と恐怖の時代に区分した。時代を経るごとに悪い世界へと変わっていくといういわゆる退行史観であるが,紀元前8世紀にすでにこのような構想のあったことは驚きだ。
8 芹沢長介1976「3時代法」『考古学ゼミナール』42-43頁,山川出版社
9 V. G. Childe, *Man makes himself*, London. 1936（G・チャイルド著,ねず・まさし訳1951『文明の起源（上）（下）』岩波新書66,岩波書店）
10 註6文献「分類と整理」36-40頁の37頁
11 コリン・レンフルー著,大貫良夫訳1979『文明の誕生』岩波現代選書
12 佐原真1975「農業の開始と階級の発生」『岩波講座日本歴史1』岩波書店
13 近藤義郎1984「前方後円墳の成立をめぐる諸問題」『考古学研究』31-3,39-50頁の49頁

4 │ 年代決定論②―絶対年代―

藤尾 慎一郎

《**目標＆ポイント**》 自然科学的に年代を求めるためには，測定対象となる資料によって適切な測定法を選ぶ必要がある。この章では，相対年代に対して絶対年代と呼ばれてきた数値年代を得るための自然科学的な方法と，得られた数値年代をどのようにして日本独自の高精度土器編年体系にあてはめるのかという総合的な年代決定法について議論する。
《**キーワード**》 絶対年代，実年代，暦年代，較正年代，較正曲線，ウィグルマッチ法，IntCal，同位体，放射性元素

1. はじめに

　自然科学的に年代を求める方法はいくつかに分けることができる。物理的な性質を利用する方法，放射性元素に注目して年代を調べる方法，樹木年輪を手がかりとする方法などである。それぞれ，熱残留磁気分析法，熱ルミネッセンス法やフィッショントラック年代測定法，および炭素14年代法，年輪年代法が相当する。
　それぞれ得意とする測定対象や何年前まで測ることができるのか？という年代，1年単位か100年単位かという分解能（精度）が異なっているため，測定対象となる資料によって適切な測定法を選ぶ必要がある。
　測定すると何年前のものかが分かる。相対年代に対して絶対年代と呼ばれることもあるが，近年では数値年代という呼び方も使われるようになってきた。数値年代が何時代のいつ頃にあたるのかが分かれば，その有用性は一気に高まる。つまり日本が世界に誇る高精度の土器型式に数

値年代を与えることができれば，遺跡や遺構，土器に伴う各種の遺物にも年代を与えることができるからである。こうした自然科学と考古学との学際的な研究によって得られる総合的な年代決定法についても議論する。

2．被熱した年代を測定する方法

（1）残留する地磁気を利用する方法

　熱残留磁気分析法（Thermoremanent magnetization Method, TRM）または考古地磁気法（Archaeological Method）という。粘土の中に含まれている磁鉄鉱や赤鉄鉱などの磁性を帯びた鉱物は，500～600℃以上の熱を受けると磁性が消える。しかし高温から冷える過程で，その時の地球の磁場の方向や強さにしたがって再び磁気を帯びて固定化されることが知られている。これを熱残留磁化という。

　地磁気は地磁気永年変化と呼ばれるゆっくりとした変化をしているので，加熱された時代が異なれば，熱残留磁化の方向も異なることになる。したがって過去の地磁気永年変化の様子が分かっていれば，測定した残留磁化がいつの地磁気の方向と一致するかをみて年代を推定することができる。現在の日本から見た地球磁場の方向は，偏角-3°～-10°，伏角は35°～60°である（図4-1）。

　日本では広岡公夫が東海・北陸以西の西南日本各地の遺跡の焼土のTRMの測定データを，考古編年に従って年代順に並べることによって，過去2千年にわたる詳しい考古地磁気永年変化曲線を作っているので〔広岡1977〕，弥生中

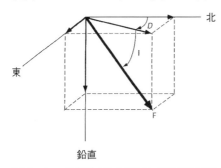

図4-1　地磁気の3要素〔齋藤2010〕216頁図1より転載：DはDeclination（地磁気偏角），IはInclination（地磁気伏角），Fはtotal force（全磁力）の略

期末(前1世紀後半)以降の年代測定が可能である(図4-2)。その後,西南日本でも地域差が見られることが分かり,今では北陸と東海について永年変化曲線が得られている。

窯(陶器,瓦)や炉(製鉄炉,鍛冶炉,住居)など,火を受けてから動いていない構造物や噴砂などが対象となる。

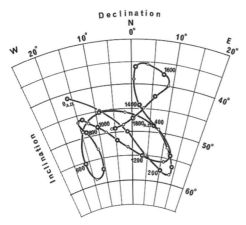

図4-2 西南日本の過去2000年間の考古地磁気永年変化〔広岡1977〕©日本第四紀学会

(2) 熱やレーザー光による発光現象を利用する方法

焼石や土が熱を受けてから周囲の自然放射線の影響を何年受けてきたかを測る方法である。測定対象が限られ,数%程度の誤差があるので旧石器時代など炭素14年代法を補完する年代域や,土器や瓦などの被熱資料の年代測定に用いられる。

粘土中に含まれる石英は周囲から微弱な放射線を受けると,その量に比例して遊離電子を蓄積するが,熱に対して容易に反応する性質を持つので,約500℃以上で加熱

図4-3 ルミネッセンス年代測定法の概念図
(作図:今村峯雄)試料に一定の年数に相当する線量を人為的に照射して,そのルミネッセンス量との関係から発掘時の経過時間が計算される。

すると元の安定な状態に戻り、この時に光を発する。これを熱ルミネッセンス（Thermoluminescence）という（図4-3）。

光の強さは蓄積された放射線の量に比例するので、光の強度から求められる放射線の量と、出土した場所における年間の放射線量との関係から、500℃以上で熱を受けてからの年数を導き出すことができる。およそ100万年前までを対象とする一方、放射線の量が常に一定であったとは限らないので、放射線の量が不均一であった場合は誤差の原因となる。測定に必要な試料の量は、石英粒子なら約50mg、土器なら3〜5mm角×0.5cm厚程度である。資料本体を切り取るといういわゆる破壊分析なので、考古学者には抵抗の強い測定法である。主な測定例として、縄文草創期の隆線文土器、古代の製鉄炉やテフラなどがある。

(3) フィッショントラック年代測定法（Fission-track Dating）

土器やガラス、火山灰中の鉱物に含まれるウラン238の自然核分裂によって生じる傷跡（FT：フィッション・トラック）の蓄積量の年代を推量する測定法で〔齋藤監修2000〕、FTの数はウラン濃度と年代に比例する。

ウラン-238は自発核分裂（フィッション）を起こす際、原子量が半分ほどの重い核分裂片を放出する。これがジルコンやガラス中を飛ぶ際、その飛跡（トラック）に沿って

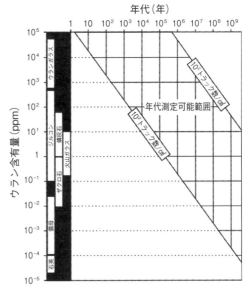

図4-4　フィッショントラック分析法の原理（提供：今村峯雄）鉱物のウラン含有量とFT年代測定可能範囲

結晶構造を損傷する。しかしこの損傷は、500〜700℃の熱を受ければ消える。したがって被熱後、再びウラン-238による自発核分裂で飛跡ができることになるが、ウラン-238が分裂する速度は一定なので、FTの数を測定すれば、被熱後何年たったのかを知ることができる。

測定は土器やガラスなどに含まれるジルコン（100μm程度以上の物が数十粒必要）などの鉱物粒子の表面を研磨して、単位面積あたりのFT濃度を計測する。測定可能な範囲はウラン濃度によって決まる（図4-4）。

主に地質学の分野で用いられるが、考古学では前・中期旧石器時代の地層判定を中心に、弥生時代から江戸時代にかけての土器や瓦、焼土中のジルコン、鉱滓中のガラス質部分、釉薬なども測定されている。

この方法は産地推定にも効力を発揮する。鈴木正男が原産地から採取した黒曜石を対象にフィッショントラック年代、およびウラン濃度を調べた。その結果、長野県和田峠や箱根など、名だたる原産地の黒曜石の噴出年代が明らかになった。したがって遺跡出土黒曜石のフィッショントラック年代を調べれば、産地がどこかを推定できる〔鈴木1970〕。

ちなみに千葉県三里塚№14遺跡出土の縄文早期に比定される黒曜石は、信州産が59％、箱根産が37％と推定されている〔鈴木1970〕。

3．炭素14年代と年輪年代

（1）炭素14年代法（Radiocarbon Dating）

放射性の炭素同位体を利用して考古・歴史資料の年代を決定する方法である。炭素には中性子の数が違うために重さは異なるものの、化学的な性質が等しい3つの同位体がある。このうち炭素12（^{12}C）と炭素13（^{13}C）は自然界に安定して存在する安定同位体だが、炭素14（^{14}C）だけは不安定でβ線を出しながら壊れていく放射性同位体である。^{14}Cの量が資料中にどのぐらい残っているのかを調べれば、何年たっているのか

を調べることができる。

　自然界の^{14}Cの存在度が^{12}Cの約1兆分の1と少ないのは，^{14}Cは約5,730年でその半分が窒素14（^{14}N）へと変わってしまうからである。一方，大気圏の上層では地球に届く宇宙線が大気成分と反応してできた中性子が窒素原子に衝突して，^{14}Cが作られている。宇宙線の量は太陽活動の影響を受けて強くなったり弱くなったりするので，作られる^{14}Cの量も年によって一定でない。

　炭素は遺跡から出土する木材，木炭，骨，歯，貝殻，ウルシ，泥炭，土壌などに含まれている。植物や動物は光合成や飲食などによって炭素を体内に取り込み，呼吸や排泄などで体外に排出している。生きている間は体内の^{14}C濃度は大気中の^{14}C濃度と同じだが，枯れたり死亡したりすると，その時点から体内の^{14}C濃度は減り始める。つまり炭素14年代法で得られる年代というのは，生物が枯れたり死亡したりしてから何年たっているかを示すものである。

　^{14}C年代測定法には2つの方法がある。一つはベータ線計数法（Radiocarbon Dating [β-counting Method]），もう一つが加速器質量分析法（Radiocarbon Dating [Accelerating Mass Spectrometry]）である。それぞれ長所と短所がある。

　ベータ線計数法（以下，β線法）は，^{14}C原子1個が崩壊するときに電子1個を放出するので，これをβ線として測定する方法である。1gの現代炭素は1分間に13.8個のβ線を放出し，1万年前の試料では4.1個を放出するので，β線の数を測定すれば^{14}Cの濃度が分かる。β線法は微弱な放射線を検出するため，測定には炭素が約1〜10gと大量に必要なことと，測定期間が数日から数週間かかることが難点である。炭化米なら1塊の量が必要となるため，1点しか出土していなければ測定することはできない。必要な炭素量を確保するため，測定対象以外にも関

第4章 年代決定論②―絶対年代―

連する資料を追加することもあった。また土器に着いているススや焦げなども量が少なすぎて測ることができない。

β線法の短所をクリヤーしたのが加速器質量分析法（以下，AMS法）である。炭素として約1 mgという極微量の試料があればよく，しかも数分〜数十分で測定可能なので，大量の試料を一度に短い時間で測定することができる。したがってβ線法では測ることができなかった土器に付着したススやお焦げなども測ることができるようになった。また炭化米も1粒で測ることができるため，複数個出土していれば試料の損失を恐れずに測定することができる。

原理はβ線法のように崩壊した原子のβ線を数えるのではなく，試料中に残る^{14}C原子の数を数える。したがって半減期である約5,730年たっていなければ，試料中に^{14}Cは半分以上残っていることになるのでβ線法よりも有利となる。またたとえ4万年前の試料でも，炭素1 gの中には^{14}C原子が4億個も残っているのでやはりβ線法よりも有利である。

β線法は自然界の放射線の影響を受け，約4万年前ほどが測定の限界であるのに対し，AMS法は原理的に放射線の影響を受けないため，半減期の10倍程度である約5〜6万年前まで測ることができる。

炭素14年代（^{14}C年代）は，この年代測定法を実践化したW. F. Libbyが提唱した^{14}Cの半減期（5,568年）[*1]を用いて^{14}C濃度から経過年数を計算し，西暦1950年からさかのぼった年を○○ ^{14}C BP（Before Physics）と表す。たとえば1950±50 ^{14}C BPという炭素14年代は，資料の^{14}C濃度が半減期5,568年で計算した経過年数，1950年に相当する値であることを意味し，そこから67％の測定誤差が前後50年に相当することを意味している。間違えやすいのだが数値年代が紀元前50年〜紀元後50年の間に67％の確率で収まるという意味ではない。炭素14年代は，^{14}C濃度に相当する仮想的な年代なのであって，暦上の時間と同じではない。

[*1] 1949年にシカゴ大学のリビー教授が炭素14年代法を実証した際は，炭素14の半減期を5,568年と考えていたが，現在では確からしい値は5,730±40とされている。

弥生時代の研究に炭素14年代が導入された1960年代は，日本の考古学者が炭素14年代をほぼ間違って認識していたことは，弥生開始年代が紀元前300年ごろに求められたことからも分かる〔藤尾2013〕。

先述したように，宇宙線の強度が実際には年によって異なるため，生成される^{14}C濃度も毎年同じというわけではない。そこで年輪年代の分かっている年輪の^{14}C濃度を測定して補正すれば，ある年の炭素14年代を知ることができる。

このようにして暦年代の分かっている年輪の炭素14年代を測定し，その結果を集成してグラフ状に表現したものが較正曲線（図4-5）である。未知試料の炭素14年代を較正曲線と比較し，統計学的に求められるものが較正年代（calibrated age）である。

較正曲線には過去の大気中の^{14}C濃度を反映し，傾きが平坦な部分と急な部分がある。試料を20点測って1点が外れるという確率（2σ）で較正年代を求める場合，その範囲は較正曲線の水平に近い部分に炭素14年代がくるほど広くなり（A：絞り込みづら

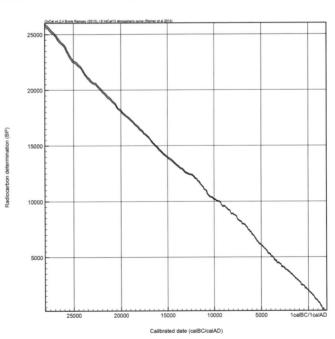

図4-5　IntCal13_AD 1950-23050 BC
作図：坂本稔がOxCal 4.2 (Bronk Ramsey, C. (2009). *Radiocarbon*, 51, pp.337-360.) より作成。

い)，逆に較正曲線の傾きが急な部分にくるほど狭くなる（B：絞り込みやすい）（図4-6）。弥生時代でいうと，弥生早期後半や前期末の較正年代の幅は狭く，年代を絞り込みやすいが，弥生前期初頭〜後半や中期前半〜中頃などの較正年代の幅は広いので，絞り込むことは難しい。これを使えるようにするのが4．で後述する縄文・弥生土器型式の高精度年代網を利用した総合的な年代決定である。

炭素14年代自体は正確に測定することができるが，難しいのは炭素14年代と考古資料との関係である。縄文・弥生時代研究では相対年代の基軸が土器編年なので，土器も木製品も，住居跡もお墓の時期もすべて相対年代（土器型式名や前期後半といった表現）で表される。そのため土器型式ごとに炭素14年代をあてはめることがもっとも重要な仕事となる。

たとえば紀元57年に後漢の光武帝から奴国王に下賜された金印は有名だが，金印自体，土器に伴って見つかっていないので，正確な相対年代を知ることができない。よって紀元57年が弥生後期初頭なのか後期前半なのかが議論となってしまうのである。

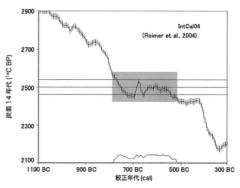

図4-6A　絞りづらい例（作図：藤尾）ラインで囲まれた範囲が炭素14年代の誤差，グレーの部分は較正年代の範囲

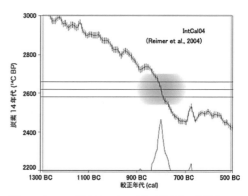

図4-6B　絞りやすい例（作図：藤尾）ラインで囲まれた範囲が炭素14年代の誤差，グレーの部分は較正年代の範囲

水田稲作の開始年代が大きくさかのぼったのも土器型式と炭素14年代の関係が混乱していたことに原因がある。1960年代に、もっとも古い弥生土器である前期初頭の土器（板付I式）に伴って出土したとされる木炭や貝殻の炭素14年代をもとに、弥生前期初頭の板付I式の年代は求められた。杉原荘介は板付の木炭、森貞次郎・岡崎敬は宇木汲田の木炭を根拠として弥生開始年代を推定したわけだが、現在では板付の貝殻例を除いて土器と測定試料が正確に共伴していたとはいえないことが分かっている（表4-1）。

　そこで土器の正確な炭素14年代を知る方法として登場したのが土器に付着しているススやお焦げなどの炭化物を直接測る方法である。

　先述したようにAMS法の登場によって土器付着炭化物の測定が可能になった。名古屋大学の山本直人が縄文土器に付着する炭化物を対象に先鞭を付け、国立歴史民俗博物館（以下、歴博）の西本豊弘や今村峯雄らが前処理を含めた方法論を確立し、2001年より弥生土器に付着した炭化物を対象とした測定を始めた。

　土器付着炭化物を利用する場合に注意しなければならないのは、土器の使用年代と炭化物との同時性である。土器に付着しているのであるから土器が使われたときに着いたという点では同時である。しかし炭素14年代が示す年代は正確にいうと土器の使用時ではないのである。

　すなわち、ススなら燃料材であるワラやマキが枯れ死した時であり、お焦げならコメや魚や動物が死んだ時の年代を示しているのである。つ

表4-1　過去の測定値（β法）

出土地	炭素14年代	土器型式	現在の知見	備考
板付　木炭	2400±90	板付I式	板付IIa〜IIb式	杉原（前360年）
板付　貝殻	2560±100	板付I式	板付I式	
宇木汲田 木炭	2370±50	夜臼単純	板付IIc〜城ノ越式	
宇木汲田 木炭	2240±50	板付I式	須玖I式	森・岡崎（前290年）

まり収穫することで植物が死んだり枯れたり，また獲物が死んだ時と土器の使用時が近接していることが肝要である。

　何十年も何百年も前に刈り取ったワラや木材を燃料材として使う可能性は低く，同じく何十年も何百年も前に収穫したコメ，獲った魚やイノシシを食材として使うことは基本的にないという前提にたっている。

　この前提を認めずに土器付着炭化物の炭素14年代と土器の使用年代は一致していないという批判がある。たとえば樹齢500年の木の心材をマキにしたり，古民家の廃材をマキにしたりしたのではないか？古い炭素を取り込んでいる海洋生物のお焦げではないのか？という批判である。難しい言葉でいうと前者を古木効果，後者を海洋リザーバー効果という。

　前者は測定数が少ない段階では完全に否定できなかったが，弥生開始期の測定数が100点を超える現状においては，基本的になかったと考えられる。

　後者は少し説明が必要である。海洋リザーバー効果とは，大気中の^{14}C濃度よりも^{14}C濃度が低い海洋中層水や深層水中に生息する魚介類の^{14}C濃度は低いので，これらの魚介類のお焦げは当然，土器の使用時よりも数百年古い年代が出る可能性がある。一方，海表面から深さ150mぐらいまでの海洋表層水の炭素14濃度は空気中の濃度とほぼ同じなので，こうした問題は少ないと考えられる。

　海洋リザーバー効果の影響が認められるかどうかを判断するためには，$δ^{13}C$*2をみればよい。その上で，歴博ではこれらの影響が少ないと考えられるデータを明示して炭素14年代を公開している。

---

*2　炭素12に対する炭素13の割合を$δ^{13}C$と呼ぶ。これは大気中の炭素が，海洋の植物プランクトンにも取り込まれるが，その炭素13の濃度は一般に陸上動物よりも若干高くなっている。したがって$δ^{13}C$の値が－21‰よりも高いものについては，海洋生物起源の炭化物である可能性が高いと考えられる。‰（パーミル）とは，千分率の単位であり，同位体の存在度を表す$δ$値は千分率で表す。

(2) 年輪年代法 (Dendrochronology)

温帯に生息している樹木の年輪を使った年代法のことで，適切な木材さえあれば誤差の無い1年単位で年代を求めることができるもっとも精度の高い方法である。

温帯の樹木には一年に一層ずつ年輪が作られる。この年輪を顕微鏡が付いた年輪読取器（図4-7）を使って10μm（1mmの百分の一）単位で計測する。まずは伐採した年が分かっている現在の年輪から始め，過去に向かって読取り機で測っていき，暦年の確定した標準パターンを作成する。これを「暦年標準パターン」（図4-8）と呼ぶ。

図4-7　年輪読取機Ⅲ型（特注品，提供：光谷拓実）

日本ではヒノキが現在から紀元前912年まで，スギが紀元前1313年まで，コウヤマキが紀元741年から紀元22年，ヒバが紀元1990年から紀元924年まで（途中，中抜けあり）作られている（図4-9）。

次に遺跡などから出土する年代が不明な木材の年輪を計測し，暦年標準パターンと照合して一致する確率の高い箇所を見つければ，不明な木材に年代を与えることができる。もし木材に樹皮が残っていれば，伐採された年代も知ることができる。また樹皮に近い辺材を確認できれば，得られたもっとも外側の年輪の年代に数年から十数年を上乗せすることで，木材の伐採年代を推定できる。

年輪年代法は高緯度地帯にある欧米を中心に世界50カ国以上で実施されており，考古学や建築史学を中心に多くの分野で欠かすことのできない年代法となっている。

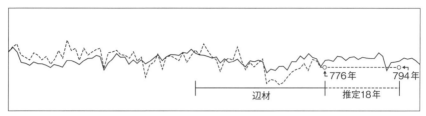

図4-8　ヒノキの暦年標準パターン（実線）と室生寺五重塔化粧裏板の年輪パターン（点線）〔光谷2001〕60頁

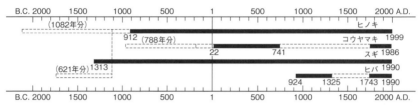

図4-9　樹種別の暦年標準パターンの作成状況（提供：光谷拓実）〔光谷2007〕9頁，図1

　弥生前期や中期の年代がさかのぼる可能性を最初に導き出したのも年輪年代法である。もっとも有名な調査例が大阪府池上曽根遺跡の祭殿に用いられた柱の伐採年代である。

　祭殿の時期は伴った第Ⅳ様式（中期後半～末）の土器から紀元後50～100年と考えられていたが，ヒノキの柱材の年輪年代を調べた結果，紀元前52年に伐採されたことが分かった。この柱は再利用された痕跡がないことから，少なくとも第Ⅳ様式の1点が紀元前52年までさかのぼることを意味したのである。実に第Ⅳ様式の年代が100年以上，古くなるという衝撃的な結果となった。

　歴博では年輪年代と炭素14年代との整合性を確認するために，池上曽根遺跡の祭殿の同じ柱材を対象に炭素14年代を測定したところ，伐採された較正年代が紀元前1世紀前葉～中頃にくることを確認している。

他にも第Ⅲ様式や第Ⅰ様式の年輪年代が従来の年代観よりも200〜100年以上、さかのぼることが指摘されているので、水田稲作の開始が500年さかのぼるという研究成果は整合性のあることが分かる。

(3) 酸素同位体比年輪年代法 (Oxygen Isotope Dendrochronology)

年輪のセルロース中には、酸素の安定同位体である酸素18と酸素16が生成された当時の降水量や湿度を反映した比率で固定されている（図4-10）。この比率、すなわち酸素同位体比の経年変動パターンは樹種の違いを越えて樹木個体間で高い相関性を示すことが分かっている。

従来の年輪年代法がスギやヒノキなど一部の針葉樹を対象とし、なおかつ100年輪以上を必要とするのに対して、50年輪ほどのこっている木

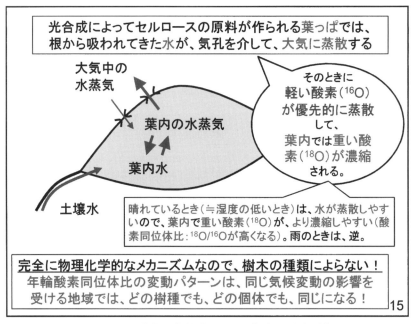

図4-10　酸素同位体比の原理（提供：中塚武）

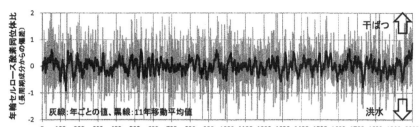

図4-11 過去2千年間の夏の降水量の変動を1年ごとに表したもの（樹齢効果を取り除くために長周期の気候変動成分が削除された年輪酸素同位体比の時系列）〔中塚2016〕より引用

材なら樹種を限定せずに適用できるのが酸素同位体比による年輪年代法である〔中塚2010〕。

年輪年代が分かっている木材を使って復原した2千年前から現在までの酸素同位体比の経年変動パターンが，総合地球環境学研究所の中塚武らの研究グループで作成されている（図4-11）。遺跡から出土した木材の酸素同位体比を求めれば，標準パターンと照合して年代を求めることができる。

4．高精度年代網の構築

今回，放送大学で初めて扱うテーマで，1990年代以降，名古屋大学や歴博が行ってきた取り組みである。

（1）日本版較正曲線

IntCal（イントカル）は，北半球における世界標準の較正曲線として使われているが，元となっている年輪は欧米の高緯度地帯に生息する樹木である。したがって2003年の弥生開始年代500年遡上説の発表時から，日本のような中緯度地帯にもイントカルを適用できるのか？という疑問

が示されていた。大気成分はほぼ3ヶ月で拡散するため，大気中の^{14}C濃度は基本的に半球内で均一とされてきたが，最近では部分的に大きくずれる時期があることが分かってきた（図4-12）。

その代表的な時期が弥生後期から古墳出現期にかけての時期である紀元1～3世紀である。以前から古墳開始期の較正年代は，考古学者が一般的に考えている年代よりも100～150年ぐらい古く報告されていたことから，考古学者の中にはIntCalに基づく較正年代を採用して，古墳時代の開始年代を2世紀まで遡らせる研究もあった。

ところが歴博が年輪年代の分かっている日本産樹木の年輪を測定したところ，紀元1～3世紀の年代はイントカルよりも100～150年，新しくなることが分かったのである。この日本版較正曲線をもとに再検討したところ，日本最古の定型化した前方後円墳（箸墓）が，紀元後240～260年の間に造られたことを明らかにした〔春成ほか2011〕。

現在歴博では日本産の樹木を対象とした紀元前11世紀までの日本版較正曲線を構築している。

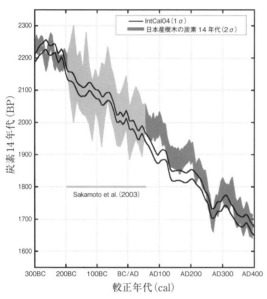

図4-12　IntCal04と日本産樹木の炭素14年代とのズレ（作図：尾嵜大真）

(2) 土器型式を用いたウィグルマッチ法

　ウィグルマッチ法とは，本来，年輪年代の分からない木材資料の年代を調べる方法である。5～10年輪ごとに炭素14年代を測定してそれらを結ぶと，凹凸のある曲線ができあがる。この炭素14年代値の凹凸の形状ともっとも近い形状を持つ箇所を較正曲線上で統計的に求めて年代を知る方法である。

　この手法を土器型式に応用して土器型式が較正曲線上のどこに来るのかを求める方法が土器型式を用いたウィグルマッチ法である。今村や坂本稔が縄文土器を対象に行ったことから始まった。

　これを藤尾が弥生土器に応用した〔藤尾2007〕。図4-13は，九州大学が弥生前期末，中期初頭，中期前半，中期中頃，中期後半，中期末の成人甕棺（かめかん）に葬られた人骨の炭素14年代を測定した7つの点の凸凹を使っ

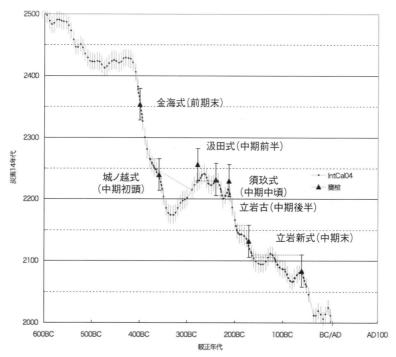

図4-13　甕棺を用いたウィグルマッチ法（作図：藤尾）

て，ウィグルマッチングを行い時期ごとの甕棺の年代を求めたものである。

　年輪上の7つの点であれば，7つの点の間隔や総存続幅は明確だが，土器型式の場合は分からない。ただ分かっているのは7つの甕棺の時期の順番が逆転することはない，という点だけである。この唯一確実な点が矛盾しないように較正曲線上に7つの甕棺を置いていくのである。

　最初に前期末と中期末の炭素14年代は較正曲線の傾きが急なところにあたるため，置く場所は限定される。よってまずもっとも古い点ともっとも新しい点を較正曲線上に求めることができる。

　しかしその間にある5つの甕棺の炭素14年代は，較正曲線が大きく下降と上昇を繰り返しているところにあたるため，おける場所が複数存在する。したがって土器型式が逆転することがないような所を求めるほかはない。

　成人甕棺と日常土器との併行関係は考古学的に確定しているので，自動的に前期末から中期末までの日常土器が較正曲線上のどこに来るかも分かるのである。

　このように土器型式を用いたウィグルマッチ法によって，弥生前期末～中期末までの土器型式が較正曲線上のどこに来るのかをだいたい求めることができている。次は型式の存続期間を求める方法である。それは型式間境界を算出することから始まる。

(3) 型式間境界と存続幅の算出

　ある一つの土器型式に属するすべての炭素14年代値を統計処理すると，その型式の確率密度分布になる。連続して先後関係にある土器型式の炭素14年代値の確率密度分布の裾野は重複することになる。なぜなら新たな土器型式が出現しても，直前の土器型式がまだ存続しているから

表4-2　土器型式ごとの炭素14年代と存続幅

土器型式	炭素14年代(^{14}CBP)	開始較正年代	存続幅
山の寺・夜臼Ⅰ式	2700台	前10世紀後半	100年余り
夜臼Ⅱa式	2600台	前840年	60年
夜臼Ⅱb・板付Ⅰ式	2500台	前780年	80年
板付Ⅱa式	2400台	前700年	150年
板付Ⅱb式	2400台	前550年	170年
板付Ⅱc式	2300台	前380年	30年
城ノ越式	2300台	前350年	50年

である。この重複する部分のどこかにこそ，連続して前後関係にある土器型式と土器型式の境界が存在する。したがってこの境界部分を統計的に算出できれば型式間境界を得ることができる。すなわち，ある型式のもっとも古い部分（出現期）と後続型式のもっとも古い部分（出現期）を統計的に特定できれば，そこが型式間境界になり，その結果，土器型式の存続幅を求めることが可能になるというわけである。

　筆者が弥生早期から中期初頭までの型式間境界を求めたところ，型式ごとに存続幅が大きく異なることがわかった（表4-2）。もっとも短い30年の存続幅を持つ前期末（板付Ⅱc式）から，もっとも長い170年の存続幅を持つ前期後半（板付Ⅱb式）までと，その差は5倍以上に及んでいた。

　これまで日本の考古学ではすべての土器型式の存続幅は同じであると仮定して研究を進めてきたが，実際は不均等幅ということになると，その影響は実に多岐にわたる。たとえば存続幅が170年の前期後半の場合，同じ土器型式がみつかった住居跡だからといって同時に存在したとはいえなくなるため，むらやお墓の構造，そして人口推定にまで大きな影響が出ることになる〔藤尾2009〕。

参考文献

今村峯雄・坂本稔編著『弥生はいつから⁉―年代研究の最前線―』歴博2007年度企図録（2007）

木村勝彦・中塚武・小林謙一・角田徳幸「BC2300年に達する年輪酸素同位体比物差しの構築と三瓶スギ埋没林の暦年代決定」(『第29回日本植生史学会大会講演要旨集要旨』32P. 2014.11.22，鹿児島）。(2014)

鈴木正男「フィッショントラック法による黒曜石の噴出年代とウラン濃度の測定」(『第四紀研究』第9巻1号，pp.1-6）(1970)

鈴木正男「No.14 遺跡出土黒曜石の原産地推定および黒曜石水和層の測定」『三里塚』pp. 230-232, ㈶千葉県北総公社（1971）

齋藤努監修『必携考古資料の自然科学調査法』考古調査ハンドブック2，ニューサイエンス社（2010）

田口勇・齋藤努編著『考古資料分析法』考古学ライブラリー65，ニューサイエンス社（1995）

中塚武「気候と社会の歴史を診る」(『安定同位体というメガネ』pp. 37-58, 地球研叢書, 昭和堂）(2010)

中塚武「高分解能古気候データを用いた新しい歴史研究の可能性」(『日本史研究』646, pp. 3-18）(2016)

春成秀爾・小林謙一・坂本稔・今村峯雄・尾嵜大真・藤尾慎一郎・西本豊弘「古墳出現期の炭素14年代測定」(『国立歴史民俗博物館研究報告』第163集，pp.133-176）(2011)

広岡公夫「考古地磁気および第四紀古磁気研究の最近の動向」(『第四紀研究』Vol.15，pp. 200-203）(1977)

藤尾慎一郎「土器型式を用いたウィグルマッチ法」(『国立歴史民俗博物館研究報告』第137集，pp. 157-186）(2007)

藤尾慎一郎「較正年代を用いた弥生集落論」(『国立歴史民俗博物館研究報告』第149集，pp. 135-161）(2009)

藤尾慎一郎『弥生文化像の新構築』同成社（2013）

光谷拓実『年輪年代法と文化財』日本の美術421，至文堂（2001）

光谷拓実「年輪年代法と最新画像機器―古建築，木彫仏，木工品への応用―」(『埋

蔵文化財ニュース』116, pp.1-40, 奈良文化財研究所）（2004）

光谷拓実「年輪年代法と歴史学研究」（『国立歴史民俗博物館研究報告』第137集, pp.7-22）（2007）

Bronk Ramsey, C. Bayesian analysis of radiocarbon dates. *Radiocarbon*, 51(1), pp. 337-360. (2009)

5 | 考古資料による空間分析

設楽 博己

《目標&ポイント》 物の広がりには人間が介在しているから，分布論による空間分析は人間の活動を理解するうえで欠くことができない。この講義では，考古資料の分布をどのようにおさえるのかという方法を整理し，分布の背景に迫る研究をいくつか紹介し，分布の意味について考える。
《キーワード》 分布，空間分析，交換，交易，流通，交流，分布圏，文化圏

1. 空間分析の方法

（1）ミクロ分析とマクロ分析

　考古資料は一定の範囲における広がり，すなわち分布をもつ。考古学の基本の一つは，遺跡の発掘調査によって得られた遺構や遺物の広がりを分析することであるが，そこにすでにいくつかの異なる内容やレベルのあることが分かる。すなわち，遺跡と遺構は不動産で遺物は動産である。遺跡は遺構を包含する広い概念であり，さらに遺跡の範囲の外には別の遺跡が展開している。これは，広狭の空間のなかで人間活動がさまざまに展開されていることの反映である。

　イギリスのプロセス考古学者，デビッド・クラークは，異なるレベルの空間に展開する人間の活動を分析する方法を，次の三つに整理した。すなわち，遺構のなかにおける遺物のあり方を分析するミクロ分析，遺跡のなかにおける遺物や遺構の分布を分析するセミ・ミクロ分析，遺跡間の分析であるマクロ分析である。

　具体的にいうと，ミクロ分析は，竪穴住居や石器づくりの場といった

施設や範囲のなかでの人間の活動の分析であり，セミ・ミクロ分析は，墓地のなかにおける個別の墓どうしの分布や，集落のなかで竪穴住居跡がどのような広がりをもつのかといった分析であり，集落内のいくつかの石器製作の場の間で石器が接合するかどうかといった分析もふくまれる。マクロ分析は，石器を生産した場所から製品がどのような広がりをもちどのように動いているのかという分析，あるいは同じ鋳型でつくられた銅鐸や青銅鏡が，近畿地方あるいは日本列島のなかでどのように分布しているのかといった研究をすることであり，場合によっては海外にまで分析の範囲は及ぶ。

（2）発掘調査と民族考古学による分析

　分析する資料の広がりには広狭の差はあるが，共通していえるのは，分布論にとって，遺物どうし，あるいは遺物・遺構・遺跡の相互関係の把握が大きな意味をもっている点である[1]。遺跡のなかでこの関係性をうまくとらえられるかどうかは，発掘調査の方法にかかってくる。

　原位置論という方法論を紹介しよう。原位置論は，遺跡や遺構あるいは地層のなかで当時のままの状態で遺物があることを指す。実際には更新世に一般的な氷柱土壌かく乱や根やネズミなどによるさまざまな攪乱によって遺物は二次的に移動していることがしばしばであり，遺物が埋まってから発見されるまでの履歴の評価を必要とするが，それが原位置にあるかどうかを見きわめ，発掘時にすぐに遺物を取り上げずに図化することが分析の第一歩になる。

　原位置論は，旧石器時代の人類の行動などを研究するうえで，大いに効果を発揮した。1960年代に，フランスの旧石器時代のパンスヴァン遺跡において，ルロア・グーランを中心とする発掘調査によって正確で詳細な遺物の分布図が作成されたのが，その走りである。図5-1は，炉

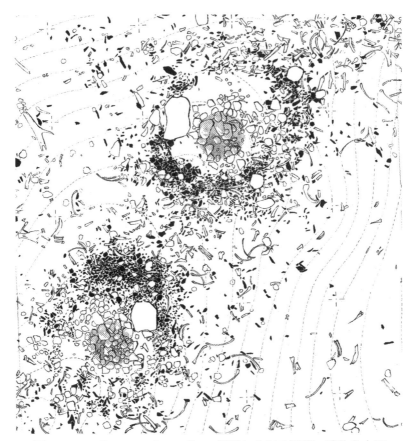

図5-1　フランス，パンスヴァン遺跡における遺構・遺物分布図
出典＝阿子島香2009「遺跡内での遺物分布」『考古学―その方法と現状―』放送大学教育振興会278頁

を中心として周囲に獣骨が散乱する状態を綿密に記録したものであり，どんな微細な遺物も逃さずにすべて位置情報を図面の上に記録する旧石器時代の人類の行動にせまるための実践であった。

こうした行動分析の過程で，民族誌による事例も類推の基礎になる場合がある。アメリカの考古学者ルイス・ビンフォードは，アラスカのヌナミュート・エスキモーの炉を中心としたカリブーの解体作業でどのように獣骨が分布するかを克明に調べ，実際の遺跡における獣骨などの分布から人間活動を復元するための手掛かりにした（図5-2）。

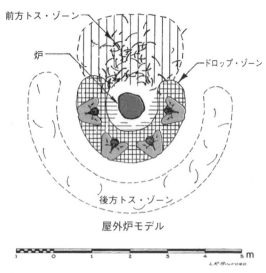

図5-2　アラスカ，ヌナミュート・エスキモーのマスク遺跡における炉を中心とした生活の再現　©Lewis Binford／ユニフォトプレス

　鹿児島県霧島市上野原遺跡では，縄文時代早期の集落の調査にすべての遺物を図面に落とす全点ドット方式が用いられた。研究室でその図面をつなぎ合わせた結果，発掘調査時には分からなかった，長軸およそ300mに及ぶ環状の遺物分布域が浮かび上がり，真ん中の空間に特殊な壺形土器を埋めた箇所が集中することも把握された（図5-3）。関東地方の縄文時代中期の環状集落を彷彿させるようなムラが，縄文時代早期にすでに祭祀的な行為を伴いながら存在していたことが分かったのも，原位置論の効果だといえよう。

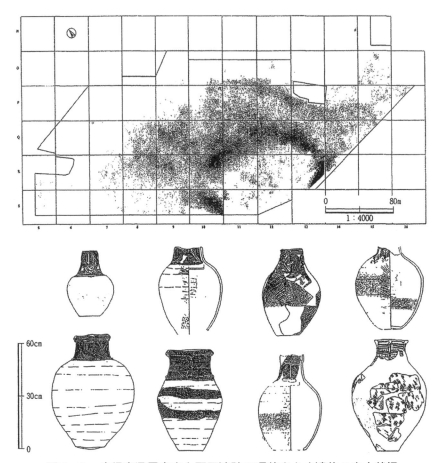

図5-3　鹿児島県霧島市上野原遺跡の環状をなす遺物の出土状況
出典：上野原遺跡（第10地点）『鹿児島県立埋蔵文化財センター発掘調査報告書』(28)

(3) 自然科学的分析

　はるか遠く離れた考古遺物が，一方からもち運ばれたと考えられる例はしばしばみられる。その際，お互いに関係があるということは，いっ

たいどのようにして認識できるのだろうか。マクロ分析のいくつかの方法を取り上げていこう。

青森県域を中心とした東北地方一帯の縄文時代晩期には亀ヶ岡式土器が広まっている。それとまったく同じ文様の土器が，福岡市雀居遺跡から出土した。およそ2,000kmも離れた土地までわざわざ運ばれてきたと考えられる。

このように，在来の土器に対して外来のあるいは外来系の土器を識別し，外来の故郷を型式学的な分析で特定する作業によってはじめてその由来が明らかにされる。その際の外来系の土器は，いわば「非現地性」の物質といってよい。

土器の移動を識別するのに，外来系土器という概念を紹介したが，外来系といってももたらされたものか，現地で模倣してつくったのか，識別することは実際にはそれほど容易ではない。そこでその識別に用いられるのが，胎土分析である。土器は岩石が風化してできた粘土からなる。岩石の構成は地域によって異なるので，土器の胎土がどのような元素の成分によって成り立っているのか調べて，他と比較すれば，その土器が地元でつくられたのか持ち運ばれたものなのか判別可能な場合がある。

その際に，土器の粘土の成分を分析する方法の一つが，蛍光X線分析である。蛍光X線分析法は，イギリスの物理学者ヘンリー・モーズリーによって開発された。この分析は，分析する試料にX線を照射して，試料の中に含まれる元素がそれぞれに特有な蛍光X線を放射することから，蛍光X線の波長と強さを測り，含まれている元素の量を測るものである[2]。

和歌山市周辺では古墳時代に朝鮮半島系の陶質土器が出土することが知られていたが，蛍光X線分析にもとづいて各遺跡の須恵器・陶質土器

を分析したところ，形や技術から朝鮮半島系とされていたものはやはり朝鮮半島産と分かり，残りは河内地方の陶邑古窯跡群(すえむらこよう)からもたらされていることが分かった。和歌山市域の豪族が，河内に中心をもつヤマト政権と深い関係をもつ一方，古代の朝鮮半島とも通じていたことが判明したのであり，土器の胎土分析の有効性を物語る[3]。

　黒曜石は，火山の噴火で噴出した流紋岩質のマグマが急速に冷却されて生じた火山岩である。黒曜石の原産地は国内に70か所以上知られているが，長野県の霧ケ峰周辺の黒曜石は質がよく，東北地方北部に及ぶほど広く流通した。また，ヒスイは新潟県の姫川流域のものの質がよく，北海道にまで運ばれた。黒曜石やヒスイの原産地は，蛍光X線分析により明らかにされるのが一般的である。黒曜石やヒスイの産地ごとの元素量を測っておき，分析対象試料の元素量と比較して特定していくのである。

　青銅器は，銅とスズと鉛を主成分とした合金である。このうちの鉛は，産地によって同位体の値が非常に異なる。この原理を用いて，質量分析装置によって青銅器から採取したサビなどに含まれる鉛の同位体比を計測して，用いられた鉛鉱床の地域を特定する研究も進んでいる（第8章図8‐9参照）。

　この方法によって鏡と銅鐸を分析したところ，銅鐸では4段階に分かれるうちの第1・2段階前半が朝鮮半島系の鉛を原料に用いていること，第2段階後半と第3段階が前漢鏡のグループと一致した中国華北系の鉛であり，第4段階がそのなかでも画一的な領域に属していること，さらに古墳時代の鏡が中国でも華中・華南の鉛を用いているという結果が出た。このことから，日本列島産青銅器の原料は時代を追って入手先が変化していることが判明した[4]。

2．分布の背景

（1）土器の移動とその背景

　考古資料の空間分析の方法を紹介してきた。次に問題になるのが，そのようにして判明した物質の空間的なあり方がいったい何を意味しているのかということである。物の移動には，日常的な生活の結果のほか，それをこえた人間活動が考えられる。

　土器の移動一つをとっても，さまざまな移動形態とその要因が考えられる[5]。都出比呂志の整理によれば，土器の移動を大きく分けると以下のA～C型になる。

　A型：壺などがわずかに相互に行きかうタイプ

　B型：壺ばかりでなく甕や高坏など多くの器種が土器以外のものもまじえて移動するタイプ

　C型：特定の甕などが一方的に他の地域に動くタイプ

　A型は，壺などの中に貴重なものを入れて持ち運んだ可能性が考えられる。また，女性が婚姻の際に出身地から持ち運んだものかもしれないとされる。

　B型の生活用具一式が動く場合は，家族あるいは集団での移動や移住が考えられよう。弥生前期末～中期初頭の福岡県の筑後川下流や朝倉盆地，佐賀県の背振山脈の南麓などでは，朝鮮半島系の渡来系土器が多量に出土する遺跡がある。福岡市諸岡遺跡や佐賀県小城市土生遺跡などはその代表例であり，諸岡遺跡の土器は朝鮮半島の土器と区別がつかない。この時期は，青銅器や鉄器が本格的に流入する時期であり，何らかの原因で朝鮮半島から日本列島に，渡来人集団の移住があったのだろう。

　C型は土器そのものが交易品となって動いた可能性がある。たとえば弥生時代終末期の西日本には，煮炊き用の土器として薄くて熱効率のよ

い甕が盛んにつくられたが，とくに河内地方を中心とするすぐれた品質の庄内式土器の甕は，西は九州，東は関東地方に至るまで広範囲に分布している。この現象に対して，庄内甕の商品的な価値を認める意見がある。

(2) 交換と交易の考古学

考古学からみたものの動きでいつでも問題にされるのが，マクロ分析にかかる広域の移動現象であろう。その場合の移動現象は，「交流」や「流通」という言葉で表現されることが多い。しかし，それでは社会問題を含む背景を説明したことにはならない。たとえば「交換」や「交易」という，目的を含む用語で説明していくことが求められる。

その際に，イギリスの考古学者コリン・レンフリューが，アメリカの経済学者カール・ポランニーの経済の発展段階説

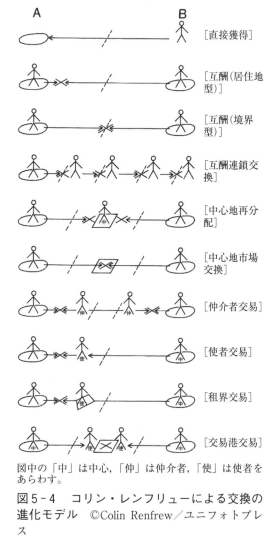

図中の「中」は中心，「仲」は仲介者，「使」は使者をあらわす。

図5-4　コリン・レンフリューによる交換の進化モデル　©Colin Renfrew／ユニフォトプレス

を取り入れながら，交換という経済活動を考古学的に分析しているのは注目すべきであろう（図5-4）。それによれば，交換の経済形態には①互酬経済，②再分配経済，③市場経済の三つがあり，社会人類学による社会の進化モデルであるA）部族社会，B）首長制社会，C）国家という発展段階に対応している場合の多い点を指摘した[6]。

　図5-5はレンフリューが調べた西アジアにおける新石器時代の黒曜石の分布傾向である。アナトリア産とアルメニア産の黒曜石製の石器がそれぞれの原産地から1000kmに及ぶほど分布しているが，範囲内の遺跡

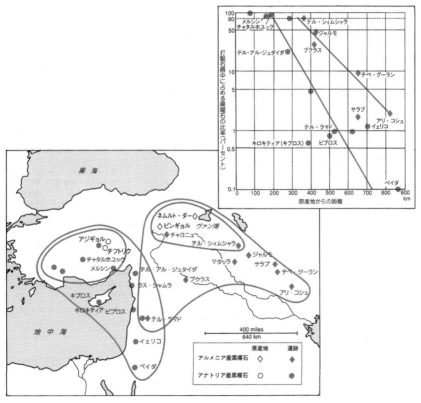

図5-5　西アジアにおける黒曜石の交易
©Colin Renfrew／ユニフォトプレス

における黒曜石の使用頻度が直線的に減少していることが分かり，中間搾取のようなもののない互酬的な連鎖交換が推定された。

　縄文時代と弥生時代の石器や青銅器にもとづいて，この関係性を調べてみよう。

　長野県の霧ケ峰周辺の黒曜石は質がよく，縄文時代に広域に流通していたことが蛍光Ｘ線分析から確かめられている。その流通のあり様は，時代を通じて一様ではないらしい。群馬県域の遺跡の黒曜石製石器素材の出土量からすると，縄文時代前期前半では自己消費程度の流通であったのが，前期後半になると群馬県安中市中野谷松原遺跡のように黒曜石原石ばかりでなく装身具など遠隔地からもたらされた非現地性物資がさまざまに集積されるようになる。つまり，縄文時代前期後半から中期に向けて，拠点集落の拠点性は規模の点ばかりではなく，物流のルート上の拠点的な性格を帯びてくるところに特徴がある[7]。

　福岡市今山遺跡は，玄武岩というかたい岩石からなる山であるが，弥生時代前期末に，おもに太形蛤刃石斧という伐採用の重たい磨製石斧を製作する集落がここに築かれた。福岡県飯塚市立岩遺跡の付近の山からは，輝緑凝灰岩という薄くはがれる石材を得ることができ，稲穂を摘むために手に握って使う薄い石包丁が弥生時代中期に専門的に生産された。

　今山の太形蛤刃石斧や立岩の石包丁の流通の範囲は，今山産の石斧が熊本県の宇土半島までの100km，立岩産の石包丁は佐賀平野や大分県域まで60km離れた遠隔地に及ぶ（図5-6）。ただし，縄文時代でも富山県域でつくられた磨製石斧が100km離れたところにまで流通している例はあるので，流通の距離が弥生時代の流通の際立った特質というわけではない。それでは，弥生時代の石器の生産と流通の，縄文時代のそれとの違いは何だろうか。

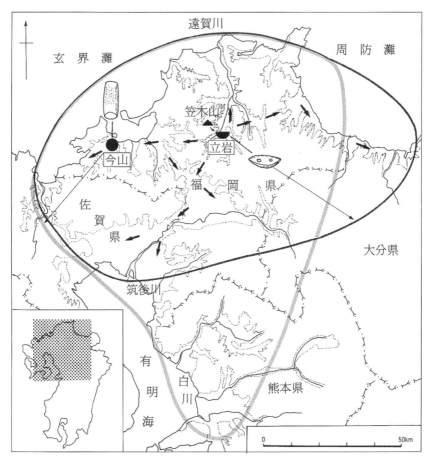

図 5-6　福岡県今山遺跡と立岩遺跡産石器の分布範囲
出典：下條信行編1989『弥生農村の誕生』古代史復元 4 講談社121頁163

　立岩遺跡は中国からもたらされた鏡を 6 面も副葬する甕棺墓が存在し，今山遺跡もその南方には中国鏡を30面も副葬した福岡県糸島市三雲南小路(みなみしょうじ)遺跡が控えているように，物資の生産と流通が，それによって利ざやを稼いだ個人の出現と強く結びついていった点である。

みてきたように，縄文時代前期後半の黒曜石の流通に中継地点が形成されていくのは，レンフリューモデルの第1段階の互酬的連鎖交換に相当するとみてよい。一方，弥生前期後半から中期には，第2段階の中心地再分配機構が形成されている可能性がある。縄文時代にもすでに前期に物流の拠点は存在していたが，縄文時代と弥生時代の石器の生産と流通を比較した場合，その違いとして指摘できるのは，縄文時代の場合には再分配機構の中心をなす首長の存在が明確でない点である。弥生時代においては，複雑な工程による合理的な専業生産体制によって規格的なブランド品を多数つくり供給すること，すなわち付加価値の創造が，突出した個人の利益につながったのである。

(3) 交易と首長の役割

　縄文時代と弥生時代の流通や交易のもう一つの重要な差は，弥生時代に朝鮮半島や中国などの大陸に及ぶ，対外交渉が開始された点にある。
　紀元前108年にいまのピョンヤン付近に漢の武帝が楽浪郡治を設置すると倭はそこへと使いを遣わすようになったことが，『漢書』地理志に記されている。そうした動きを反映するように，三雲南小路遺跡など北部九州の勢力圏には多量の前漢の鏡を副葬した王墓とみなすべき遺跡が出現する。
　青銅鏡という見た目が派手で希少な品を遠隔地からもたらすには，組織的な交易の整備が欠かせない。そうした宝器が首長個人の墓に副葬されていることからすれば，首長が遠距離交易を管理して整備することに一役買っていたことがうかがえる。逆に言えば，遠距離交易によって異界からすぐれたものをもたらす義務が首長におわされており，それを達成することで首長の権威が高まり，それが墓に反映したものと思われる。

遠距離交易や交流によって首長のもとに集められた希少品が、その後どうなるのか追うことでそれを検証してみよう。九州の甕棺墓に納められた鏡やガラス製品の数や大きさを調べた研究がある。それによれば、福岡県春日市須玖岡本遺跡や三雲南小路遺跡を中心に、同心円を描くようにして周縁地域の墳墓に質と量を低下させつつ交易品が副葬されていく傾向が指摘されている[8]。中心の大首長のもとに集められた物資が、周辺の地域首長に再分配されたことを示す（図5-7）。

図5-7 弥生中期後半にみられる甕棺墓のランク分布 aは大型品を含む30面以上の鏡やガラス璧の副葬された墓が存在し、bは数面、cは1面というように、同心円状にランクが低くなっている。
出典：中園聡（2005）「九州弥生文化の展開と交流」『稲作伝来』岩波書店68頁

弥生時代中期以降の対外交流の活発化が、流通の整備と再分配経済をコントロールした首長の権威を高め、対外交流の発展とともにやがて前方後円墳とその副葬品にみるように国家規模の交流へと進んでいった。そうした考古学的な現象にみられる流通経済と社会レベルの関係性には、レンフリューモデルを適用することができよう。

3. 分布圏と文化圏

(1) 分布図から何を読み取るか

とくにマクロ分析を展開する分布論にとって、分布図は欠かせない。

分布図作りの基礎は、地名表の作成だろう。項目も対象によってさまざまだが、型式名・出土遺跡名・出土遺構名・遺跡の年代・遺構の年

代・出土状況などは必須項目だろう。

地名表にもとづいて分布図が製作される。分布図の作り方も様々だが，分布の何を示したいのか分布によって何を語りたいかによって，その作り方は左右される。

図5-8は，九州地方を含む東アジアにおける石包丁の分布を示した図である。これは何千年もの間の石包丁の消長を一つの図面にしたものであり，この形態の石器に様々な型式があり，それがどのような地理的

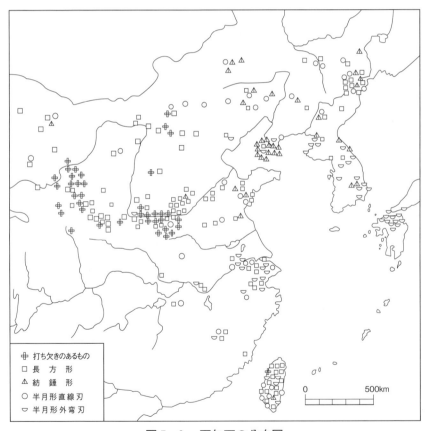

図5-8　石包丁の分布図
出典：石毛直道1968「日本稲作の系譜（下）―石包丁について―」『史林』51-6，史学研究会96-127頁

広がりをもつか知るには有益である。しかし，たとえば弥生時代と同時代の分布は知ることができず，日本列島への石包丁の伝播を論じるには不向きである[9]。

図5-9は漢代に製作されてもたらされた青銅鏡の分布を時期ごとに分けて4枚の図に作成したものである。当初，中国にもっとも近い北部九州に分布の中心があったが（1・2），2世紀後半（漢鏡7-1期）の鏡は北部九州地方と近畿地方の差があまりなくなり（3），3世紀（漢鏡7-2期）の鏡となると近畿地方が分布の中心になる動向（4）がよく分かる。製作者の分布図作成の裏側には，日本列島の諸勢力の中国との関係と，中国の政治情勢の変化に応じた鏡の分布の変動をあぶりだす意図がある。分布図は，伝えたいことをうまく表現する媒体でもある。

分布図を製作して，その広がりの範囲を地図上に落としてみると，さまざまなことに気づかされる。二つの大きな分布圏が設定されてその中間に空白が生じた場合には，二つの分布圏のつながりはもとより，空白にどのような意味があるか，問われることになる。分布の空白について，本来は存在していたのに分布図上では失われていることもあるので，にわかに信じてはいけないことが指摘されている。ないことにもとづく分布論は，出土した場合一夜にして論拠が崩れ去る明日をも知れない手口だという警鐘に耳を傾けなくてはならない[10]。

1980年以降，景観考古学 Landscape Archaeology が盛んになってきた。景観考古学は，プロセス考古学を主導したビンフォードやレンフリュー，クラークらによるもので，ポスト・プロセス考古学のイアン・ホッダーも空間分析を重視した。それは，これらの学派が，環境に対する働きかけなど人間の行動の分析に考古学の射程を合わせてきたことによる。景観考古学の展開は，空間的位置情報システムであるGISの発達とリンクしており，いまやGISは考古学の空間分析に様々に活用さ

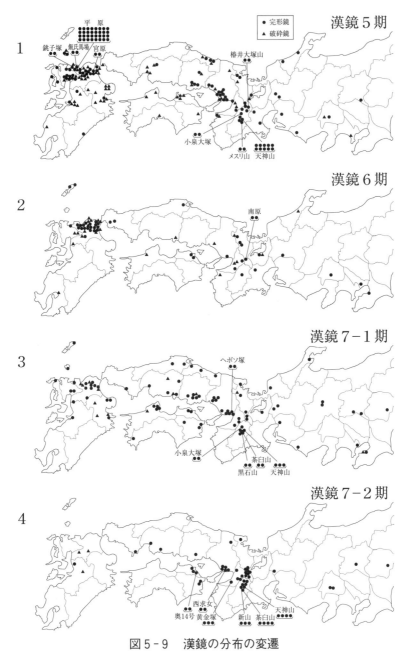

図5-9　漢鏡の分布の変遷
出典：岡村秀典1999『三角縁神獣鏡の時代』吉川弘文館130・131頁図25・26

れている[11]。

　GISソフトウェアを用いれば，遺跡の分布密度などの図面もたちどころに画像上に現れるし，遺跡の緯度経度の座標と標高を組み合わせた3次元データを地形図に落として，遺跡や遺跡群どうしの可視領域を地図上に示して分析すれば，弥生時代の高地性集落の防御機能などの研究に役立つであろう。

　地形図に落とされた遺跡の分布や遺跡間の関係にどのような意味があるのかを分析するのに，ティーセン多角形という地理学で用いる手法が応用されることがある。これは，地理学で用いられるボロノイ分割などと呼ばれる分布領域の範囲を理論的に求める方法である。ボロノイ点（この図の場合は拠点集落）はボロノイ境界線から等距離に位置しており，そのように境界線は引かれるので，その図形の形状でボロノイ点（拠点集落）が等距離にある集落間構造が明瞭である。領域の規模や分布の傾向を読み解くのに有効な手段とされる（図5-10）。

(2) 分布圏と文化圏

　弥生時代の青銅器によって，文化圏が設定されたことがある。

　古典的な分布図に戻るが，図5-11は，在野の考古学者原田大六が1954年に発表した銅鐸と銅矛（銅鉾）・銅剣の分布図である。銅鐸と銅矛・銅剣は戦前から注目されていた遺物であり，銅鐸は近畿地方を中心として中国・四国地方と三河地方にまで及ぶのに対して，銅矛・銅剣は北部九州地方を中心に四国地方から近畿地方にまで及ぶことも分かっていた。哲学者の和辻哲郎は，戦前に二つの分布圏を銅鐸文化圏，銅矛銅剣文化圏ととらえて，銅鐸と銅矛・銅剣をシンボルとする二大文化圏の対立を弥生時代のなかに認めた。それがやがて鏡・剣・玉というシンボルに統一されて古代国家が生まれていくというストーリーを描いたのであ

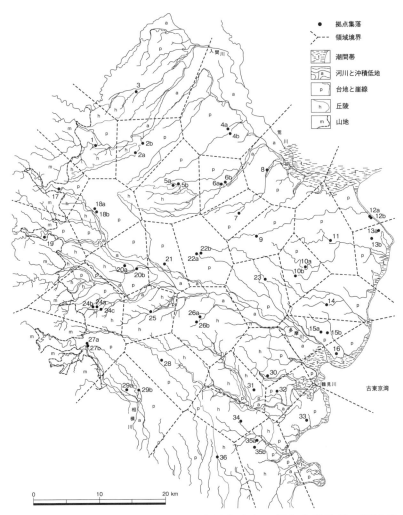

図5-10 ティーセン多角形による南関東地方の縄文中期集落の領域設定
出典：谷口康浩2005『環状集落と縄文社会構造』学生社199頁図61

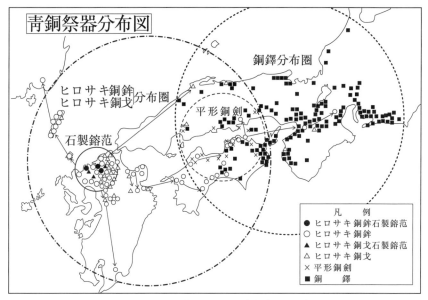

図5-11　原田大六による青銅祭器分布図
出典：原田大六1975『日本古墳文化』三一書房（原著：原田大六1954『日本古墳文化』東京大学出版会）

る。原田は，小林行雄の図[13]を基にして和辻の構想を巧みに図にした。

　北部九州で銅鐸の鋳型や銅鐸そのものが発見されるなどによって，この二大文化圏説には大きな問題のあることが指摘されるようになった。しかし，銅鐸と銅矛という弥生時代の青銅器を代表する遺物だけにしぼって，青銅鏡で行ったような時期ごとの分布図を製作してみると，最後の2〜3世紀に近畿地方と東海地方を中心とした銅鐸と，北部九州地方を中心とした銅矛の二つの分布圏は，和辻が描いたものよりも鮮明に一見対立的な分布様相を示す。

　では，和辻のいう青銅器の二大文化圏は認めてよいのだろうか。それには二つの点で，問題のあることを指摘しなくてはならない。

まず，分布圏を文化圏に置きかえる問題である。考古学的に文化といった場合，文化を構成する諸要素の組み合わせを基本とすることは，第3章で述べたところである。

それにしたがって，北部九州地方と近畿地方の2～3世紀の文化要素を見比べてみると，多くの遺跡が稲作を基盤として弥生土器を用い，青銅器と鉄器の金属器を用い，拠点的な集落は環濠をめぐらすことが多く，竪穴住居を主体に掘立柱の特殊な建物や高床倉庫を建設するなど，共通点が多い。たしかに土器の様相は異なるが，それも地域差に解消される。佐原真はこうした点から，たとえば銅鐸の分布範囲に限って銅鐸以外の共通の遺物・遺構が分布するという事実はないので，銅鐸文化圏，銅矛・銅剣文化圏はいずれも存在せず，銅鐸分布圏，銅矛・銅剣分布圏のみであると批判した[14]。

（3）文化圏説批判とコッシナの考古学

もう一つの問題は，設定された文化圏をヤマト政権の母体集団とみなして政治的勢力圏を想定し，二つの「文化圏」が統合された背景に，神武東征という神話をあてた点である。

文化人類学における文化圏といえば，ドイツ・オーストリアのウィーン学派の文化圏説がよく知られている。文化圏説は19世紀にドイツの民族学者，レオ・フロベニウスが創始した，文化圏によって文化史を再構成する方法であるが，その場合の文化圏とは，過去に生起して現在まで継続している一定地域に特徴的な文化複合である。これに対してアメリカ人類学でいうところの文化領域という概念は，このような持続性や安定性を含まない一時点の文化の空間分類概念であり，歴史的変化を重視した考古学でもちいる文化圏は，文化領域にどちらかといえば近い。

しかし，たとえば縄文土器の様式圏といった分布圏が設定されるが，

文化領域論の静態的手法では，文化の動態的変化のプロセスがあらわせないという欠陥が指摘されており，分布圏内での細別型式ごとや遺跡ごとに系統的変化を追ったり異系統土器との共存関係など変化のパターンを見つけ出すことが要請されている[15]。

それでは，考古学によって描かれた文化圏や文化領域は，いったい何をあらわしているのか。その実態とは，いかなるものなのだろうか。ドイツの考古学者，グスタフ・コッシナは，あらゆる文化領域は特定の民族や民族群と重なり合い，文化圏は民族圏に等しいとした。しかしこれは結論が先にありきの論理であり，考古学的な論証を経たものではなかった。たとえば北欧と北ドイツの黄金製容器の分布圏がゲルマン民族の分布を示すとしたが，この製品は実際には南欧のオーストリアでつくられたものが北欧に運ばれて，そこで埋納されたために北欧に特有の製品ととらえられてしまったことに起因した誤った解釈であった。

これだけならば考古学的な解釈の問題ですむが，深刻な問題は，ゲルマン民族の優秀さを証明するあるいはその根拠とするために，ナチスがコッシナの論理を利用したことである。

和辻の描いた文化圏の実態は分布圏であり，その時点で論が成立しないが，それを文化圏ととらえてヤマト政権の母体とし，その成立物語を時局に有利な論理によって語った。考古遺物の分布の解釈に潜む危険性を我々に教えている。

〈註〉
1　小野　昭「分布論」『日本考古学を学ぶ』1，36-47頁，有斐閣，38頁
2　山崎一雄1991「遺物はどこでつくられたか─化学分析を中心に─」『考古学のための化学10章』135-155頁，東京大学出版会
3　三辻利一1985「須恵器が示す古代王権の版図」『科学朝日』12月号

4　馬淵久夫1986「青銅文化の流れを追って―鉛同位体比法の展開」『続考古学のための化学10章』126-150頁，東京大学出版会
5　都出比呂志1979「ムラとムラとの交流」『図説日本文化の歴史1』153-176頁，小学館，175頁
6　コリン・レンフルー＋ポール・バーン2007『考古学―理論・方法・実践―』池田裕・常木晃・三宅裕監訳，松本健速・前田修訳，東洋書林
7　大工原豊2007「黒曜石交易システム―関東・中部地方の様相―」『縄文時代の考古学6』ものづくり―道具製作の技術と組織―，164-177頁，同成社
8　下條信行1991「北部九州弥生中期の「国」家間構造と立岩遺跡」『古文化論叢』児島隆人先生喜寿記念論集，77-106頁，児島隆人先生喜寿記念事業会・中園聡1991「墳墓にあらわれた意味―とくに弥生時代中期後半の甕棺墓にみる階層性について―」『古文化談叢』第25集，51-92頁，九州古文化研究会
9　佐原　真1985「分布論」『岩波講座日本考古学1』岩波書店，119頁
10　註9文献，137頁
11　宇野隆夫編2006『実践　考古学GIS　先端技術で歴史空間を読む』NTT株式会社
12　谷口康浩2005『環状集落と縄文社会構造』学生社，199頁
13　小林行雄1951『日本考古学概説』創元社，143頁
14　註9文献，134頁
15　安斎正人「文化理論」『現代考古学事典』390-393頁，同成社

6 | 自然科学とのかかわり

佐藤宏之

《**目標＆ポイント**》 近年の各種自然科学的分析法の進歩とその利活用によって，考古学の研究は劇的な進展を見せている。本章では，代表的な分析法と成果について紹介し，総合科学としての考古学の意義について議論する。
《**キーワード**》 環境復元，生態系と資源の構造，動植物，気候変動，理化学分析（産地・同位体・花粉）

1. 人と自然

（1） 遺跡に残された資料と理化学分析

　人の生活は，本来自然と切り離されて成り立つことはない。過去に遡るほど，人はより自然と密接な関係を取り結び暮らしてきたが，考古学的にその痕跡を確認するのは簡単ではない。遺跡に残る過去の人々の活動の痕跡は，腐朽・消滅しにくい土器や石器のような道具や，竪穴住居跡の基礎のように，地面を掘りくぼめて構築した痕跡などが主となる。住居の柱や屋根のような建築材や人々が食し利用した自然資源などは，通常の遺跡では，時間の経過とともにそのほとんどが，自然の作用で消滅してしまうからである。

　そのため考古学は，近年急速に進展してきた自然科学諸分野と積極的に協同し，遺跡や遺跡外で得られる資料の理化学的分析から，これらの道具や建築材の素材や食糧資源，気候や自然環境の推定に関する多くの成果をあげている。高精度年代測定と同位体分析の進展により，過去の気候変動の実態が次第に明らかとなり，文化と自然の応答関係が具体的

にとらえられつつある。花粉・動植物遺体の分析や人骨・岩石・土壌などに含まれる同位体や微量元素等の分析により，人が利用してきた動植物資源の実態が解明されている。石材や金属といった主要な道具材の産地が明らかにされ，それらを開発・利用してきた人の行動・活動や交換・交易活動の内実までも追求可能となった。

本章では，近年の自然科学的分析技術の進展によって急速に明らかにされつつある過去の人間活動の痕跡研究の実情について，主として先史時代を例にとり，主要な分析方法とその成果を紹介し，検討してみたい。

（2）自然環境と資源の関係

日本列島の先史時代は，旧石器時代と縄文時代からなる。氷期の旧石器時代と完新世（1.17万年前～現在）の縄文時代は，気候や自然環境が対照的に異なっていたが，ともに狩猟・漁撈・採集生活が基本であり，本格的な農耕は弥生時代以降のこととなる。先史時代の人々の生活は，今よりもはるかに強く自然の資源に依存していたに違いない。

日本列島の遺跡からは当時の自然環境に関する情報がほとんど得られないので，海底・湖沼・湿地の堆積物等に残されたデータによって過去の自然環境の復元が行われてきたが，これらのデータがそのまま過去の人間活動の解釈

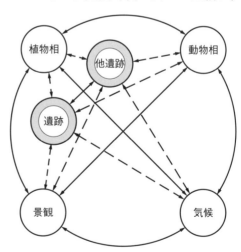

図6-1　人類生態系の概念
出典：出穂雅実（2007）「第4章　遺跡形成過程と地考古学」佐藤宏之編『ゼミナール旧石器考古学』69-90頁，同成社の「図2」（p.73）

に直結するわけではない。大事なことは，先史時代の人類は，周囲の利用可能な自然環境の中から，自らにとって有用な資源をとり出して開発していたはずなので，その利用の方法や手段を決める自然資源の構造を理解することが肝要となる。人々は，保有する技術や生活の水準に合わせて資源の活用を図っていたのであり，それが人々の行動や生活を大きく規定していたのである（図6-1）。

2．環境復元の諸相

（1）古気候の復元

　過去の気候変動の研究は，19世紀のヨーロッパ・アルプスで氷河地形が発見され，更新世（250万年前〜1.17万年前）に4つの氷期（四大氷期）が存在したとする地質学説が誕生したように，長い研究の歴史をもつが，近年の研究成果は長足の進展を見せている。1950年代から開始されたグリーンランド氷床のボーリングコアは年縞堆積（一年毎の堆積物）をもつことが明らかにされていたが，近年実用化が促進されたAMS法等の高精度年代測定法（⇨第4章参照）によって精緻な年代値が与えられたことにより，過去10万年間にわたる気候変動の歴史的経過が詳細に解明された。

　この気候変動曲線はダンスガード・オシュガー・サイクルと呼ばれ，これまでの定説であった四大氷期よりもはるかに多くの寒暖の短周期変動が，突然かつ急激に生じていたことが分かった。このサイクルは，世界各地の深海海洋底や山岳氷河，鍾乳洞，湖沼等でも基本的に同様の変動が観察されることが分かり，今日では酸素同位体ステージ（OIS）または海洋酸素同位体ステージ（MIS）として，地質年代だけではなく国際的な旧石器時代の年代比較の単位として利用されている（図6-2）。

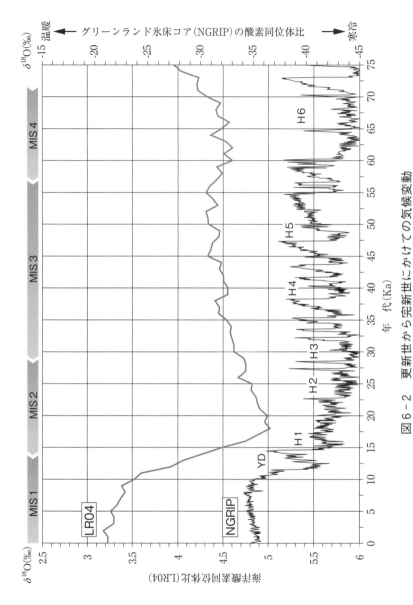

図6-2 更新世から完新世にかけての気候変動

出典：公文富士夫（2015）「更新世から完新世への自然環境変動」『季刊考古学』132号、18-22頁の「図2」を改変

同時に気候変動の原因に関する研究も進み，現在では世界中の大洋を流れる海流の変化が気候を支配し，通常対流として世界を循環する海流が何らかの原因で停止したり，流れを大きく変化させることが，気候変動の主因となると考えられている。例えば，更新世（旧石器時代）に見られる大規模な一時的寒冷化現象であるハインリッヒ・イベント（図6‐2のH1，H2など）は，当時北米大陸を覆っていた氷床が崩壊して大西洋に流れ出し，それが海流の流れを遮断したために起きたと考えられている。この現象は日本海底の記録でも観察できるので，日本列島の古気候復元は，世界の気候変動研究ともはや切り離すことはできない。

　更新世の気候は寒冷・乾燥を基本としながら，今日の気候とは著しく異なり，きわめて目紛しい気候変動を繰り返していたが，完新世になると一転して世界の気候は温暖に転じるとともに，きわめて安定した気候環境に変化した。このことが，1万年前以降の完新世に到り，初めて世界中で本格的な農耕と文明化に至る歴史を形成可能とした自然環境条件を生み出したのである。

（2）動植物相と動植物資源

　動物や植物は，人類が利用した自然資源の主要な対象である。先史時代の人々は，特定の動植物種が家畜化され農耕化される以前の野生動植物に食糧や道具・建築材等の多くを依存していた。自然環境は，それを構成する生物種が単に集合して成り立っているのではなく，生物種相互の密接な関係性の中で成立しているとする生態系の考え方が今日一般的である。従って，過去の資源環境を復元するためには，生態系の観点から行わなければならない。

　生態系の観点から見た場合，資源の対象となった動植物は，相互に依存関係にある。二次生産者である動物群は，食餌となる特定の植物群

（一次生産者）の存在が前提となる。日本列島旧石器時代の人々の生業の主体は動物の狩猟にあったと考えられるが、遺跡からは動物遺体がほとんど出土しないため、直接には知りえない。そのため、まず当時の植物相を復元し、そこから想定可能な資源動物相を復元するという手続きをとることになる。もちろん、化石床や洞窟堆積等から検出される化石動物の実例も重要な資料となる。

①植物資源

植物相の復元は、遺跡は形成されないが、有機質資料の好適な保存環境を有する湿地・湖沼・海底等の堆積物に遺存した花粉等の微化石や大型種実遺体等から行われる。特に花粉は、種としての子孫を残すための重要な組織であるため原則として種毎の特異性を有し、かつ風媒花を中心に生産量が多く、保存性も高いので、復元には都合がよい。これも近年の高精度年代測定法の活用により細かい年代値を与えることによって、考古学的資料との統合が可能となった。

植物相の復元は、温帯落葉広葉樹林帯といった今日の植生帯区分の考え方を利用して行われることが多い。縄文時代はほぼ今日の気候環境と類同なので、現在とほぼ同様の植生帯分布が認められるが、氷期の旧石器時代は大きく異なる。単に寒冷化に伴って、今日山岳地帯や北方に見られる植生が降下・南下しただけではなく、寒冷でかつ乾燥気候であるという特徴から、例えば東北日本では、寒温帯針葉樹林という乾燥に適した今日のロシア・アムール川下流域の森林植生に近似していたと考えられている。その森では、植物資源に乏しい資源環境を生み出していた（図6-3）。

一方縄文時代では、花粉分析によって遺跡内でのクリの純林の存在が推定されたり、土器表面圧痕のレプリカ法や遺跡出土炭化物の分析

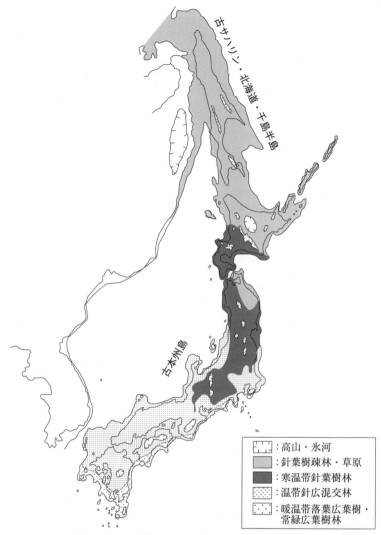

図6-3　後期旧石器時代の日本列島の植生
出典：岩瀬彬・橋詰潤・出穂雅実・高橋啓一・佐藤宏之（2011）「日本列島における後期更新世後半の陸生大型哺乳動物の絶滅年代」佐藤宏之編『環日本海北部地域における後期更新世の環境変動と人間の相互作用に関する総合的研究』36-55頁，東京大学大学院人文社会系研究科附属北海文化研究常呂実習施設・人間文化研究機構総合地球環境学研究所の「図1」（p.37）

等によりダイズ等の豆類やアサ・エゴマ・ヒョウタン等の栽培痕跡が確認されている。縄文時代は基本的には狩猟採集経済であったが，一部の有用植物資源の栽培が行われていたことが確実となった。しかしながらイネのような穀物栽培による本格的な農耕社会の登場は弥生時代を待たねばならない。

②動物資源

動物相は，植生環境や化石動物骨の出土例から主に復元されている。世界の先史時代遺跡例や現生狩猟採集民の狩猟生業研究（民族考古学，第7章参照）等の証拠から，日本列島のような中緯度地域では，旧石器時代には大型動物が主要な狩猟対象になっていたと考えられる。そのため古生物学の中でも，大型動物研究が主として参照の対象となる。これまでの研究から，日本列島の哺乳動物相は，シベリア起源のマンモス動物群（主として北海道）と北部中国等が起源のナウマンゾウ-オオツノシカ動物群（主として本州以南）が中期更新世以降基本を成していたが，ゾウ・大型のシカ・ウシ等の大型動物は，前者は2万年前頃に，後者は2万5千年前頃に絶滅し，残りが今日の基本動物相となった。

この変化は，当時の人々の生活や行動，道具の変化に大変大きな影響を与えたが，それについては第7章で詳述する。

（3）食性分析

さらに最近では，骨に残されたコラーゲンを材料として，炭素・窒素同位体分析を行うことにより，骨を残した個体の生前の食料資源の主体を解析する食性分析が盛んに行われるようになった。食性分析は，これまで人骨が主な分析対象となることが多かったが，最近では動物骨の分

析も多く行われるようになった。また土器内面に付着している炭化物からも，土器で調理・処理された食糧資源の内容を分析する事ができる。

　こうした分析により，これまで考古学的に推定されてきた食性とはかなり異なる実態が，明らかにされている。ただし，推定可能な食料資源の単位は，現段階ではかなり大枠に留まっており，生物種との対応までは分からない。判別図（図6-4）に示したように，その単位は淡水産資源／海産資源／草食動物／C3植物（イネ・コムギ・ドングリ等）／

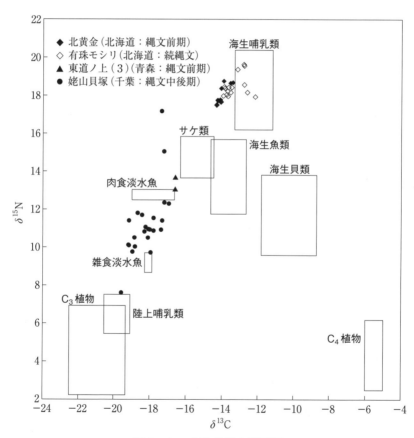

図6-4　食性分析の判別図

出典：米田穣（2010）「食生態にみる縄文文化の多様性」『科学』80巻4号，383-388頁，岩波書店の「図2」（p.386）

C4植物（トウモロコシ・サトウキビ・雑穀等）等である。依存度は，判別図上の各生物領域との近似度によって推定する。

　旧石器時代の人骨は，最近出土例が増えている琉球諸島を除いては，日本列島ではほとんど例がないので詳細は不明であるが，ヨーロッパのネアンデルタール人では著しい草食動物への偏りが報告されており，旧人が動物狩猟をもっぱらとしていた証左と見做されている。

　縄文時代の食性分析では，大規模貝塚出土人骨においても水産資源以上に陸獣資源を利用していたことが分かり，従来の想定を覆している。また縄文時代を通じてC3植物への依存は一定程度認められるが，C4植物への依存がほとんど見られないため，これまで民族学等を中心に論じられてきた縄文時代における雑穀（焼き畑）農耕説は根拠が希薄であることが分かった。この成果は，最近盛んに実施されている土器表面に遺存した植物種子の痕跡を樹脂で写しとり同定するレプリカ法によっても追認されている。

（4）遺伝の研究
①現生人類の起源と拡散

　近年長足の進展を見せた分野に遺伝人類学がある。現生人類 *Homo sapiens* の起源に関する論争は，常に人類学の中心課題であり続けてきた。これまでは主として化石人骨の形質・形態研究が主要な分析手段であり，20世紀後半には，現生人類はアフリカだけに起源したとするアフリカ単一起源説と，世界各地に拡散した旧人等の先行人類が各地でそのまま現生人類に進化したとする多地域進化説の二者が対立していた。1980年代後半に，世界各地の現代人の細胞内器官であるミトコンドリアDNA（mt-DNA）の変異から，前者のアフリカ単一起源説が支持される研究が発表されると，世界的な追試が行われ，90年代

には単一起源説が定説となった（図6-5）。

　考古学では，前期・中期旧石器時代の荷担者が原人・旧人等の先行人類で，後期旧石器時代の荷担者が現生人類と考えられているため，このmt-DNAによる遺伝人類学の新学説は，文化・社会の移行の考古学的解釈にきわめて大きな影響を与えた。

　ヨーロッパ・西アジア等のmt-DNA研究（その後のY染色体遺伝子研究も含む）の成果によれば，現生人類はネアンデルタール人等の先行人類と混血することなく各地でこれら先行人類を絶滅させて置き換わったとする断絶置換説が提唱され，これらの地域の考古資料の変化とも調和的とする考え（後期旧石器革命説）が人類学上の定説となったが，やがてアフリカやアジアの旧石器時代研究が進展すると，中期／後期旧石器文化の継続性は顕著であるので比較的大規模な混血を伴うとする考古学者の漸移的置換説と対立するようになった。

　現代人のmt-DNAには，進化の過程を反映した異なる遺伝子グループ（ハプロ・タイプ，時間の経過とともに増加）があり，そのハプロ集団の種類はアフリカから離れるにつれて増加するため，現生人類集団の拡散過程を反映すると見做されている。遺伝人類学はハプロ・タイプに基づく現生人類の拡散モデルを提案しているが，それに対して現在考古学的検証が盛んに行われている。考古学者もアフリカ単一起源説をおおむね承認しているので，問題は拡散モデル・ルートとその年代となる。考古学的方法は，主として遺跡や遺物に認められる現生人類型行動の同定にあるが，それには石器製作技術，石材利用の形態，狩猟行動，領域性，社会組織，行動原理，埋葬，象徴能力，精神活動，未来予測能力等多方面にわたる要素を含んでいるため，いまだ研究の途上にあるといえるだろう。

　遺伝人類学の拡散モデルが有する問題のひとつは，ハプロ集団の系

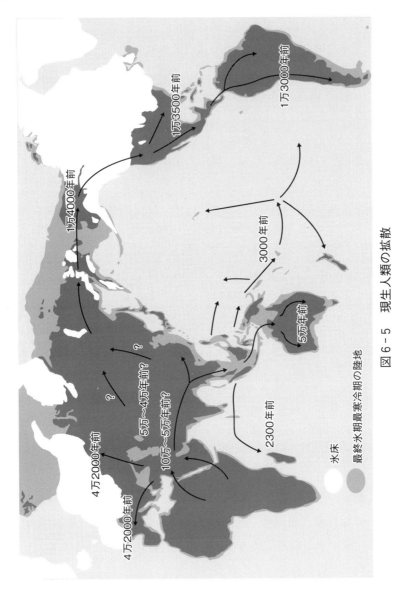

図6-5 現生人類の拡散

出典：海部陽介 (2005)『人類がたどってきた道―"文化の多様化"の起源を探る―』NHKブックス1028, 日本放送出版協会の「図4-2」(p.98)

統研究が現代人の mt-DNA を対象としていることにあり，初期の拡散集団が最初の居住後大規模な集団移動を行わずに現在の分布を反映しているとする仮定にある。しかしながら，歴史時代において，大規模な民族移動がなされた例は枚挙にいとまがないので，この仮定の確実性は今後検証されねばならない。さらに重要なことは，過去の人骨の分析例（古代 DNA）が鍵を握ることにあるが，先史時代の人骨は希少で分布に偏りがあり，なによりも古代 DNA の分析は技術的にも高度である。また mt-DNA は母系遺伝であるため，母系の系統しか反映しないので，もっとも確実な方法は，父母両系を分析可能な化石人骨の核 DNA（ゲノム）の分析例を蓄積することであるが，これも将来の課題となっている。

②縄文時代人の系統

　前述したように，日本列島では旧石器時代人骨の出土例はきわめて限られるため，食性分析同様縄文時代人骨の遺伝人類学的研究が進展を見せ始めている。縄文人骨から抽出された古代 mt-DNA と現代人のハプロ集団の分布を比較することにより，縄文人の集団系統に関する研究例が報告され始めた。また縄文時代の埋葬人骨の遺伝情報を分析することにより，親族関係や婚姻規制についての手かがりも得られつつある。

3．道具材料の産地と獲得・交換

（1）石器石材

　先史時代の人々は，食糧以外の道具や奢侈品・顔料・建築物の材料等も自然資源を利用していた。それらの多くは腐朽して今日まで残ってい

ないが，岩石等の場合には遺存するものもあり，産地を特定できる場合がある。このうちもっとも重要なものは，先史時代の人々にとって最もよく利用された道具である石器の石材である。

　日本列島では，旧石器時代の当初から石器が使用され，鉄器等の金属器が普及する古墳時代（本州以南）・擦文時代（北海道）まで主要な利器として使われていた。石器は生活を送る上で最も頻繁に利用される道具であるため，原則として居住地域の付近にある石材が利用されたが，道具としての機能や希少性を担保するために，遠隔地の石材が利用されることもあった。そのため石材環境の研究は，単に道具の素材利用を知るだけではなく，行動や活動の内実，あるいは社会的な集団関係まで追求可能なデータを提供する。

（2）黒曜石の産地同定

　石器は狩猟具と加工具が主な用途である。このうち狩猟具は，鋭利な刃先が必要となるため，石材として細粒で緻密な岩石が選択されている。日本列島では，黒曜石・頁岩・チャート・サヌカイト・緻密質安山岩・流紋岩等が選択的に利用されるが，産地は限定される。このうち黒曜石の産地同定研究がもっとも進んでいる。

　黒曜石は日本列島の先史時代を通じて，道具の主要な材料として盛んに利用されてきた。火山噴火に伴い噴出したマグマや溶岩・火砕流・火道等の表層が急速に冷却された際に生成した火山ガラスの一種であるため，その産地はオセアニア・東南アジア・西アジア・東ヨーロッパ・南北アメリカといった地殻プレート境界付近の火山地帯に多く認められる。火山噴火は地殻下で常に流動しているマグマが一時に噴出する現象なので，火山毎あるいは噴火毎にマグマ成分の微妙な差異が形成されるため，生成される黒曜石の鉱物組成や微量元素の化学成分組成は，原則

として異なることが期待できる。そのため正確な化学組成を計測することができれば、堆積岩や変成岩といった他の石器石材とは異なり、原産地同定の分解能は格段に高い。

日本列島では現在約80カ所以上の地質学的な原産地が確認されているが、その多くは比較的小規模な原産地で産状も多様であり、流通量と流通範囲は相対的に小さい。それに対して、北海道の白滝・置戸・十勝・赤井川、北関東の高原山、中部高地八ヶ岳周辺、下呂、伊豆神津島、山陰の隠岐島、北九州腰岳等の大規模原産地の黒曜石は遺跡での出土量が多く広範囲に流通している（図6-6）。

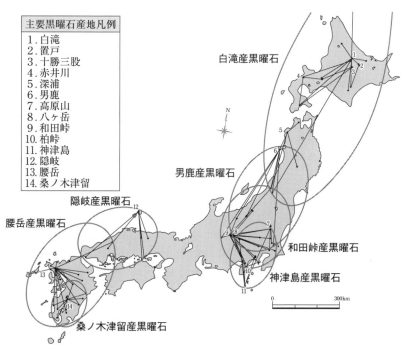

図6-6　日本列島の主要黒曜石産地と流通圏
出典：芝康次郎（2015）「石器石材の獲得・消費と流通」『季刊考古学』132号, 47-50頁, 雄山閣の「図1」（p.48）

(3) 土器の胎土分析

　縄文時代になると土器が各地で作られるようになる。土器の製作は，適した粘土に混和材等を混ぜて胎土とし，それを練り上げて器形を作り，乾燥させた後に文様を施文して野外で焼成することで完成させるのが普通である。粘土は通常近距離から獲得されると考えられることから，胎土を金属顕微鏡等により検鏡して構成する鉱物の種類や比率を同定することにより，粘土の獲得地点を特定することができる。すでにいくつかの遺跡では粘土採掘の痕跡が発見されており，より実証的な土器製作法が解明可能となっている。また近隣に由来する粘土ではないことが判明すれば，土器本体を遠隔地から搬入したことが分かるので，土器が在地で模倣されたのか，それとも直接外部から製品として搬入されたかを知る手かがりとなる。このことは，土器を介した集団間の社会的関係を調べる重要な手かがりを供給する。

(4) 鉱物資源と貝

　ヒスイと琥珀は，貴石として特に遠隔地間を流通した。いずれも微量元素の測定や岩石学的方法によって，産地が特定可能となる。琥珀は旧石器時代の例も少数あるが，両者とも利用が本格化するのは縄文時代になってからである。ヒスイは縄文時代においては新潟県姫川流域が列島唯一の産地であり，勾玉・大珠に加工されて東日本各地に流通した。琥珀の原産地は各地で確認されているが，縄文時代では岩手県久慈市が主産地であり，首飾りに加工されて流通した。北海道にはサハリン産の琥珀も搬入されていた。

　各種の樹脂や油脂等が接着剤として利用されているが，そのうち天然アスファルトは産地が特定できる。列島では東北から新潟県の日本海側に分布する油田地帯で天然アスファルトが産出しており，産地分析法の

進展によって，最近これらの産地のうち縄文時代には，秋田県と新潟県下の三つの産地が供給源であることが判明した。これらのアスファルトは東日本の300以上の遺跡で確認されている。

貝輪は縄文時代の代表的な装飾品であるが，東北日本ではベンケイガイやアカガイといった地元産とは別に，西南日本以南の暖流に棲息するイモガイ・オオツタノハ（伊豆諸島以南）・タカラガイ製の貝輪も，特定の墓から副葬品として出土している。

このように縄文時代になると，近距離だけではなく遠距離間での物質交換網が整備され，地域社会間の情報ネットワークが構築されていたことがよく分かる。

4．資源の構造と人の利用

本章では，考古学研究の進展に自然科学的手法の発達がいかに貢献しているかを議論した。人が何を食べ，どのような産地の資源を利用して暮らしてきたかを明らかにすることにより，文化や社会・生活の実態がより鮮明に描かれつつある。第7章では，こうして明らかにされた環境や資源の実態に対して，先史時代の人々がどのように適応・対応し生活をおくったのかについて議論する。

参考文献

加藤晋平・藤本強監修『考古学と自然科学』全5巻，同成社（1998～2000）
佐藤宏之編『ゼミナール旧石器考古学』同成社（2007）

佐藤宏之編「特集：旧石器〜縄文移行期を考える」『季刊考古学』132号，雄山閣（2015）
篠田謙一『DNAで語る日本人起源論』岩波現代全書，岩波書店（2015）
水沢教子『縄文社会における土器の移動と交流』雄山閣（2014）

7 | 狩猟採集民の生活技術

佐藤宏之

《目標&ポイント》 先史時代の人々は，狩猟採集民であった。現生狩猟採集民は，多様な自然環境の中から自らにとって有用な資源を効率的に獲得するために，生活技術や行動原理，社会のしくみ等を効果的に変容・適用して，自然に巧みに適応した。先史時代の狩猟採集民も同様であったことを議論する。
《キーワード》 狩猟・漁撈・採集技術と行動，道具製作（土器・石器），旧石器時代，縄文時代，民族考古学，狩猟採集民

1. 狩猟・漁撈・採集生活

（1）現生狩猟採集民の生業の一般原理

　文字や農耕のない先史時代の日本列島の人々は，自然資源に依存する狩猟採集民であった。現代ではほとんど失われてしまった彼らの生活・文化・社会の実態は，世界の近現代狩猟採集民の民族誌や日本の民俗記録等を通して推し量ることができる（民族考古学）。資源を効果的に開発・利用するためには，適切な材料を獲得し，持てる技術を発揮して効率的な道具を製作・運用してきた。

　動物の狩猟，貝や魚の捕獲（漁撈），植物食糧の採集は，通常の狩猟採集民ならば原則全てを保持しているが，その比率は各地で異なる。例えばリチャード・リーは，世界の現生狩猟採集民の主要な生業の比率を緯度別に概観し，北方に行くほど狩猟の比率が増大する一方，南方に向かうほど採集の比率が増大することを指摘している（図7-1）。漁撈に

依拠する狩猟採集民は，比較的高緯度に多い。

ブライアン・ヘイデンは，リーの緯度別生業パターンをさらに詳細に分析し，温湿度・動植物相といった気候・環境データや資源分布の多様性・季節性などに対応した狩猟採集民の食糧獲得戦略の一般性を明らかにした。食糧の選択性や獲得方式，処理技術，分配，貯蔵技術と集団の規模，資源構造，移動性／定着性，資源の探索面積・領域とその距離，労働時間，性別・年齢別分業などについて詳細に分析している。その結果，女性の仕事とされる植物資源の採集活動によって得られるカロリーが栄養学的にはもっとも重要であるにもかかわらず，北方に行くほど生業活動に占める狩猟の比率が高くなり，狩猟従事者としての男の貢献度が上昇することを明らかにした。これは成人男性を中心とする狩猟の組織原理が社会構造そのものを決定づけるという狩猟採集社会の一般原理とよく整合する。またヘイデンは，人口密度に対する集団規模が大きいほど狩猟に依存する割合が高いことも指摘しており，先史考古学的に重要である。

さらにウェンデル・オズワルトが，北方に行くほど狩猟具等の道具を構成する技術単位（道具を構成する部位の数）が増加することを指摘したことも，これに関連する。狩猟活動のウエイトが増大するにつれて，それを確実に実行するための工夫が技術単位の増加に反映したのであろ

緯度	主要な生業			計
	採集	狩猟	漁撈	
60°以上	—	6	2	8
50—59°	—	1	9	10
40—49°	4	3	5	12
30—39°	9	—	—	9
20—29°	7	—	1	8
10—19°	5	—	1	6
0—9°	4	1	—	5
	29	11	18	58

図7-1　リーの緯度別生業比率
出典：佐藤宏之（2000）『北方狩猟民の民族考古学』北海道出版企画センターの「表1」(p.31)

第 7 章　狩猟採集民の生活技術　129

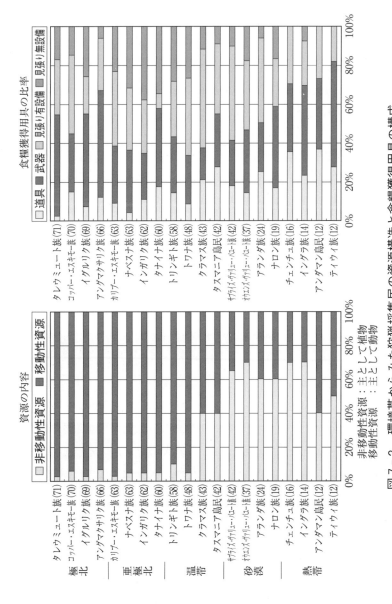

図 7-2　環境帯からみた狩猟採集民の資源構造と食糧獲得用具の構成
出典：佐藤宏之（2005）「総論：食糧獲得社会の考古学」佐藤宏之編『食糧獲得社会の考古学』1-32頁，朝倉書店の「図1」（p.14）

う。また資源開発技術としての食糧獲得のための道具・施設の性格は，資源の種類によって大きく規定されるが，それは獲得戦略における時間の管理に多く起因する。例えば，多様な資源を有しながらも年間を通じて利用価値の高い資源を生じにくい熱帯低緯度地方（細区画的資源構造）では，周年的に多様に資源を開発せねばならないが，一年のうちのある季節に集中してランクの高い資源が出現する高緯度地帯（粗区画的資源構造）では，資源開発の集中と多様化が一時期に集約されるため，資源開発における時間管理が獲得技術の構成を決定づける。そのため後者では，罠・簗・筌のような「見張り無し施設」が多用されることになる（図7-2）。しばしば大規模な罠猟が高緯度地帯に発達するのは，このためである。

(2) 狩猟技術と行動

現生狩猟採集民に見られる上記の一般原理は，自然環境に対する人類の適応行動に基づくので，過去の先史時代でも原則として適用可能である。

氷期の寒冷・乾燥気候下にあった旧石器時代のユーラシア大陸北部では，広大なツンドラ草原や疎林が広がり，資源構造は粗区画的であった。そのためトナカイやウシ・ウマ・シカ等の草原棲大型動物を狩猟することが生業の主体をなしていた。これらの大型獣は広大な棲息域を有し，その中を群棲しながら移動していたため，人々は集団で広域を移動しながら，狩猟に適した季節・場所とタイミングを慎重に計画し実行する遊動型の行動戦略を採用していた。

一方南方では，氷期といえども相対的には温暖気候であるため，小動物の狩猟とともに，植物食糧の採集活動や水産資源の開発（漁撈）も重要な生業であった。資源構造が細区画的であったため，ランクの高い特

定動物種が集中して出現することがなく，そのため人々は北方に比べて狭い生活領域の中で定着的な生活を送っていた。

　温帯中緯度地帯に属する日本列島は，氷期においてはユーラシア北方域に類似した粗区画的な資源構造に対する狩猟主体の適応行動が採用されたが，完新世の縄文時代になると温帯森林が卓越するため，狩猟・漁撈・採集からなる多角的な資源開発行動が展開した。

（3）漁撈と採集

　民俗知から見ると，水産資源の獲得が全て漁撈に含まれるわけではない。オットセイやアザラシ・クジラのような大型の海棲哺乳類の獲得は狩猟に分類され，一方貝や藻のような海岸部で比較的容易に獲得できる資源の採取は採集に含まれる。これは，これらの民俗分類に応じて，性別・年齢別分業が異なるためである。上述したように，狩猟は成人男性が，採集は女性・老人・子供が主として分担しており，捕獲が困難な大型魚類の漁撈は成人男性の役割であった。

　狩猟に比して漁撈や採集は，相対的に定着的な生業となる。なぜなら，海・川・湖沼等の資源は，陸との境界にある特定の地点でしか獲得できず，植物食糧は非移動資源だからである。従って，広域移動型の遊動行動戦略を採用していた北の狩猟民の間では，漁撈活動は低調か全くなかった。また氷期の北方ユーラシアでは，有用な植物資源自体が非常に少なかった。例外は特定の季節に集団で河川を遡上するサケ・マスの漁撈で，これは大陸では後期旧石器時代後半から利用が認められる。

　南方では，淡水の水産資源の利用は旧石器時代の早い段階から確認されており，植物資源の採集活動も同時に活発に行われていたと推定されている。

2. 道具の製作と使用

　北方の旧石器人の生活は遊動型であり，狩猟具は石刃技法等によって貴重で産地が限られる良質の石材を節約的・効率的に消費しながら，広域を移動していた。細粒で緻密な良質石材はどこにでもあるわけではな

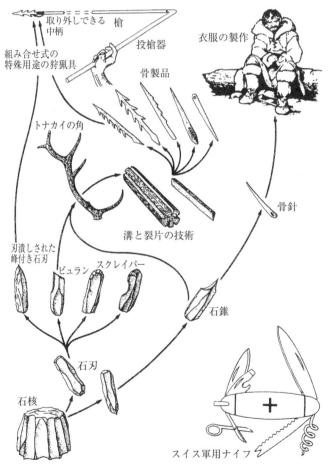

図7-3　石刃技法とスイスアーミーナイフ効果
出典：ブライアン・M・フェイガン［河合信和訳］（1994）『現代人の起源論争：人類二度目の旅路』どうぶつ社の「p.219の図」

く，人口も少なくしかも人々は絶えず移動しているので交換・交易による安定供給を期待できない。従って特定の産地で自ら直接調達した石材を長距離移動の中で利用しなければならないので，石材消費にできるだけ効率的な技術を保有する必然性があった。

　石刃技法は現生人類が初めて本格的に活用した石器製作技術を代表し，長さが幅の2倍以上あり両側縁が並行な石刃を，規格的に量産するもっとも効率的な技術のひとつである。この石刃を素材として，骨角器の加工をする彫器や皮の加工や肉の処理を行う掻器・削器，基部と先端をトリミングして先端を尖らせた狩猟用の尖頭器といった定型的で専門的な石器を生産した。こうした専門具は管理的石器と呼ばれ，居住地間の移動の間も保有され使われ続けた（図7-3）。

　一方南方では，道具の主体は石器であったが，骨角器も活用されており，東南アジア等では竹も道具の素材に利用されたと考えられている。特定の専門的な狩猟具のような道具は必要なく，石器はもっぱら多様な形をした剥片から作り出されていた。多くの剥片はそのままものを切るための削器として利用されたが，これは広域移動を行わない生活によって，狩猟具のような良質石材の節約的な利用を促進する必要がなく，居住地周辺から獲得された粗粒の粗悪な石材でも，大量に消費することで道具としての目的を達成することが出来たからである（臨機的石器）。剥片自体は使用によってすぐに刃部が鈍くなるが，たくさんあれば石器を頻繁に交換することによって目的を果たせた。

3. 旧石器時代の生活——遊動型狩猟民

（1）日本列島の環境と資源

　日本列島最古の人類の痕跡については諸説あるが，いずれにせよその

痕跡はきわめて稀である。そこで現生人類が本格的に出現し，遺跡数が急増した後期旧石器時代（3.8〜1.6万年前）について述べてみたい。

アフリカに起源した現生人類 *Homo sapiens* が日本列島に到達したのは，各種の考古学証拠からみて3.8万年前のことである。この時期はMIS 3（12〜2.9万年前）の終わり頃にあたり，氷期ではあるが次期のMIS 2 に比べて相対的には温暖であった。後期旧石器時代を通じて海面は今よりも著しく低下していたため，日本列島は大陸・サハリン・千島列島南部と陸で繋がった古北海道半島，本州・四国・九州がひとつの島であった古本州島，および陸域は拡大していたが島嶼であった古琉球諸島の三つの地理的単位から構成されていた。旧石器時代の人々は，海洋渡航技術を保持していたが，日常的に使用しなかったので，文化・社会が共通に変化する範囲はこの三つの地理単位から基本的に構成されていた（⇨図6-3参照）。

更新世の短周期気候変動（⇨図6-2参照）は列島でも認められるため，列島は今日とは対照的な気候環境下にあった。前記したような地理的環境にあったので，古日本海には大洋から暖流が流入せず，黒潮等も沖合を流れていたので，旧石器時代の列島は，寒冷で乾燥した大陸性気候下にあった。この気候環境によって，縄文時代以降の豊富な森林資源をもたらした落葉広葉樹林や常緑樹林の発達が列島南岸域の極めて狭い範囲に限られていたことと，不安定な気候環境にあったため，有用植物資源に依拠する生活を送れず，列島の旧石器人は，中大型動物の狩猟を生業の柱としていた。これは北方ユーラシアの現生狩猟採集民の生活行動とよく似ている。

（2）古北海道半島の文化動態と生活行動

特に寒冷気候の影響が強かった古北海道半島では，大陸と直接陸で繋

がっていたこともあって，気候変動と狩猟対象であった動物群の変動に合わせて，大陸（及び列島北部）の文化的影響を強く受けた。古北海道半島最古の現生人類文化は，3.5万年前頃に現れた古本州島北部系の台形様石器石器群であり，続いて南方系の基部加工石刃石器群が出現する。この頃は MIS 3 の相対的な温暖期であったため古本州島にいた南方系のナウマンゾウ−オオツノシカ動物群が古北海道半島にも分布を広げており，南方系の狩猟技術をもつ集団が居住していた。

ところが気候が次第に寒冷化を強め，やがて MIS 2 前半の最終氷期最寒冷期（LGM, 25000〜20000年前）を迎えると，古北海道半島の文化は激変する。シベリアから陸路を伝って北方系のマンモス動物群が南下し南方系のナウマンゾウ−オオツノシカ動物群と置換すると同時に，これも大陸系の細石刃石器群が古北海道半島全域に広がった。マンモス動物群は，マンモス・ステップと呼ばれるツンドラ草原に適応した動物群から構成されていたので，人類集団は，植物資源が極端に乏しい資源環境のもと，ランクの高い中大型動物狩猟に特化した狩猟が行動戦略の主体をなした。粗区画型の資源構造に適応するために，幅 1 cm 以下の超小型の石刃である細石刃を量産して，それを骨・角・木といった有

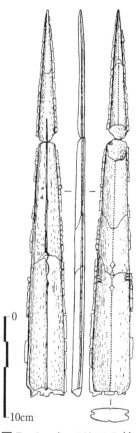

図7-4　シベリアの植刃槍
出典：佐藤宏之・飯沼賢司編『野と原の環境史』58頁図4，文一総合出版

機質の部材の縁にカミソリのように埋め込んだ植刃槍を使う細石刃石器群が採用されたのである（図7-4）。槍の使用によって刃が破損したり鈍くなれば，はめ込んだ細石刃を交換するだけで新品と同様に使用できるし，細石刃は非常に小さいため，黒曜石等の産地が限定される石材を極限まで節約し効率的に利用することが可能となる。こうした技術適応により，広域に分散しながら群棲する大型草食獣狩猟を効果的に遂行することが可能となった。

やがてLGMが終わりを迎える2万年前頃になると，マンモス動物群の中のゾウ・ウシ・大型シカ等の大型動物が古北海道半島で絶滅するので，狩猟対象は中小型動物に移行するが，依然として細石刃石器群は完新世初頭まで継続する。しかしながら，対象動物の変化に連動して，集団の移動生活領域は縮小した。

（3）古本州島の文化動態と生活行動

一方周囲の大陸から孤立していた古本州島では，列島独自の旧石器文化が繁栄した。出現・変化に若干の時期差・地域差はあるが，石刃技法が一貫して基本的に用いられ，素材となる石刃の基部や側縁を加工して形を整えた各種の基部・側縁加工尖頭形石器が狩猟具に利用された。この尖頭形石器は大型狩猟具と考えられ，産地が限定される良質石材を利用した管理的な扱いを受けたが，同時に存在していた台形様石器は，在地の粗悪な石材から量産された小型の剥片から作られており，小型狩猟具として臨機的・消費的に使用された。この両者からなる石器製作技術構造は二極構造と呼ばれており，古本州島の後期旧石器時代を通じて石器製作・運用技術の基盤を提供した（図7-5）。

こうした石器が製作され運用された背景には，主体的な生業である狩猟の対象が南方系のナウマンゾウ-オオツノシカ動物群であったためで

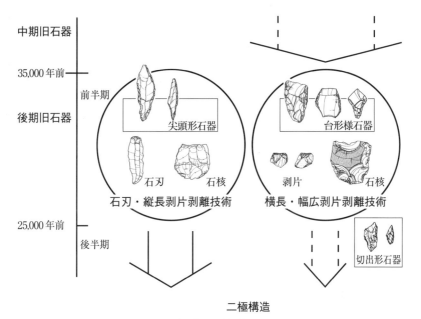

図7-5　二極構造の概念（佐藤宏之）

ある。古本州島では古北海道半島に見られたようなツンドラ草原・疎林環境はなく，散在する草原を交えながらも基本的には寒温帯針葉樹や針広混交林が植生の主体であり，森林の中で大型・中型・小型の各種動物を狩猟の対象としていたからと考えられる。やがて古本州島でも，古北海道半島よりも早く，LGM 開始期まで（25000年前）に大型動物が絶滅する。

大型動物絶滅以前の後期旧石器時代前半期は，集団が広域移動の生活を基本としていたため古本州島全域にわたって等質的な石器群構造を保有していたが，絶滅後の後半期になると，列島各地で異なる石器群が分立するようになる。このことは，狩猟の主要な対象が生息域のより狭い中小型動物に移行したことに伴い，集団の遊動領域が縮小し地域社会が

成立したためと考えられる。LGMが終了すると気候は向暖化するが，気候の短周期変動は継続するため，地域石器群は目まぐるしく変化する。縮小した生活領域では資源構造の変動の影響がより強く，使用する狩猟具がたびたび変更されたためと思われる。

なお古琉球諸島は，旧石器時代の資料が少ないため，文化変化の内実はよく分かっていない。

4．縄文時代の生活―定着型狩猟漁撈採集民

（1）晩氷期と縄文時代草創期

LGM後の気候回復期は，15000年前になると更新世最後の気候激変期を迎える。晩氷期（15000〜11700年前）と呼ばれるこの激変期は，列島だけではなく世界規模で認められ，晩氷期の終了とともに，完新世（現世，11700年前〜現在）の気候安定期に移行する（⇨図6-2参照）。晩氷期は世界規模で認められるが，この大規模な気候変動に対する人間の文化的・社会的応答は，各地で異なっている。西アジアや中国等では，コムギやイネといった一年生穀物農耕の本格的開発によって定住農耕社会が形成されたが，日本列島では高度に発達した狩猟採集社会が継続した。

①古本州島

遊動型狩猟民による地域社会が発達した後期旧石器時代末期の古本州島では，尖頭器石器群や細石刃石器群といった新しい石器群が目まぐるしく席捲した。おそらく気候環境変動への地域集団の適応戦略が，著しく動揺していたためであろう。そして，晩氷期直前の16000年前になると，青森県大平山元Ⅰ遺跡で列島最古の土器が出現した。

最古の土器が出現した直後，気候環境は晩氷期に突入するが，土器の製作は細々ながら連続し，以降現在まで土器は製作され，使用され続けている。そのため最古の土器の登場をもって，縄文時代の開始とする意見が有力である。列島だけではなく，東アジアや東北アジアでは世界最古段階の土器作りが，各地で独立していっせいに出現した。現在までの証拠によれば，南中国では2万年前に他に先駆けて土器が出現するが，16000年前には，列島以外でもロシア極東のアムール川下流域やバイカル湖周辺等で土器が出現する。最古の土器が出現した理由はよく分かっていないが，縄文土器の主要な機能として想定されている堅果類の灰汁抜きは，最古の土器が分布している地域では堅果類を生み出す落葉広葉樹林や常緑樹林が分布しないため，想定し難い。ロシアや南中国では，水産資源利用に関連した機能が推定されている。

　16000年前に開始された縄文時代草創期は，晩氷期が終了する11700年前まで継続した。列島の晩氷期は前半の相対的な温暖期と後半の寒冷期（ヤンガー・ドリアス期）に区分できるが，晩氷期前半になると，列島中で遺跡数と土器の出土量が増加した。特に温暖化がいち早く進行した南九州では顕著である。竪穴住居からなる最古の集落や炉穴・集石といった後の縄文時代で一般的となる遺構は，南九州が初出となる。

　晩氷期後半の寒冷期になると一転して遺跡数が減少するが，寒冷化に適応するため竪穴住居の建築や集落の形成はより盛んとなった。草創期の人々は，定着的生活の傾向を強めていたが，依然として旧石器時代的な遊動生活も併用しており，気候変動（悪化）の影響を強く受けたに違いない。

②**古北海道半島**

　ただし古北海道半島では様相は全く異なる。2万年前に大型動物が絶滅した後も広域移動の生活は継続するが，後期旧石器時代末期になると行動領域の縮小化が起こる。しかしながら依然として本来広域移動に適していた細石刃石器群を保有し続けており，古本州島で見られたような地域石器群の分立は見られない。むしろ複数の異なる石器群が同時期に同一の地理空間の中に分布するので，遊動生活を維持しながら，石器石材の獲得・消費と生活行動のパターンを異にすることで互いに棲み分けていたと考えられる。晩氷期前半の相対的な温暖期には，古本州島系の土器文化がわずかに到達したが，その後その痕跡はなくなる。本格的な土器文化を有する集団が北海道に分布を広げるのは，落葉広葉樹林の出現とほぼ同時の縄文時代早期（9000～8000年前）以降のこととなる。いくつかの例外を除けば，津軽海峡は，旧石器時代を通じて巨大な文化的障壁となっていた。

（2）**縄文文化の成立―縄文時代早期**

　列島の縄文文化は，完新世の列島に成立した落葉広葉樹・常緑広葉樹からなる森林資源の開発に適応した新石器文化である。完新世の縄文時代早期になると，気候は全球的に温暖・安定化し，氷期に氷床等の形で陸上に固定されていた水分が海水に還流したため，海水面が今日のレベル近くまで上昇した。その結果北海道・本州・四国・九州からなる今日の列島の地理的環境が形成され，大洋流が日本海に流入するとともに沿岸近くを流れるようになったため，列島は湿潤な海洋性気候に劇的に変化した。近年の研究の進展により，縄文文化の範囲は沖縄諸島以北の四島にほぼ限られることが分かったが，これは列島の海洋性気候がもたらした資源環境に適応したのが縄文文化であったためである。

落葉広葉樹・常緑広葉樹の森は，堅果類を始めとする豊富な植物資源をもたらし，採集活動が生業の柱の一つになった。海没した大陸棚は魚類等の，新出の干潟や浜辺は貝類等の巨大な水産資源を生み出したので，旧石器時代にはほとんど行われなかった漁撈が新たな生業のもうひとつの柱となった。草原棲中大型獣から森林での中小型動物へと対象が変化した狩猟は，石鏃を使用する弓矢猟の活発化を促した。

縄文時代早期の開始とともに，縄文文化の主要な生活構造が成立し，

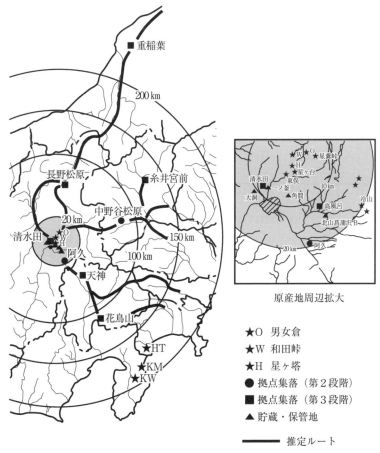

図7-6　縄文時代前期の黒曜石流通網と主要遺跡
出典：大工原豊（2008）『縄文石器研究序論』六一書房の「第84図」(p.121)

柱と炉をもつ本格的な竪穴住居からなる集落も形成され，高度の定着的狩猟採集社会が完成した。しかしながら，縄文時代の本質は狩猟採集社会にあったため，縄文時代の中でおこった小氷期と呼ばれる小規模の寒冷気候においても定着性ゆえに影響は大きく，地域や時期を違えて何度も遺跡数（人口）が大きく変動した。

　縄文社会の特徴は，地域集団間に社会的ネットワークが発達したことにある。建築材や道具材・塩といった食糧資源以外の資源を領域外に求める交換網がよく組織されていたため，こうした資源の獲得は，旧石器型遊動社会のような「埋め込み戦略」による自らの直接採取に頼る必要はなく，リスク低減・回避を相互の目的とした互酬性により生活資源の安定確保を担保するシステムが，すでに縄文早期には確立していた（図7-6）。

参考文献

安斎正人・佐藤宏之編『旧石器時代の地域編年的研究』同成社（2006）
ウェンデル・オズワルト著，加藤晋平・禿仁志訳『食料獲得の技術誌』法政大学出版局（1983）
小杉康・水ノ江和同・谷口康浩・矢野健一・西田泰民編『縄文時代の考古学』全12巻，同成社（2007〜2010）
佐藤宏之『北方狩猟民の民族考古学』北海道出版企画センター（2000）
佐藤宏之編『小国マタギ―共生の民俗知』農山漁村文化協会（2004）
佐藤宏之編『食糧獲得社会の考古学』朝倉書店（2005）
谷口康浩『縄文文化起源論の再構築』同成社（2011）
Kelly, R. L. *The Foraging Spectrum : Diversity in Hunter-Gatherer Lifeways.* Smithsonian Institute Press : Washington and London. (1995)

8 | 農耕民の生活技術

藤尾 慎一郎

《**目標&ポイント**》 縄文時代にはなかった農耕民の生活技術として，水田を造りコメを作る農耕技術，青銅器や鉄器を作る金属器製作技術，水や土地をめぐって争うための戦いの技術の三つを取り上げる。いずれも採集狩猟民がもたない生活技術で，日本列島には紀元前10世紀から紀元前4世紀ごろにかけて，朝鮮半島からもたらされた。戦いや金属器に関する道具や技術は，世界史的にみても穀物栽培を生産基盤とする社会とは切っても切れない関係にある。たとえ縄文人がダイズやエゴマを栽培していたとしても，金属器や戦いと結びつくことはない。
《**キーワード**》 水田，灌漑施設，環濠集落，鋳型，滓，無文土器，武器形祭器，銅鐸，可鍛鋳鉄，鍛冶，鍛造剝片，武器，武具，殺傷人骨

1. はじめに

(1) 日本列島の農耕民の生活技術の特徴

　農耕民は，本格的な穀物栽培を始めても採集・狩猟・漁撈活動を止めるわけではなく，従来の技術をベースに新しく手に入れた技術も加えて農耕生活を送る。新来の技術のなかで代表的なものが穀物栽培技術，金属器製作技術，戦いの技術である。

　西アジアやヨーロッパの先史社会では，穀物栽培や牧畜が始まる新石器時代に戦いが始まる。青銅器や鉄器などの金属器の利用はさらに数千年後の青銅器時代，鉄器時代になってからなので，3つの技術は農耕民の生活技術として同時に出現したわけではない。

日本列島の場合もまず穀物栽培が始まり，100年余り遅れて戦いが，さらに500年遅れて金属器の使用が始まるという時間差はあるものの，いずれも弥生時代と呼んでいる同じ時代の出来事なので，西アジアやヨーロッパとは異なっているとこれまでは考えてきた。

　しかし水田稲作が始まってから約600年後の前期末にならないと金属器が出現しない現状をふまえれば，弥生早期から前期後半までの約600年を新石器時代最終末と捉えることも可能である。すると西アジアや中国と同じように，新石器時代のあとに金属器の時代が来たと考えることも可能となる。

　文明が起こった地域では農耕の開始から何千年もかかって現れる青銅と鉄という2つの金属器が，水田稲作の開始から数百年という短い時間でそろってしまうという日本列島の特徴は，日本列島が東アジア世界の文明の中心である中国からあまりにも離れた辺境に位置したことと無関係ではない。また青銅器と鉄器がほぼ同時に出現することは，朝鮮半島青銅器文化と燕の鋳造鉄器文化という2つの文化複合体がほぼ同時にもたらされたからに他ならない。ここに日本列島先史社会における金属器出現の最大の特徴がある。

(2) 穀物の出現

　日本の穀物の出現は前11世紀の縄文時代最終末までさかのぼっている。中国山地に抱かれた島根県板屋Ⅲ遺跡からコメのスタンプ痕が着いた土器が見つかっているが（図8-1），水田や畑の跡，ならびに農具は見つかっていないため，この地で本当に作られていたのかどうかはわ

図8-1　日本最古のコメの証拠（藤尾撮影）原品：島根県埋蔵文化財調査センター

からない。そこで確実に水田でコメを作っていたことが明らかな前10世紀後半以降に絞って話を進めることにする。

2．農耕技術

（1）水田を造る技術
①水田造成の意味

　日本の水田はその当初から立地に合わせて造られた。傾斜，地下水位の高さ，気温，降水量によって水田一区画の広さや給排水施設を，その土地にあわせたものにする。とくに仙台平野以北の東北中・北部にみられる冷温対策を施した水田は，世界中に例をみない。

　これは農耕民が限られた条件の中でできるだけ生産量を上げるために行った，大地に対する働きかけの一つといえよう。前10世紀後半に拓かれた日本最古の水田である福岡市板付遺跡の水田は，1枚が500㎡もある大区画水田で，給排水の機能を備えた灌漑施設をもつ。

　大地を切り開き水路を引くという水田造成のような大規模な土木工事は，縄文時代にもなかったわけではない。環状盛土や周堤墓（しゅうていぼ）など投入される労働量や動かす土の量は膨大であった。ただ縄文時代の場合は，もともとその土地が持つ潜在的な生産力を損なわない範囲内で行われるという特徴がある。

　しかし農耕民の場合は，ただ作物の収量，すなわち生産量を上げることを目的に自然を改変して，人工的な環境である水田を造成するのである。つまり堅果類が稔り，シカやイノシシが棲む豊かな森を切り開くということは，その土地が有する潜在的な生産力を損なうことを意味するからだ。ここに採集・狩猟民と農耕民との土地改変に関する基本的な考え方の違いがある。水田は農耕民独自の考え方に基づいた土木工事として位置づけられる。

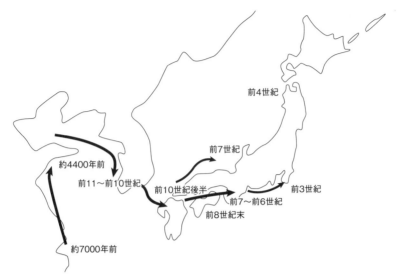

図8-2　東アジアにおける水田稲作の拡散（藤尾作成）

②水田の広がり

　弥生時代の水田は，南は宮崎から北は青森までの範囲で見つかっている。前10世紀後半に九州北部玄界灘沿岸地域に出現した水田は，前8世紀に九州島内に広がり，前8世紀末〜前7世紀には中・四国西部，大阪湾沿岸，前6世紀には伊勢湾沿岸に達する。その後，前4世紀には日本海側を東北北部へ。太平洋側は少し遅れて前3世紀末になってようやく関東南部に到達する（図8-2）。関東南部は水田稲作が始まるのが本州でもっとも遅い地域である。

　前2世紀ごろから前1世紀ごろは，弥生時代のなかでも水田稲作がもっとも広い範囲で行われていた時期である。しかしその後，東北北部では水田稲作が放棄され，水田稲作の北限は仙台から山形を結ぶ線まで南下する。

③水田の構造―大区画と小区画，冷水対策―

　田崎博之は西日本と北日本の水田の違いについて次のように説明している〔田崎2002：106頁〕。水が命の水田は土地を平らに造らなければならない。斜めだと水が畔を超えてあふれ出してしまうからである。したがって水平な土地ほど大きな面積の大区画水田を造ることができる。日本最古の水田である福岡市板付遺跡では，段丘上に拓かれた水田に小規模河川（古諸岡川）から水路を通して水を引き込んで幹線水路を確保している。幹線水路には取排水を調節する井堰を50m間隔で設置している（図8－3）。

　西日本では比較的平坦で広く，水に恵まれた土地を起点に隣接している土地を開墾して水田を拡大していく。つまり一ヶ所を起点に次々に水田を拡大していくのである。一方，北日本では隣接地に広げていくというよりも，少し離れた土地に，数年サイクルで水田を点々と拓きながら，結果的に水田面積を拡大させている。また地力が回復するまで耕作を待つ，いわゆる休耕田的な区画の存在も想定されている。

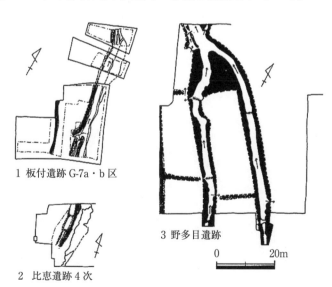

1　板付遺跡 G-7a・b区

2　比恵遺跡 4 次

3　野多目遺跡

図8－3　福岡平野における初期水田〔田崎1998〕図5-2より作成

土地の傾斜とならんで重要なのが水の利用の仕方である。稲の生育には大量に水を必要とする田植えの時期から夏にかけてと，徐々に水を抜いていって収穫する秋と，季節によって水位を変える必要がある。そこで重要なのが地下水位の高さである。地下水位が高いと水を抜くための排水対策が重要となるし，逆に低ければ水を引くための給水対策が必要となる。弥生人はその土地の地下水位にあわせて給排水施設を造っているのである。

斎野裕彦は仙台市富沢遺跡で見つかった前3世紀の水田について，次のように説明する。一区画が5〜30㎡の小区画水田で，地下水位が高い湿潤な土地を乾燥させるために，排水目的の水路を掘っている（図8-4）。また雪解け水などの冷水が直接田に流れ込まないよう，保温・水温の上昇をはかっている。朝鮮半島南部や西日本にはこのような施設を備えた水田は今のところ知られていないし，もともとイネ自体が温暖な土地の植物なので，斎野は東北という冷涼な土地で独自に発達した技術と考えている。

青森県田舎館村垂柳遺跡では休耕田を設けたり，ヒエを作物として加えたりした複合的な水田稲作を行っているという。近世の東北の水田では，畔にヒエを植えてコメの不作に備えていたことが知られているので，いわゆる救荒作物の起源が弥生時代までさかのぼる可能性を持つも

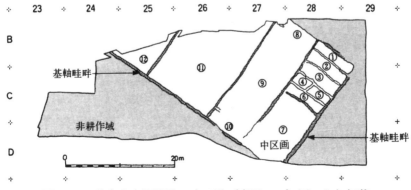

図8-4　仙台市富沢遺跡の水田跡〔斎野1986〕図2より転載

のとして注目される。

（2）畑

　畑跡の検出例は水田に比べると著しく少ない。一般に畑より低位にある水田が洪水に遭いやすいのに対し、畑が洪水の結果、パックされて遺っている例は極めて少ない。むしろ畑の場合は、古墳時代の鹿児島県指宿市や群馬県沼田市など火山灰や軽石層など火山性堆積物にパックされて見つかる場合の方が多い。

　珍しく洪水砂にパックされた状態で見つかったのが、前6世紀に比定された徳島市庄・蔵本遺跡の畑跡である。水田より高位に造られた前6世紀の畑から畝とともに、アワ・キビ・マメ・コメなどが見つかった。畑は標高1.7〜1.9mの緩やかな傾斜面に造られ、東西17m、南北11m、面積187㎡の長方形である。南北約3条、東西約10条の畝、給水路と水口、排水路が検出された（図8-5）。この地区から見つかったアワの量はコメよりも多いとのことなので、水田稲作に比べて畑作の比重が高かった可能性がある。

　畑より低位には水田が拓かれ、灌漑用の水路を掘削し、大小の畦畔によって細かく区画された小区画水田である。

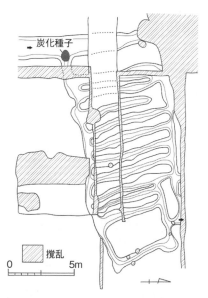

図8-5　徳島市庄・蔵本遺跡の畑跡〔中村編2010〕第7図より転載

3. 金属器製作技術

(1) 青銅器製作技術

　日本の青銅器は前8世紀の終わりに福岡県今川遺跡に出現する（図8-6）。中国東北地方製の遼寧式銅剣の破片を利用し、破面に刃を作りだして、矢じりなどの小形の刃物として使われた。青銅器の本格的登場は、前4世紀に有力者の墓へ武器形の青銅器が副葬されるまで待たなければならない。

　鋳造は前3世紀には確実に始まっている。熊本市八ノ坪遺跡では、中期前半の須玖Ⅰ式土器に伴う鋳造関連遺構（図8-7）や鋳型7、送風管1や銅滓数点、炉壁の可能性のある焼土などの鋳造関連遺物（図8-8）が出土している〔林田編2006〕。工房跡自体は見つかっていないが、付近にあったと考えられている。鋳型の存在から朝鮮式小銅鐸1、細形銅剣3、銅矛1などが製作されていたことが分かる。

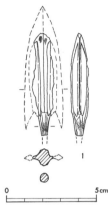

図8-6　日本最古の青銅器〔酒井編1981〕第27図より転載

　銅、スズ、鉛の合金である青銅器の原料は、主に朝鮮半島製の青銅器を鋳つぶしたものと考えられているが、鉛同位体比分析を行っている国立歴史民俗博物館（以下、歴博）の齋藤努は、鉛には中国産の鉛と朝鮮

SX119　遺物出土状況

SK091

図8-7　鋳造関連遺構（前3世紀）提供：熊本市教育委員会

第 8 章 農耕民の生活技術 | 151

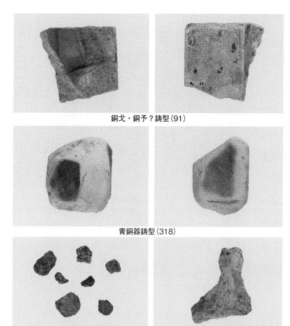

銅戈・銅予？鋳型(91)

青銅器鋳型(318)

鋳造残滓？　　　　　鋳造銅片(509)

図 8-8　鋳造関連遺物（前 3 世紀）提供：熊本市教育委員会

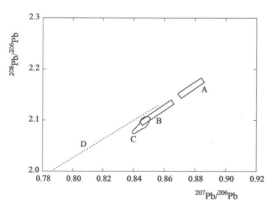

図 8-9　鉛同位体比グラフ（齋藤努作成）A：華北産，B：華中・華南産，C：日本列島産，D：朝鮮半島産

半島産の 2 種類の鉛が使われていることを明らかにしている（図 8-9）。

青銅器を製作した工人たちのルーツを推測する手がかりの一つが，朝鮮半島初期鉄器時代の土器である。前 6 〜前 5 世紀の朝鮮半島に現れる，口縁部に断面が円形の粘土紐を巻き付けて作る円形粘土帯土器（図 8-10：中央奥）が，青銅器関連遺構や遺物に伴って九州北部の遺跡から見つかることが多いことから，朝鮮半島出身の工人が何らかの形で青銅器製作に関わっていると考えられる。

作られた製品は，銅剣・銅矛・銅戈などの武器形青銅器や，まつりに用いる小銅鐸，鏡

などが中心である。木製の鍬や鋤の先端に装着する青銅鍬先や鋤先などの農具，銅ノミなどの工具，青銅鏃のような武器などの利器は少ないため，弥生時代の青銅器も，礼器や祭器を中心とした中国青銅器文化の一つとして位置づけることができる。先史ヨーロッパなど西半球の青銅器が

図8-10　出土した朝鮮半島の土器のセット
提供：熊本市教育委員会

利器として使用され発達することとは対照的で，日本列島で金属製利器といえば，やはり後述する鉄器ということになる。

(2) 鉄器製作技術

　鉄は含まれる炭素の量の違いで性質が異なる。炭素量が2％以上あるものは鋳鉄（ちゅうてつ）と呼ばれている。硬いがもろいので農具や剣などの利器や武器としては使えず，後世には鉄鍋や仏像として使われている。炭素量が2％未満のものは鋼（はがね）と呼ばれ，鋳鉄に比べると軟らかいが粘りがあるため，利器や武器として使われる。

　日本最古の鉄器は前4世紀前葉の西日本に現れる。愛媛県大久保遺跡では，中国東北部製の鋳造

図8-11　愛媛県大久保遺跡出土鉄器片（複製品：歴博蔵，原品：愛媛県教育委員会）

鉄器の破片を石器製作の要領で割ったり，擦ったり，磨いたりという，石器製作と同じ要領で作った刀子やノミなどの小鉄器を作ることによって再利用したものである（図8-11）。

特に硬くてもろいという鋳鉄の欠点を補うために，炭素量の高い鋳鉄の刃の部分などに脱炭処理を施して炭素量を下げて粘りを出したのが可鍛鋳鉄である。利器として実用性を高めた鉄は中国東北部にあった燕という国の特産品である。

野島永は，燕製の鋳鉄の破片に，石器作りの要領でさまざまな加工を加えて小鉄器とする工程を想定している（図8-12）。野島はこうした加工が福岡県中部の朝倉地域で行われ，西日本の各地へ配布されたと考えている（図8-13）。ただこの頃の鉄器はノミや刀子などの小鉄器が

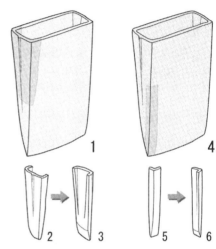

図8-12　鋳造鉄斧破片の再利用模式図（野島永作成）

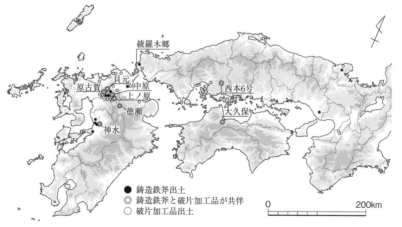

図8-13　鋳造鉄器の出土地（野島永作成）

主で，用途も木製容器の細部加工などに使われた程度であったから，とても鉄器時代に入ったといえるような段階ではない。

前3世紀には早くも火を用いて作った鍛造鉄器が九州北部に出現する。朝鮮半島にはみられない形をしているので，日本製という説もある。

鍛造鉄器は火を用いて高温状態にしたあと叩いたり鍛えたりして作られたものである。後1世紀以降，鍛造鉄器の素材として使われたのが，朝鮮半島東南部の弁辰地域で作られた塊煉鉄と呼ばれる炭素量が低く，軟らかい鉄である。塊煉鉄は鉄鉱石を製錬炉で直接還元して作られたもので，朝鮮半島東南部では後1世紀ごろに生産が本格化した。鉄中に不純物を多く含む塊状の鉄塊なので，このままでは鉄器を作ることはできない。鉄と不純物を分離して鉄の純度を高めるための処理，すなわち精錬を行う必要がある。日本列島で精錬が始まるのは4世紀の古墳時代になってからなので，弥生人は朝鮮半島において塊煉鉄を精錬して作られた炭素量の低い鉄素材を加工して鉄器を作っていたと考えられる。

鉄器を作ったと考えられる鍛冶工房跡が後1世紀以降の中国山地や山陰で多く見つかっている。村上恭通は鍛冶炉を地下構造の違いから4つに分け〔村上1998〕，このうち鍛接（焼けた鉄の板と板を叩いてくっつける）や炭素量の調節（上げ，下げ）など，高度な鍛冶技術を駆使するために必要な火力を出せるのは，防湿設備を完備した炉（図8-14：Ⅰ・Ⅱ）だけだという。こ

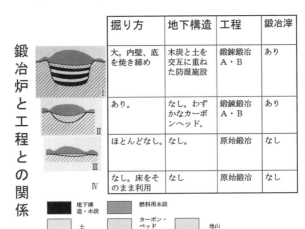

図8-14 弥生時代の鍛冶炉の主な形態〔村上1998〕第22図より作成

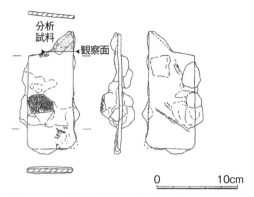

図8-15 島根県上野Ⅱ遺跡出土の板状鉄製品〔久保田編2001〕図2より転載

の種の炉は九州北・中部や山陰，中国山地では見つかるものの，近畿中枢部に現れるようになるのは3世紀を待たなければならない。そのため弥生時代における高度な鉄器作りは，この種の炉が見つかっている地域で行われていたと考えられている。

鉄素材は，板状鉄製品と呼ばれる板状の薄い板で（図8-15），幅が4.0〜6.0cm，厚みが4mmぐらいの規格品である。材質は軟らかい軟鋼が主で，タガネで断ち切るのに適した柔らかさである。

鍛冶具のうち鉄製のものはタガネぐらいで，他は基本的に石製である（図8-16）。床石のうえに焼けた鉄を置き，丸石で叩いて，砥石で研磨する。工房の床面には高温で焼けた鉄を叩いた時に鉄の表面が剥がれて飛び散った鉄の破片である鍛造剥片が見られる。金鉗はないので鉄をつかむのにも有機質の，たとえば竹や小枝を使ったのであろう。鉄滓もほとんど出ないので，大澤正己は原始鍛冶と呼んでいる〔大澤2004〕。

穂摘具である石庖丁は弥生時代いっぱい鉄器化しないので，完全な鉄器時代は古墳時代からといえるが，それ以外の道具は九州北部では弥生後期以降，ほぼ鉄器化してしまう。その意味で弥生前期末〜中期末の弥生時代は初期鉄器時代といえよう。

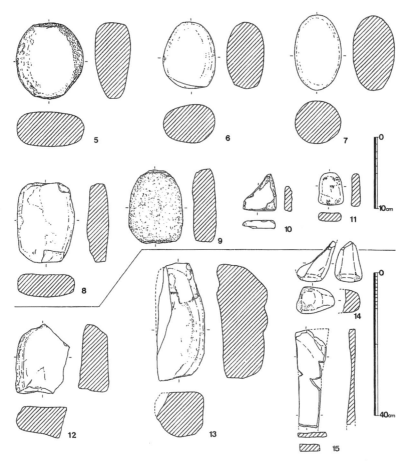

図8-16 弥生時代における鍛冶遺構出土の石製鍛冶具〔村上1994〕図4より転載　5～9・14　鎚，10・11・15　砥石，12・13　鉄砧石（金床石）　5～8・11～13　熊本・二子塚遺跡，9・10・14・15　福岡・安武深田遺跡

4. 戦いに関する技術

(1) 戦いの存在を示す考古学的な証拠

戦いが行われたことを示す考古学的証拠は，水田稲作が始まってから100年ほどたった前9世紀後半の九州北部に現れる。

福岡市那珂遺跡では，防御用の壕をむらの周りにめぐらせた環壕集落（図8-17），糸島市新町遺跡では朝鮮半島系の磨製石鏃を射込まれて死亡した成人男性の遺体が葬られた支石墓（図8-18）が見つかっている。福岡市雑餉隈遺跡では朝鮮半島系の磨製石剣と磨製石鏃，丹塗り磨研壺が副葬された木棺墓が見つかっている（図8-19）。

これらはむらを守るための防御施設をもつ集落（環壕集落），武器，戦死傷者，武器副葬といった，戦いや戦士を讃える風習が存在したことを示す考古学的な証拠である。水田稲作が始まってから100

図8-17　最古の環壕集落　福岡市那珂遺跡（前9世紀）　提供：福岡市埋蔵文化財センター

図8-18　最古の戦死者　福岡県新町遺跡（前9世紀）　提供：糸島市教育委員会

図8-19　福岡市雑餉隈遺跡出土（前9世紀）　複製品：歴博蔵，原品：福岡市埋蔵文化財センター

年ほどたったあとに，このような戦いの存在を示す証拠が見られるようになることが重要である。当時の戦いの原因は，水や土地の確保に求められることから，水田稲作が始まった当初は不足していなかった水や土地も，3世代ほどたつと不足し始めたことが分かる〔藤尾1999〕。

（2）防御集落

むらの周りに壕や土塁，柵や杭をめぐらす環壕集落と，水田との比高差が何十mもある高いところにむらをつくる高地性集落がある。環壕集落は，鹿児島県鹿屋市から千葉県佐倉市，日本海側は新潟県村上市まで造られているが，今の利根川を越えた栃木や茨城より北には造られていない（図8-20）。

高地性集落は前7世紀に現れ，後3世紀まで群馬県より西の地域に分布している。水田稲作を生業とする弥生時代にわざわざ不便な高いところにむらを造る点に，防御的な性格があると考えられている。

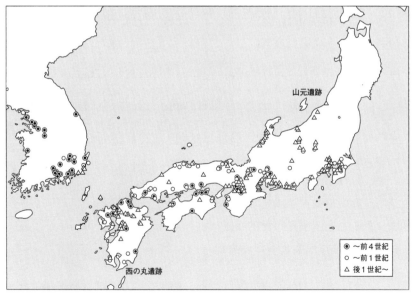

図8-20　朝鮮半島南部・日本列島の環壕集落分布（藤尾作成）

(3) 武器・武具

　縄文時代にも人を殺傷できる道具はあるが，弥生時代になると殺傷することを目的に作られた道具，すなわち武器と武器から身を守る武具が出現する。矢じりは狩猟用の道具として縄文時代から使われているが，動きが敏捷なシカやイノシシを遠くからでも狙えるように軽いものが多い。弥生時代になると飛ぶ距離は犠牲にしてもあたるとダメージが強い，重さを増した矢じりが現れるようになる。

　こうした縄文時代からある道具の他に剣・矛・戈，刀，甲，盾などが朝鮮半島の影響を受けて新たに出現する。材質も石から青銅，鉄へと変遷し，次第に殺傷力の高いものに変化していく。

　石剣は逆手で持ち，背後から背中

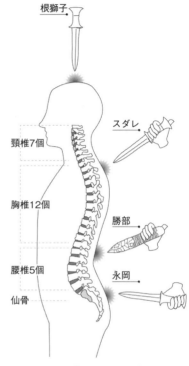

図8-21　殺傷人骨から復原した剣の使い方（藤原作成）

や腰に突き立てるように使われている（図8-21）〔藤原2004〕。折れやすかったとみえて墓から切っ先だけが見つかることが多い。以前は切っ先だけを副葬したと考えられていたが，おそらく刺したあと，先端が折れて体内に残され，取り出さないまま死者を埋葬した結果，折れた先端だけが墓の中から見つかったと考えられる。

(4) 武威

　死者に武器を副葬する行為は前9世紀から始まる。最初は矢じりや石の短剣であったが，前4世紀には青銅の武器や朝鮮半島の鏡，前1世紀の奴国王や伊都国王の時代になると，前漢の皇帝から下賜された大型の前漢鏡や鉄の剣なども副葬されるようになる。武器を副葬する行為によって，死者の武威を讃えたと考えられる。

(5) 戦場

　実際に戦った場である戦場だと分かる証拠があるかというとほとんどない。しかしこれが直ちに弥生時代の戦いの数が少なかったことを意味するわけではない。

　実は江戸時代以前において，戦場の跡自体がほとんど見つかっていないのである。文献上，戦いがあったことが分かっている中世の城跡を調査しても何も出てこないという。これは戦いのあと戦死者は僧侶によって丁重に墓に葬られるし，武器はすべて古物商に回収されて市場に出回るため，戦場には遺体も武器も何も残らないからである。

　したがって弥生時代で唯一，中国の文献に記された戦いである倭国乱の存在を示す戦場などの考古学的な証拠が見つからないからといって，なかったとは簡単にいえないのである。

(6) 戦いの原因

　九州北部では，殺傷人骨の分布から，戦いがいつ，どこで始まって，どのように広がっていったのかを知ることができる。水田稲作が始まって100年ほどたった前9世紀後半，玄界灘沿岸地域で始まった戦いは，次第に平野の下流域から中・上流域へと広がっていくことから，増えた人口を養うために水田を拡大していく過程で，必要な土地や水をめぐっ

て調整がつかなかった場合に，戦いによって問題を解決するという政治的手段が，朝鮮半島南部から水田稲作とともに伝えられたと考えられる。

参考文献

大澤正己：「金属組織学からみた日本列島と朝鮮半島の鉄」(『国立歴史民俗博物館研究報告』第110集，pp. 89-122) (2004)
久保田一郎ほか編：『上野Ⅱ遺跡』中国横断自動車道建設予定地内埋蔵文化財発掘調査報告書10，日本道路公団中国支社松江工事事務所・島根県教育委員会 (2001)
斎野裕彦：「仙台平野の弥生水田」(仙台市博物館特別展『吉野ケ里遺跡と東北の弥生』図録) (1991)
斎野裕彦：「水田跡の構造と理解」(『古代文化』57-5, pp. 43-61) (2005)
酒井仁夫編：『今川遺跡』津屋崎町文化財調査報告書第4集 (1981)
田崎博之：「福岡地方における弥生時代の土地環境の利用と開発」『福岡平野の古環境と遺跡立地—環境としての遺跡との共存のために—』，pp. 113-137, ㈶九州大学出版会 (1998)
田崎博之：「日本列島の水田稲作—紀元前1千年紀の水田遺構からの検討—」(『東アジアと日本の考古学』Ⅴ，pp. 73-117, 同成社) (2002)
中村豊編：『国立大学法人徳島大学埋蔵文化財調査室年報2』徳島大学 (2010)
野島　永：『初期国家形成期の鉄器文化』雄山閣 (2009)
林田和人編：『八ノ坪遺跡Ⅰ』分析・考察・図版編，熊本市教育委員会 (2006)
藤原　哲：「弥生時代の戦闘技術」(『日本考古学』18, pp. 37-52) (2004)
藤尾慎一郎：「弥生時代の戦いに関する諸問題—鉄・鉄素材の実態と戦い—」(『戦いのシステムと対外戦略』人類にとって戦いとは3，pp. 12-55, 東洋書林) (1999)
藤尾慎一郎：『弥生文化像の新構築』吉川弘文館 (2013)
村上恭通：「弥生時代における鍛冶遺構の研究」(『考古学研究』第41巻第3号, pp 60-87) (1994)

村上恭通:『倭人と鉄の考古学』青木書店（1998）

吉留秀敏編:『那珂11―二重環濠集落の調査―』福岡市埋蔵文化財調査報告書第366集（1994）

9 | 集落に暮らす人々

早乙女 雅博

《**目標＆ポイント**》 過去の社会の復元には，遺構や遺跡としては墓と集落が最もよい考古資料となる。ここでは，後者に視点をあてて，竪穴住居内で人々がどのように暮らしていたのか，住居以外に集落を構成する建物としてどのようなものがあったのかを，遺構の分析から明らかにしていく。そして，これらの遺構が集まった遺跡としての集落の構造について，これまでに出された様々な学説をもとに各種の遺構配置などの分析から，集団の構造を探る。さらに集落のなかで集団の統率者が出現していく過程と，採集や農業生産だけでなく手工業生産にたずさわる工人集落の出現について，具体的な発掘事例を紹介しながら，歴史の流れのなかに位置づける。
《**キーワード**》 竪穴住居，居住空間，炉と竈，高床建物，工房，環状集落，環濠集落，豪族居館，工人集落

1．竪穴住居の出現

（1）先史古代の住居跡と建物

　旧石器時代の人々は雨風や危険な動物から身を守るため岩陰や洞窟で居住していたが，食料獲得のため獣を追って移動し，必ずしも1か所に定住していなかった。居住の痕跡は平地にも見られ，地面に残るわずかな窪みや石器あるいは炭化物の集中地点から推定される。大阪府はさみ山遺跡では，直径6〜5m，深さ30cmの楕円形の窪みの中に，直径14〜22cmの7個の柱穴が中心に向かって60〜80度の角度で傾斜して掘られていた。調査区域では，楕円形の窪みの半分が検出されたことから，13本の柱を斜めに立てかけた円錐形の屋根をもつ建物と推定された。作りが

簡素なことから定住ではなく一時的な住居と考えられる。神奈川県田名向原遺跡でも，窪みはないが直径10mの範囲に環状に円礫が検出され，その内側に炭化物が分布し，環状の内縁では10か所で円形の青黒いシミ状の変質部が見られ，これは柱穴の跡と推定された。さらに，中央には炉跡と考えられる焼土集中が2か所にみられることから住居とも推定されるが，出土遺物にナイフ形石器，多数の剝片，石核，敲石があることから，石器製作工房の可能性が高い。

縄文時代になると地面から垂直に掘った壁，床にあけた柱穴や炉のある竪穴住居が出現するが，草創期ではまだ定住の様相がみられず，早期になって数軒の竪穴住居で集落を構成し，定住化へと進む。その背景には，氷期が終わり気候が温暖化して，食料資源が豊かになったことがあげられる。平面の形は，円形，楕円形，方形，長方形があるが，縄文時代から弥生時代には円形住居が多く，弥生時代後期から古墳時代以降になると方形住居へとかわる。縄文時代中期の東京都下野原遺跡では柱の跡が発掘された。直径40〜50cm，深さ70〜80cmの穴を掘って，そこに直径25〜30cmの木柱を立てて，穴と柱の隙間には土を埋めて固めている（図9-1）。

竪穴は住居以外にも使用された。鉄製品を作るための鍛冶工房，ロクロを据えるための穴（ロクロピット）をあけた土器製作工房など居住以外にも使われたので，住居や工房などを含めて竪穴建物と呼んでいる。竪穴建物は地面を掘りくぼめて床を作るのに対して，平らな地面を床とした平地

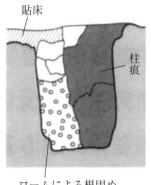

図9-1　下野原遺跡の柱穴断面　出典：谷口康浩（2009）「縄文時代の生活空間」『縄文時代の考古学8　生活空間―集落と遺跡群』同成社，9頁図1左

建物があり，地面から高く床を上げた高床建物がある。平地，高床ともに遺構としては，地上面に掘られた柱穴があるので，その特徴から竪穴建物に対して掘立柱建物と呼ばれる。高床には地面に掘った穴に柱を立てるのではなく，礎石を置いて，その上に柱を立てる礎石建物もある。寺院の金堂や塔など屋根に瓦を葺く建物は，その重さで柱が沈まないように礎石の上に柱を立てる。

屋根構造は，鏡の文様や家形埴輪から知ることができる。奈良県の佐味田宝塚古墳出土の家屋文鏡に表現された建物は，入母屋造と切妻造の2種類の屋根があり，手すり付の階段がある高床建物，地上に屋根が接している竪穴建物，壁が立つ平地建物が前者の屋根構造であり，階段を持つ高床倉庫は後者の屋根である（図9-2）。

これらの建物は，鏡に描かれていることから首長の住まいと考えられる。屋根は古墳から出土する家形埴輪からも，より具体的な構造を知ることが出来る。埴輪にみる建物は平面長方形あるいは方形で壁をもつ例が多いが，屋根を二面に持つ切妻造，四面に持つ寄棟造，寄棟造の上に切妻造をのせる入母屋造の3種がある。

遺構に見られる平面円形は竪穴建物に

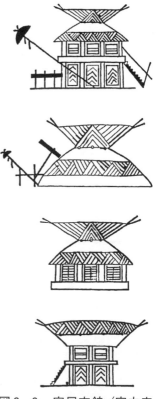

図9-2　家屋文鏡（宮内庁書陵部蔵）に表現された建物
出典：堀口捨己（1948）「佐味田の鏡の図について」『古美術』18-8寶雲舎54，55頁

多いが，この場合は寄棟に近い円錐形の屋根あるいは入母屋造が想定される。

先史古代の建物は，発掘で確認できる遺構からみると，竪穴，掘立柱，礎石の3種類があり，住居・祭祀・工房・倉庫・国や郡の官衙・寺院などの建物に使用された。

（2）住居内の空間―炉，竈(かまど)と空間の利用―

建物の最も一般的な用途は住居である。縄文時代の竪穴住居は多くは円形で，床に4〜6本の柱を立てて屋根をかける。部屋の中央か柱の間の位置に調理や暖房，明かり取りのための炉が設けられ，壁の一方に出入口がある。床の上に焼土のみが見られる地床炉，まわりを石で囲んだ石囲炉，甕(かめ)を床に埋めて口縁部内を炉とした埋甕炉(まいようろ)がある。炉のまわり（柱で囲まれた内部）の床は固く締められ，柱と壁の間の床は締められていないことから，炉のまわりは調理・食事・団欒の居間，竪穴の壁際は寝所というように，空間利用されていたと考えられる。

5世紀になると西日本で炉から竈(かまど)へと変化し，6世紀になると全国的に竈へと替わる。竈は方形竪穴住居の一辺に接して焚き口があり，左右の袖(そで)と呼ばれる堤状の高まりの上に天井を懸け渡して燃焼部として，煙は煙道を通して屋外に出される。この天井部中央にあけられた穴に甕をのせ，その中に底に穴のあいた甑(こしき)をはめ込んで調理する施設である。竈は朝鮮半島南部から伝わったもので，それとともに甑も伝わって来て，これまでの甕で煮ることから甑で蒸す新しい調理法が加わった。

炉から竈へと替わり，住居中央部に炉がなくなっても空間利用は引き継がれた。千葉県の草刈遺跡の方形竪穴住居では，柱穴から壁へと延びる幅10cm位の溝が検出され，壁際には貯蔵穴が掘られていた（図9-3）。溝には仕切りの板が立てられ空間をさらに仕切っていたと推定される。

 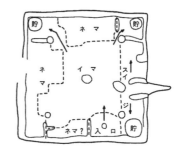

住居跡実測図　　　　　　　住居内空間利用復元

図 9-3　草刈遺跡の竪穴住居の空間利用
出典：渡辺修一（1985）「古墳時代竪穴住居の構造的変遷と居住空間」
　研究連絡紙11，千葉県文化財センター16頁第3図

竈のある壁際は貯蔵穴もあり炊事場，4本の柱に囲まれた空間は居間，柱から壁に延びる溝で区切った空間は寝所と推定された。床は居間が固く，寝所がそれに比べると柔らかく，炉のある竪穴住居の床と同じ様相がみられる。住居内に掘られた貯蔵穴は食料を保存するための穴であるが，食器としての土器が出土する例もある。

　関野克は竪穴住居に居住する人数を，「床面積÷3 m^2（1人分の空間）－1（柱や炉などの占める空間を1人分とみる）＝居住人数」と計算した。千葉県の姥山貝塚B地点9号住居跡では，床面積12.2m^2の円形竪穴の床から4人（成人男性2人・成人女性1人・未成年1人）が折り重なった状態で，1人（老年女性）が離れたところから整然と検出された。老年女性は住居廃棄後に埋葬されたという説に従うと，12.2m^2に4人が住んでいたことになり，関野の計算式による3人と近い。この計算式により，住居跡の数から集落のおおよその人口を求めることができる。

(3) 掘立柱建物と住居以外の建物施設

　掘立柱建物は地面に柱穴のみが検出されるが，「田」字形に柱穴が配置される総柱建物は高床倉庫，「口」字形に周囲のみに柱穴が配置される建物は高床倉庫や平地建物（住居を含む）と考えられる。弥生時代の高床倉庫は，静岡県の登呂遺跡では1間×3間の「口」字形に配置され，梁間が1間となることが多いが，古墳時代になると和歌山県の鳴滝遺跡では4間×4間の総柱の高床倉庫が発掘され，大型倉庫も出現した。

　竈付きの方形竪穴住居は東日本では平安時代まで続くが，畿内では5～6世紀ころに掘立柱平地住居が一部で出現し，7世紀に入ると竪穴住居にかわり普及する。畿内地方の5～6世紀の掘立柱平地住居からは朝鮮半島系の土器（韓式系土器）が出土することから，このような住居は渡来人により伝わったとされる。平地建物は壁が垂直に立ち上がり，床には蓆や板を敷いたりしていた。ただしすべてを住居と考えることはできず，竪穴住居と並んでいる場合は，祭祀などの他の用途に使用された場合もある。

　建物内に柱穴がなく，方形や長方形に溝を掘ってその中に多数の小さな柱穴をあけた遺構もみつかっている。一辺が10mを越える大型が多く，小さな柱穴に柱を立て横木を渡して，その隙間は小枝などを詰め，土で塗り固めて壁とした。柱ではなく壁で屋根を支える構造で大壁建物と呼ばれる平地建物である。朝鮮半島の三国時代の遺跡にこのような遺構がみられるので半島からの影響と考えられる。

　炉や竈をもち，一般の住居と同じ構造をもつ竪穴住居でも，須恵器製作に用いる叩き具，鍛冶に関わる鉄滓，玉作にかかわる玉未成品などの手工業生産に関係する遺物が出土する場合は，生産に従事する人々が居住した。竪穴建物内に鍛冶炉やロクロピット（土器作りに用いるロクロ据付穴）を持つものは住居ではなく工房である。集落から離れて古墳群

の近くにあり，床に石を敷いていたり日常生活とは関わらない特殊な遺物が出土する竪穴建物は殯屋(もがりや)と考えられている。このように，土を掘って作った竪穴建物は住居が多いが，人々の生活のなかでさまざまな用途にも使われた。

2．集落と社会構造

（1）縄文時代の環状集落

　集落は住居を中心として，生活に必要なさまざまな施設である貯蔵穴，倉庫，井戸，祭祀施設などが一定の範囲内に造られ，人々が集団で定住して生活する場をいう。定住性をしめす遺構として屋外に造られた貯蔵穴をあげることができる。縄文時代の貯蔵穴は袋状土坑，フラスコ状ピットと呼ばれ，地下に掘られた穴の底部が入口に比べて大きく広がる。その中からクルミ，クリ，トチなどの堅い殻で覆われた堅果類が出土する例があるので植物貯蔵用である。東日本に分布の中心があり，西日本では穴の形が円筒形になる。狩猟採集社会では，採取できる食料の種類が季節により決まり―堅果類は秋に収穫―，また年によっては不作もあるので，貯蔵による安定的な食料確保は定住をうながし，人口増にもつながった。縄文時代前期から貯蔵穴が大型化する東日本では環状集落のような大集落が出現している。

　環状集落は，中央に広場のような空間があり，そのまわりに多くの竪穴住居や掘立柱建物，貯蔵穴が円形に囲み，長い期間の定住で形成される。広場には墓地が作られることもある。岩手県の縄文時代中期の西田遺跡は，直径120mの円形内に内側から192基の墓群―53棟の掘立柱建物群―35軒の竪穴住居群と129基の貯蔵穴群が同心円状に配置された環状集落である（図9-4）。住居と貯蔵穴は最も外側にあり，両者は混在している。調査区が南北に細長いため東西の住居は調査区外にあると推定

されるので，住居はより多くの数があると思われる。中心部に並列して配置された多数の墓は内と外の二群に分けられ，内側はさらに二群に，外側にある多くの墓は長軸を中心に向けて並び，さらに八群に分けられた（図9-4の中心部）。墓群の外側に配置された掘立柱建物は，炉がないことから住居用ではなく墓と関連した建物と考えられ，それぞれの墓群に対応して分けることができ，さらに竪穴住居も墓群に対応して分けることができるようだ。

長野県の与助尾根遺跡では，竪穴住居跡の分布と出土遺物から，石柱あるいは土偶・石棒をもつ住居と持たない住居が2棟で1単位となり，それが3単位集まり一つの群となり，さらに二つの群で集落が構成されていると水野正好は1960年代に分析した。縄文集落構造の先駆的研究といえよう。1単

図9-4　西田遺跡の環状集落
出典：『岩手の遺跡』岩手県埋蔵文化財センター1985, 91頁をもとに作成

位が家族であり，群が血縁集団であり，二つの血縁集団が集まって集落を形成している。このような集落構造を分節構造と呼んでいるが，環状集落も上に見たように複数の群（血縁集団）が集まった分節構造として

分析することができる。

（2）弥生時代の環濠集落

　農耕社会に入った弥生時代になると，集落のなかに生産された穀物を貯蔵する高床倉庫が出現する。そして，住居と墓が一体となっていた縄文時代の集落から，墓が集落から離れたところにつくられ，集落内には掘立柱の特別な建物がつくられたり，大集落では深い溝により囲まれ，外と区画された環濠集落が出現した。その背景には，稲作という共同作業や収穫物を倉庫で管理する有力者が生まれ，彼らが集団を統率するための祭祀を行い，富の蓄積や人口の増加に伴い戦争も起こり，それから集落を守るために防御的な環濠が生まれたと考えられる。

　静岡県の弥生時代後期の登呂遺跡は，谷をはさんで集落が東群と西群に分かれるが，東群をみると竪穴住居と高床倉庫（掘立柱建物）が1単位となり，未発掘区を含めると10単位ほどが集まって群を構成したと推定される。そして，居住域の東部には長さ6.9mの大型掘立柱建物1棟があり，その近くでは祭祀遺物の卜骨が出土していることから，これは祭祀建物と考えられた。墓域は見つかっていないが，集落の南には幅1.1mの溝を隔てて，大畦畔と小畦畔で約3m四方に区画された水田が広がり，集落に住んだ人々が稲作を行っていた。

　遺跡では，魚やシカ・イノシシの骨やそれらを捕獲するための釣針・網の錘，石鏃のほかドングリなどの堅果類が出土しているので，稲作が始まっても縄文時代からの伝統を引き継いだ多様な食料資源を獲得していた。

　集落内の祭祀建物は大阪府の池上曽根遺跡の環濠集落でも発掘された。直径320mの環濠の中には，その中心部に長さ約19.3mの大型掘立柱建物1棟があり，その南に小型掘立柱建物群区域，さらに南に竪穴住

居群区域があり，住居と倉庫と考えられる建物が分離して配置された。環濠の外には環濠内に住んでいた人々の方形周溝墓の墓群がある。環濠集落と墓群の分離は，東日本の横浜市の大塚遺跡（環濠集落）と歳勝土遺跡（方形周溝墓群）でもみられる。大塚遺跡では約100棟の竪穴住居が5時期に分かれるので，同時期に約20棟からなる環濠集落である。20棟は西群，北群，東群の3か所に分かれ，各群では1〜2棟の高床倉庫を持っている。

環濠集落の最も発展したものが，佐賀県の吉野ヶ里遺跡である。弥生時代後期の環濠に囲まれた中には，溝で区画された南内郭と北内郭がつくられた。方形に近い形の濠で囲まれた南内郭の複数の竪穴住居には一般の人々とは区別された有力者とその家族が住み，北内郭には大型を1棟含む掘立柱建物群と少数の竪穴住居があり，祭祀区域と推定された。内郭の入口の両側には望楼が建ち，環濠内ではあるが一般の人々から断絶した空間を作り出している。

高床倉庫は環濠の外にまとまって建てられたが，環濠をはさんで南内郭が位置するので，有力者により管理されたと考えられる（図9-5）。

図9-5　吉野ヶ里遺跡南内郭（右）と倉庫群（左）
提供：佐賀県教育委員会

このように，弥生時代では高床倉庫が集落に出現するが，そのありかたは住居区域内であったり，住居とは別区域に集中したりしており，そこから管理方法の違いを読み取ることができる。さらに，集落の中心や縁辺には住居群と離れて大型祭祀建物が出現する集落も現れた。
　環濠集落が弥生時代早期後半に出現しほぼ全期間にわたってみられるのに対して，比高100mをこえる見晴らしのよい高台には高地性集落が営まれた。弥生時代中期の瀬戸内中部と大阪湾沿岸に，後期には近畿とその周辺部にみられ，日本列島でも限られた地域に出現した。岡山県の貝殻山遺跡（標高284m），兵庫県会下山（えげのやま）遺跡（標高200mの尾根上）などがあり，平地に営まれた集落と比較すると防御的な性格を持っていたと考えられる。
　弥生時代の終わり頃に全国で一斉に環濠集落が消滅するが，その背景には集落や集落群を越えたより広範囲の地域を支配する首長が生まれ，広域支配という安定した社会になり，もはや集落に環濠が必要なくなったと考えられる。

（3）古墳時代の豪族居館

　弥生時代の大きな集落は解体され，1〜3棟の住居を含む建物群が1単位となる中・小集落が多くなり，環濠集落の溝で区画されたなかに住む有力者は，集落の外で独立した方形区画内に住むようになる。この方形区画のなかには，一般集落を統率する首長の住居や祭祀を行う建物などがあり，豪族居館と呼ばれる。弥生時代に比べて，支配層がさらに一般集落から隔絶されていく姿を見ることが出来る。彼らは，集落あるいは集落群の範囲を超えた広域を支配する地域の首長となり，前方後円墳などの古墳の被葬者となっていく。
　群馬県三ツ寺Ⅰ遺跡は榛名二ツ岳の5世紀末〜6世紀初頭の噴火によ

り埋没した遺跡で，当時の様相をよくとどめていた。濠で囲まれた約86m四方の方形区画の中を木柵によって2つに分け，北区画には竪穴建物が2棟以上あり，南区画には大型掘立柱建物をはじめとして長方形や小型の掘立柱建物，井戸，石敷施設が発掘された（図9-6）。

図9-6　三ツ寺Ⅰ遺跡復元模型
提供：高崎市立かみつけの里博物館

発掘範囲は方形区画の一部（図9-6の下方部）であるが，大型掘立柱建物を中心としたこの地域の首長の居館と考えられた。大型掘立柱建物は内側に3間×3間の柱列，外側に8間×8間の柱列が配置され，外側柱列で囲まれた広さは13.5×11.7mである。内側柱列の内部には柱穴が検出されなかったので，高床式ではなく平地式の建物であり，首長の住居あるいは祭祀や政治を行う施設と考えられる（図9-6）。群馬県の原之城遺跡では，中央に大型掘立柱建物が，東側に一辺12.7mの大型竪穴建物が配置され，竪穴建物が首長の住居と考えられるので，三ツ寺Ⅰ遺跡の未発掘区に首長の竪穴住居があるかもしれない。

三ツ寺Ⅰ遺跡のまわりには，農村集落が複数分布しており，これらの集落を統率する首長が居館に住み，まつりごとを行い，その首長は北西1km離れたところにある墳丘長約100mの3基の大型前方後円墳からなる保渡田古墳群に埋葬されたと考えられる。

群馬県の黒井峯遺跡は，榛名山二ツ岳の6世紀前半の噴火により，厚さ2mの軽石層で埋没したので「日本のポンペイ」とも呼ばれる。建物

第9章 集落に暮らす人々 | 175

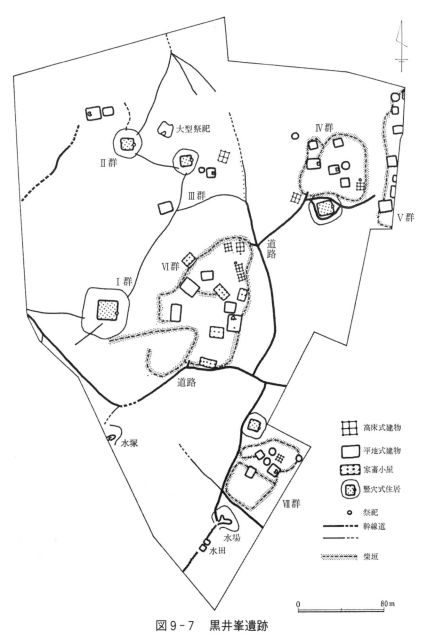

図9-7 黒井峯遺跡
出典：石井克己（1990）「黒井峯遺跡」『古墳時代の研究2 集落と豪族居館』雄山閣169頁図13

の屋根や壁がそのまま倒れて残っていたため，上屋構造も復元できた。それによると，竪穴住居の屋根には厚さ5～10cmで土を載せていた。集落は道路により，大きく三群に分けられ，それぞれの群に2～3単位がある。図9-7のⅡ，Ⅲ，Ⅰ・Ⅳが一群，Ⅳ，Ⅴが二群，Ⅶが三群である。一群をみると，Ⅰには大型竪穴住居があり，Ⅳには柴垣で囲まれた中に平地住居（竈をもつ）と高床建物があり，これが生活単位となる。同じ群内のⅡは小型竪穴住居と柴垣で囲まれていない平地住居で生活単位となっており，農村集落のなかでも単位間で違いがあるのがわかる。

　このように一般集落は縄文時代から複数の建物で1単位となる家族が基本単位となり，それが複数集まって群となり，その群やさらに複数の群で1つの集落を形成していた。集落は孤立した存在ではなく，環状集落や環濠集落を拠点として周辺の中・小集落をあわせて集落群というまとまりをつくっていた。古墳時代に入っても，一般集落の基本的な構造は引き継がれている。

3．工人などの集落

　農耕生産を基盤とする一般集落のほか，手工業などの生産にかかわった集落も住居跡以外の遺構や遺物から知ることができる。手工業は農業生産とは異なる技術をもって営まれ，その製品は集落外の人々に供給された。縄文時代には硬玉製品，弥生時代には鉄器の製作などが行われたが，5世紀になると朝鮮半島からの渡来人が新しい技術をもたらし，専業に近い工人集団が住む集落が出現した。

　大阪府の新池遺跡（高槻市）は埴輪製作を行っていた人々の集落である。低い台地の斜面を利用して埴輪を焼いた窖窯があり，台地上に窯と接するように竪穴工房跡が3棟，そして台地上で東に少し離れて竪穴住居跡が14棟発掘された。窯と工房から出土した円筒埴輪は同じ時期であ

り，工房と住居から出土した土師器(はじき)は同じ時期なので，これらは同時に存在したとみなせる。工房は一辺約10mの方形で，壁下には幅約60cmの溝がまわり，床全面に多くの土坑があり，その中には埴輪の材料とする粘土が入っていたものもある。また，円筒埴輪を転用して床の上に置いて中に粘土を詰めたものがあり，埴輪製作の専用工房と考えられる。竪穴住居跡は，その工人たちが住んでいた家である。この集落で製作された円筒埴輪は近くの太田茶臼山(おおだちゃうすやま)古墳（継体陵古墳）に運ばれた。1号埴輪窯跡の考古地磁気による年代測定では450±10年の年代が出ているので，これにより土師器と円筒埴輪の年代を知ることができる。

　蔀屋北(しとみやきた)遺跡（四条畷市）では木製の鞍(くら)，鐙(あぶみ)のほか馬を埋葬した墓や馬の塩分補給のための製塩土器も見つかっており，掘立柱建物と竪穴住居からなる牧を経営していた集落と考えられる。朝鮮半島系の土器も多く出土しているので，半島からの渡来人も多くかかわっていた。馬の骨は235点出土し，墓に埋葬された全身の骨格が分かる馬は，体高（首のつけ根（き甲）までの高さ）は約127cmで現代のサラブレッドと比べると小さく，日本在来馬の大きさである。大阪府の小阪遺跡の竪穴住居からは，割れた須恵器や製作に用いた当て具（須恵器を外側から叩くときに内側で押える道具）が出土しており，須恵器製作工人が居住した集落である。生産はここから2km離れた陶邑窯跡群(すえむらようしぐん)で行われていた。このほか，玉造，製塩，鍛冶などの施設やそれに関連する遺物を出土した工人集落がある。

参考文献

石野博信『古代住居のはなし』吉川弘文館（2006）
石野博信・岩崎卓也・河上邦彦・白石太一郎編『古墳時代の研究2 集落と豪族居館』雄山閣出版（1990）
金関恕・佐原真編『弥生文化の研究7 弥生集落』雄山閣出版（1986）
高橋龍三郎編『村落と社会の考古学』現代の考古学6　朝倉書店（2001）
武末純一『弥生の村』日本史リブレット3，山川出版社（2002）
谷口康浩『環状集落と縄文社会構造』学生社（2005）

10 精神文化

設楽 博己

《**目標＆ポイント**》 土偶と石棒，銅鐸，埴輪，人面墨書土器など，縄文時代から平安時代に及ぶ呪術的，儀礼的な遺物を取り上げてその性格を考える。精神文化を示すとされる遺物も分析の仕方によって，時代相をつかむことや，社会組織や生産経済を考える手掛かりになるという切り口を示す。
《**キーワード**》 呪術，祭祀，儀礼，縄文時代，弥生時代，古墳時代，土偶，石棒，動物形土製品，銅鐸，鳥形木製品，埴輪，人面墨書土器，豊饒，農耕儀礼，王権，国家的祭祀

1．考古学による精神文化へのアプローチ

 発掘された用途の分からない遺物は，一般的に祭祀遺物と呼ばれる。その際，「祭祀」ということの意味は問わないことが多いので，実生活から離れたあるいはそれを裏から支える精神的な営みにかかわるであろう遺物を一括してそのように呼称している。しかし，同じ精神的営みといっても，呪術と祭祀では内容が大いに異なる。考古遺物に呪術あるいは祭祀という名を冠するのであれば，原則的にはその違いを明確にしない限り名付けることはできない。
 呪術とは，神秘的あるいは霊的な力によって，ある目的を遂げようとする行為である。オカルト的な側面が強調される場合が多い。霊力の源泉が特定の神や仏のように定まっていない自然的あるいは超自然的な力を媒介とするように，プリミティブな様相をもつ。人格神としての神の存在が不確かな縄文時代の土偶は，呪術的な遺物とされることが多い。

一方，祭祀は神や祖先をまつることとされる。玄界灘に浮かぶ沖ノ島で執り行われた儀礼は神に対するまつりであるとされるので，祭祀遺跡と呼ぶのは妥当であろう。
　神の存在を考古学的に裏付けるのは困難であるし，人格神ではない精霊のようなものも神と呼ぶのであれば，縄文時代にも神が存在し，土偶はそのような神にかかわる信仰のもとにつくられたという理解も成り立つ。そもそも沖ノ島の神も人格神か疑わしい。したがって，呪術か祭祀かという厳密な区分を考古学的に下すのは大変困難であるという認識に立つ必要がある。
　これとは別に，儀礼という用語が用いられることがある。儀礼は通過儀礼や生産儀礼や葬送儀礼など，目的に応じてさまざまだが，総じて儀礼とは形式化して習慣となった行動の諸形態である。したがって，呪術や祭祀を包括するような精神的営み一般を指す概念として実態の不明な考古遺物に対しては，儀礼行為の表象とするのがむしろ妥当であるが，これにしても用途の分からない遺物をみな儀礼目的として片づけてしまう弊害は免れない。
　このような精神的な営みの概念の重層性がどのように考古遺物に反映しているのか捉えるのがむずかしいのもさることながら，これらがいかなる目的で用いられたのか分からない場合が多い。そうかといって，手をこまぬいているわけにはいかない。たとえば弥生時代を代表する青銅器である銅鐸が弥生前期ないし中期初頭に出現して後期後半までの500～600年間にわたりつくり使われた青銅器であることからすれば，弥生時代の社会にとってきわめて重要な意味をもっていたのである。これら儀礼の道具は第二の道具と呼ばれるように直接的な生産行為を裏から支えた精神的な生産行為を担ったもので，この二者は目的の成就のためには常に車の両輪の関係であったとされる。なんとかしてその役割を解

き明かすのが考古学に課せられた課題なのである。

　そのためのいくつかの研究方法が用いられているが，ひとつは中範囲理論（ミドルレンジセオリー）を用いた類推である。民族誌・文献・実験を用いて，国家の成立要因であるとか農業のはじまりの要因など考古学では捉えることの困難な問題を探る手がかりとする方法である。

　もう一つは，考古学的遺物自体がもつさまざまな情報を組み合わせて推論する方法である。その場合には，遺物の遺跡におけるあり方も手がかりとなる。これはつまり，さまざまな考古学的な文脈・脈絡——コンテキスト——を重視した方法である。多くは解釈のレベルにとどまらざるを得ないが，重要なのはコンテキストの整合性から導かれた解釈の妥当性である。

　以上を念頭においたうえで，おもに考古学的な文脈による分析と若干の文献を用いながら，考古学上の精神的な営みをうかがわせるいくつかの事例について述べていくことにしよう。

2．人物造形品からさぐる先史時代の儀礼

（1）土偶とはなにか

　縄文時代を代表する第二の道具が土偶である。土偶はおよそ13000年前の縄文草創期という縄文時代の初めからつくられ，弥生時代にもその系譜を引いた土偶が存在しているように，息の長い儀礼の道具であった。草創期の土偶は滋賀県東近江市相谷熊原遺跡などから出土しているが，いずれも乳房を誇張して表現しており，早期にもその傾向は引き継がれる（図10-1）。顔や手足はないのに，くびれた腰とよく張った臀部，そして誇張した乳房を表現しているのであり，そこに人々の土偶に託した願いを垣間見ることができよう。

　縄文中期や後期には，明らかに妊娠した状態をかたどった土偶が散見

図10-1　茨城県利根町花輪台貝塚出土縄文早期の土偶
提供：南山大学人類学博物館

されるようになる。口縁部に土偶と同じ顔面をとりつけた土器が長野県から東京都にかけて縄文中期に盛んにつくられるが，それらのなかには抽象的な装飾ながらも子供が誕生するシーンを表現したものまである。乳児に乳を含ませようとした土偶も存在している。出産が危険に満ちているのは先史時代も現代も変わりはないだろうし，先史時代の子どもの死亡率は高い。土偶の重要な役割は，子供の生誕と成育の無事を願うことにあったのであろう。

　土偶以外の遺物からも，それはうかがうことができる。縄文時代には動物形土製品という，動物をかたどった土製品が数多くつくられた。何をつくったのか分からないものを除けば，イノシシが圧倒的に多い。縄文時代の狩猟動物はイノシシとニホンジカがほぼ半々であるのに，シカの土製品はほとんどない（図10-2）。動物形土製品が狩猟祈願だけを目的につくられたのではないことが分かる。一方，イノシシは土偶の顔と同様に土器の口縁部に造形されることがある。イノシシが女性格と捉えられていたことを示すものであり，豊饒のシンボル的な存在だったのであろう。土偶と同じ扱いを受けているのだから，土偶の意義も豊饒のシンボルだったと考えられる。

（2）土偶と石棒のコスモロジー

　土偶には性別が不明なものも多く，もちろんすべてが女性像というわ

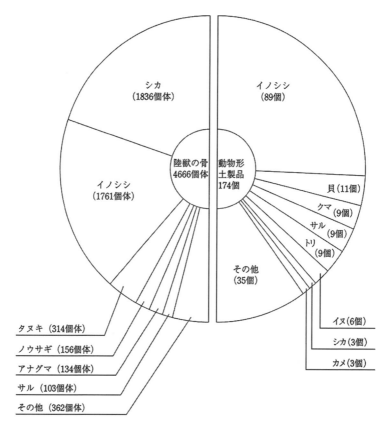

図10-2　縄文時代の狩猟動物と造形動物の種類の比率
出典：設楽博己（2008）「縄文人の動物観」『動物の考古学』人と動物の日本史1，吉川弘文館30頁 9

けではない。しかし，1万を超える土偶のなかに明確に男性を表現したものはきわめてまれである。縄文時代の男性の象徴は，石を磨いて男性器を表現した石棒である（図10-3）。石棒は墓のなかに副葬されたり，墓域に立てられたりするのに対して，土偶が副葬されることはまれであ

る。縄文時代の儀礼体系は、男女で区分されていた可能性が推測できる。

　このことは、縄文時代のおもな生業が採集狩猟であったこととかかわっている。世界の民族誌によれば、採集狩猟社会では男性の仕事と女性の仕事が区別されることの多いことが指摘されており、生業集団が男女で分かれていたことをうかがわせる。

　千葉県いすみ市新田野(にったの)貝塚は縄文前〜中期の内陸にある貝塚であり、温暖な前期には海がすぐそばまではいりこんでいた。そこでは海の魚も海の貝も捕獲・採集されていたのだが、徐々に寒冷な気候になり海が遠のいていったことに応じ

図10-3　背丈よりも高い長野県佐久市北沢川の石棒
出典：小林達雄編（1988）『縄文人の道具』古代史復元3，168頁 359

て、中期になると貝はほぼ100％汽水産のヤマトシジミになった。ところが魚がコイ・フナなどの淡水魚になったかといえばそうではなく、あいかわらずクロダイやスズキなど内湾性の海の魚を捕獲しているのである。このことは、遠くまで出かけて行って海の魚を捕っていたことを示すものであり、1日仕事である漁撈活動は男性によってまかなわれ、貝の採集は家庭仕事に従事した女性の役割であったことを物語っている[1]。

　縄文時代の生活の根幹をなす生業とそれにかかわる集団の編成原理が男女の集団を基礎にしているとすれば、関連して行われた儀礼にもそのスタイルが反映している可能性が予測され、土偶と石棒のコスモロジーはまさにそのことを裏書きしているのではないだろうか。

3．銅鐸を用いた農耕儀礼

（1）銅鐸の型式学

　弥生時代を代表する青銅器が，銅鐸である（図10-4）。銅鐸は鈕という吊り手のついた釣鐘状の青銅器であり，中に舌と呼ばれる青銅製ないし石製の棒を吊り下げて身と呼ばれる本体を内側からたたいて打ち鳴らした。裾の内側には，舌が当たって音響効果を高めるための内面突帯が巡らされている。

　銅鐸は小型から大型へと変化することが推定されているが，最後の段階の大型品には内面突帯を欠いたものもある。田中琢は，小型から大型へという変化はすなわち聞く銅鐸から見る銅鐸へという変化であり，儀礼の内容の推移に応じた変化だと推測した。

　鳥取市稲吉角田遺跡から出土した弥生土器の壺の頸には，木の枝に紡錘形の物体が二つ吊るされた状態で描かれており，銅鐸ではないかと考えられている（図10-5）。確証はないものの，銅鐸の可能性は高く，そうであれば銅鐸の使われ方を推測する大きな手掛かりとなる。また，この絵は弥生時代の儀礼を考えるうえで欠かすことはできないので，後ほど再び取り上げることにしよう。

図10-4　兵庫県慶野銅鐸を用いた銅鐸の使用再現
出典：樋口隆康編（1974）『大陸文化と青銅器』古代史発掘5，講談社7頁1

図10-5　鳥取市稲吉角田遺跡の壺の絵画
出典：佐々木謙（1981）「鳥取県淀江町出土弥生式土器の原始絵画」『考古学雑誌』67-1，96頁第2図・春成秀爾（2007）『儀礼と習俗の考古学』塙書房，89頁図48-8をもとに作成

（2）銅鐸絵画の分析

　では，銅鐸は何のために用いられたのだろうか。銅鐸は，弥生時代を代表するいわゆる第二の道具であり，用途はよく分かっていない。しかし，銅鐸自体を多方面から考古学的に研究することで，その手掛かりが得られている。

　まず，銅鐸には絵を描いたものがいくつも存在しており，絵の分析から用途が推定されている（図10-6）。兵庫県神戸市桜ケ丘神岡遺跡から出土した銅鐸の絵画は，そのよい例である。gは，魚をくわえた長脚長嘴の鳥であり，鳥はサギであり魚は水田などにいる淡水魚とされる。bは，カエル・ミズスマシなど水辺に生息する小動物であり，fは秋の田で見かけるトンボである。dは，シカの角をつかんだ狩人を描いている。さらに，収穫したイネを納める高床倉庫を描いた銅鐸も知られている。向かい合う人物が杵で臼をついているのは，脱穀とされている（h）。

図10-6　兵庫県神戸市桜ケ丘神岡遺跡出土5号銅鐸の絵画
出典：佐原真・春成秀爾（1997）『原始絵画』歴史発掘5，講談社75頁151

　こうした画題は他の銅鐸にも共通して認められる。そして，それらは水田を中心に繰り広げられた人間の活動と動物たちである。銅鐸に稲作にかかわる絵が描かれたのは，とりもなおさず銅鐸が農耕儀礼に用いられたからだと小林行雄は考え，それが鳴らされたのは秋の収穫祭がふさわしいとした[2]。

　鳥とシカは銅鐸ばかりでなく，土器にも描かれる。稲を納めた高床倉庫が描かれた銅鐸は1例だけだが，土器には盛んに描かれており，絵画のある土器を含めて農耕儀礼が展開したことが推測できる。では，なぜ鳥とシカが農耕儀礼に関係しているのだろうか。この点は，国文学や民俗学の成果が参照されている。

　民俗学の折口信夫や古代史の横田健一らがはやく注目したことであるが，『播磨国風土記』讃容郡の条にある生きたシカの生血に種籾を浸してまいたところ一夜にして苗が生じたという説話は，シカの稲に対する聖性や害性すなわち農耕儀礼にかかわる動物としての性格を示すという。万葉集の巻十六あるいは『豊後国風土記』速水郡の条にあるシカに

対して呪言によって田畑を荒らさないよう誓わせる説話を含めて、佐原真や春成秀爾は、シカに対する信仰が弥生時代にまでさかのぼる可能性を説いた[3]。また、宗教史の岡田精司は、雄シカの角の生えかわるサイクルが稲の成長と同一視されたために、シカは古代に土地の精霊として呪的な性格を与えられていたと考えた[4]。

稲穂をくわえたツルが穂を落としたところで稲作がはじまったという神話を中山太郎がはやくに紹介しているが、民族学の大林太良はこの説話を東南アジアにまで広げて探し求めた結果、穂落とし神伝承の意味するところは、鳥によって稲がこの世にもたらされたという稲作起源説話であると論じた[5]。『山城国風土記』逸文にある、餅を的にして矢を放ったら餅が白鳥になって飛び去ったという説話も、古代の鳥と稲の関係性を物語る。弥生時代の土器の絵画には、鳥の羽をつけて儀礼を行う人物の絵が多数残されている。

(3) 弥生土器絵画の分析

そこで再び稲吉角田遺跡の弥生土器の絵画（図10-5）にもとづいて、弥生時代の農耕儀礼を復元してみよう。

右端に描かれたのは、舟をこぎ進む人物である。人物の頭にはアーチ状の装飾が描かれているが、サギなどの鳥にみられる冠羽を表現したもので、これも鳥装の人物の一種とされている。オールの向きなどから、右から左へと進んでいる。向かう先には非常に高い柱と梯子をもつ建物が描かれる。その左にも床の高い建物が描かれるが、通常の土器絵画に照らすと高床倉庫とみてよい。その左に描いているのが木の枝に下がった銅鐸と考えられる絵画である。シカの絵画のある破片もあり他の破片と接合しないのだが、おそらくこれら一連の絵画の左端に来るとされる。

鳥とシカと高床倉庫を描いているところは，この絵画が農耕儀礼にかかわるものとみて間違いないだろう。重要なのは，これらが一連の絵画として描かれていること，すなわち絵巻物風に描かれているので，農耕儀礼のストーリーの再現が期待できることである。これまで述べてきたことにもとづいて，少し大胆に再現してみよう。

鳥という空を飛ぶ動物が，海あるいは川を渡る舟に乗っているのはおかしいと思われるかもしれないが，神話には天の鳥舟という天かける舟が登場する。空の彼方の常世の国をイメージしたものであり，そこは祖先が住み稲の魂が憩う世界なのであろう。もたらされた稲は高床倉庫におさめられるが，その前にある柱と梯子の異常に高い建物は，鳥が飛来するためにできるだけ空高く設けた儀礼空間であり，銅鐸は稲穂をくわえた鳥をそこに導くために打ち鳴らされたのであろう。一部始終を見守るのが，土地の霊であるシカであった。

これまでは銅鐸を中心とした遺物における絵画のコンテキストを見てきたが，次に銅鐸の遺跡におけるコンテキストについて述べることにしよう。

（4）銅鐸の埋納

島根県出雲市神庭荒神谷遺跡は，人里離れた山の斜面から多数の青銅器が埋められた状態で出土した（図10-7）。まず見つかったのは，358本という途方もない数の銅剣であった。四角い穴を掘って，4列に整然と埋められていたが，切先と根元を互い違いにして刃を上下に立てて埋納されていた。付近を金属探知機で調べたところ，7mほど離れた地点で，銅鐸6個と銅矛16本がいっしょに埋められている埋納坑に遭遇したのである。銅鐸も銅剣と同じように鰭を立てて埋められていた。その後すぐ近くの雲南市加茂岩倉遺跡から，39個という多量の銅鐸が発見され

図10-7　島根県出雲市神庭荒神谷遺跡の埋納された青銅器　提供：島根県教育委員会

た。大正年間に発見された静岡県中川村悪ヶ谷の銅鐸も4点が上下を互い違いにして鰭を立てて埋められていた。青銅器があまり出土しない東日本でも，長野県中野市柳沢遺跡で銅鐸5個と銅戈8本が一括して埋納されていたらしい痕跡が調査された。やはり鰭や刃を立てていた。

　このように，弥生時代には青銅器を大量に同じような方法を用いて埋納した。またそれは西日本を中心に東日本も一部含めた範囲に及ぶ。このように広い範囲で儀礼行為が共通していたのであるが，その背後にどのような社会状況が作用していたのだろうか。また，なぜ人里離れた場所に複数の，場合によっては大量の青銅器が埋められたのか。どのような時点で埋納されたのかといった，さまざまな疑問が浮かんでくる。

　ここで確認しておきたいのは，銅鐸はどの集落にも存在していたのではなく，共同体なり地域全体の儀礼の道具という性格が常に一貫していた点である。銅鐸の埋納が首長によって執り行われたとしても，銅鐸が首長個人の墓に副葬されることは一切ないことがそれを示している。つまり，銅鐸は共同体の農耕儀礼のシンボル的な存在であった。なぜそれが埋められたのかといった点は，早くから考古学の議論の的であった。

　まず，埋納の時期であるが，少なくとも2段階の埋納の時期があった。1回目は第4段階の突線鈕式銅鐸が混じらない時期で，およそ紀元前1世紀～紀元1世紀の弥生中期後半～終末，2回目は銅鐸が終焉を迎

える第4段階の時期であり，弥生時代終末の紀元3世紀ころとされている。

　神庭荒神谷遺跡や加茂岩倉遺跡など中国地方では1回目の埋納以降，銅鐸を用いた儀礼を取りやめたらしい。それにかわるようにして出現したのが，墳丘墓である。墳丘墓は限られた人物を葬った塚であるが，岡山県倉敷市楯築墳丘墓は推定された長さがおよそ80m，高さおよそ5mの大きな塚である。地域の統合のシンボルが，銅鐸から墳丘墓へと移り変わったのである。近畿地方では大型化によって見る銅鐸に変化させたように，さらに銅鐸による農耕儀礼が規模を大きくして引き続き行われたが，時期は遅れるものの2回目の埋納以降は銅鐸のまつりをやめた。それにかわるようにして出現したのが前方後円墳であるから，中国地方と同じ歩みをたどったのである。このことは，銅鐸の埋納が新しい社会の出現や地域の統合と密接にかかわっていることをうかがわせる。

　人里離れたところというのは，勢力圏の境界でもある[6]。滋賀県野州市大岩山で24個の銅鐸が埋納されていたが，この地域も当時の勢力圏の中枢ではなく畿内地方と丹後地方や北陸地方，濃尾地方などとの境に位置する。銅鐸の埋納が墳丘墓や古墳といった権力の出現とかかわっていることからすれば，銅鐸の埋納行為が個別の集落の農耕儀礼から離れて地域や地方どうしの確執といった政治的な意味を帯びた儀礼へと変質していったことを物語っている。

4．王権の儀礼と国家的な祭祀

（1）人物埴輪の性格

　4世紀になると，円筒埴輪に加えて，王権や首長権を権威づけるための豪華な家形埴輪や盾形埴輪などの器財をかたどった埴輪が，古墳の埋葬主体部の上や墳丘の一角に置かれた。4世紀の後半から5世紀にかけ

て，これらに人物埴輪が加わった。
　亡き首長を表現したとされる人物埴輪も知られている。群馬県高崎市綿貫観音山古墳は6世紀後半の前方後円墳であり，青銅製の水瓶やベルトといった畿内中枢の古墳からもめったに出土しないような珍しい品々を含む豪華な副葬品は，被葬者の身分の高さをうかがわせる。在地の豪族であったことを推測させるに十分な内容といえよう。
　この古墳の墳頂部に幾人かの立場の異なる人物によって構成される埴輪が立てられていたが，椅子に腰かけた人物埴輪は装飾のある帽子をかぶっており，一見して身分の高い人物と分かる。その腰に注目すると，幅の広いベルトを締めており，副葬品の青銅製ベルトを彷彿させるので，この人物が被葬者をかたどったとされており，古墳の主人公といってよい（図10-8）。
　それに対坐するように，女性の埴輪が置かれていた。坩という小型の壺を主人公に捧げている。脇には椅子に正座した三人の童女が配される

図10-8　群馬県高崎市綿貫観音山古墳の首長の埴輪と副葬品
出典：高橋克壽（1996）『埴輪の世紀』歴史発掘9，37頁59・55頁98

が，体に弦を巻き付けて指先ではじく儀礼的音楽を奏でているとされる。他の古墳の埴輪のなかにも琴を弾く埴輪など楽器を奏でるものは，音楽が伴う儀礼シーンを表現しているのであろう。

　動物の埴輪も各地の古墳から出土している。馬は5世紀に大陸から渡来したが，馬形埴輪は通常きらびやかな馬具で飾り立てられ，首長の持ち物として威儀を正す工夫がうかがえる。腕に鷹がとまった埴輪もある。珍しいところでは，水鳥が魚をくわえて鵜匠に差し出す鵜飼のシーンをかたどった埴輪がある。

(2) 埴輪群の意味

　それでは，古墳に立て並べられた埴輪群には，どのような特徴があるのだろうか。また，埴輪群は何のために置かれたのか，意味は何なのかということを推測してみたい。

　群馬県高崎市保渡田八幡塚古墳は，5世紀後半の前方後円墳である。墳丘を二重に囲んだ堀の内堤に4×11mの区画を設けて，人物埴輪を中心とした54体の埴輪を並べていた。これを分析した若狭徹によれば，54体は7つのグループに分かれるとされ，それぞれのグループの特徴は以下の通りである。

① 椅子に座る首長と巫女が対坐し，琴を弾く人や奉仕する女性が配置されるシーン。
② 大刀をもった首長と巫女が向かい合うシーン。
③ 武人と力士などが威儀を正したシーン。
④ 鳥の列と正装の男子からなる鷹狩とされるシーン。
⑤ イノシシの埴輪と弓をつがえた狩人の埴輪によるイノシシ狩りのシーン。
⑥ 鵜の埴輪と人物埴輪からなる鵜飼のシーン。

⑦　貴人を先頭に武人，武具，飾り馬，馬曳，裸馬，シカの埴輪からなる列である。

　綿貫観音山古墳の埴輪群とも共通する埴輪の組み合わせから，若狭はこれらの埴輪が首長の行う儀礼や遊び，王の所有する財物を誇示することを目的として立て並べられたと考えている[7]。

　大阪府高槻市今城塚古墳は継体天皇の墓ではないかとされる，6世紀前半の前方後円墳であるが，やはり中堤の上の四つの区画に130体以上の埴輪が配置され，保渡田八幡塚古墳になかった家形埴輪や柵形埴輪，大刀形埴輪，盾形埴輪を加え，さらにグレードアップした儀礼の場面を演出している（図10-9）。ヤマト政権の王の葬送儀礼のミニチュア版が，保渡田八幡塚古墳や綿貫観音山古墳の埴輪群であり，王権を中枢とする儀礼が一定の様式を保ちながら日本列島の広い範囲に及んでいることが分かる。

　埴輪樹立の目的や意味に関しては，かねてから①首長権継承儀礼説，②殯（もがり）説，③生前顕彰説，④神祭り説，⑤供養・墓前祭施設などさまざまに主張されてきたが，近年明らかになってきた八幡塚古墳や今城塚古墳といった群構成の分かる埴輪群の分析によると，埴輪は王や首長を中心とした神祭りや狩猟などの儀礼行為，権威の象徴としての器財を立て並べて威儀を正し誇示した場面など，いくつかのシーンを組み合わせて王権や首長

図10-9　大阪府高槻市今城塚古墳の埴輪群像
提供：高槻市教育委員会

権をアピールするための空間演出に供したものであった。いずれにしても，古墳時代には偶像が首長などの権力によって独占され，身分序列のはっきりとした演出作品に姿を変えていった様子がうかがえる。

(3) 人面墨書土器と国家的な祭祀

　墨書土器は墨で文字や記号を書いた土器であり，漢字の普及に伴って7世紀以降の日本の各地で見られるようになる。初期の墨書土器はおもに宮殿跡や寺院の跡から出土するので，国家的な規模と内容のまつりにかかわる遺物といってよい。

　墨書土器の一種に，人面墨書土器がある。文字通り表面に人面を描いた土器であり，8〜9世紀の奈良時代後半から平安時代のはじめに盛んにつくられた。顔は土器の側面に描かれるのが多く，一つの土器に一面，二面，四面と偶数個描く。ひげがぼうぼうと生えている男の顔が普通であり，目が渦巻き状になり，恐ろしい形相やかわった形相のものもある（図10-10）。描かれた土器は，坩が多く，そのほか甕もあるが杯，皿など浅いものが一般的である[8]。

　北部九州から岩手県域までの広い範囲に見られるが，平城京や多賀城などお

図10-10　人面墨書土器と出土状況再現
出典：金子裕之（1996）『木簡は語る』歴史発掘12，講談社41頁55・56

もに律令国家の政治的な中枢や地方支配の拠点から出土する。大多数が河川の跡から出土するが，その際，さまざまな儀礼的な遺物がともに出土する場合が多い。たとえば平城京東堀河左京八条三坊九坪では，河川跡から人面墨書土器56点のほかに土馬123点，木製人形2点，斎串4点，青銅鈴1点，竈のミニチュアという多量な遺物がいずれも捨てられたような状態で出土した[9]。

　人面墨書土器の性格に関しては，文献に手がかりが求められる。平安中期に編纂された『延喜式』四時祭大祓条に，小石の入った坩（壺）を天皇に供する儀式の記事があり，中宮御贖条に宮主が坩を奉る儀式は川に臨んではらいをするとあるので，坩は川に流し去られると考えられている。平安時代末期の『東宮年中行事』御贖物には，東宮が土器の口に貼った紙を突き破って息を吹きかける記事があり，平安時代に撰述された『西宮記』にはその際に天皇が壺に三回息を吹くとある[10]。

　愛知県安城市の矢作川から出土した人面墨書土器には，「厄神」の文字が添えられていた。『延喜式』には，臨時祭祀として宮城四隅で疫神をまつるとある。平城京からは人面墨書土器としばしば共伴する木製人形の胸に木の釘を打ち付けたものが出土しており，罪穢を人形に負わせて呪詛して祓う行為も確認されている。人形ともしばしば共伴する土馬は，厄神の乗り物であるとされ，斎串は厄神の封じ込めに効果を発揮したとされる[11]。

　こうした状況からすれば，人面墨書土器は律令的祭祀でもっとも重要であった晦日に行われた罪を祓い清めるための大祓，あるいは臨時の大祓の実修を物語るものであり，ほかのさまざまな呪物とともに川に流すことによって厄神を現世から隔離することを目的とした国家的な祭祀行為であった。さらに，呪いに使った品々は日本固有の祭祀にはみられないものであるが，天武・持統朝の祭祀政策において従来の伝統に隋・唐

の道教系呪詛の道具を付け加えることによって再編成された点に，律令期の国家的祭祀の性格が反映している．

5．まとめ

　縄文時代の土偶と石棒を取り上げ，生業体系と男女の位相の分析を手がかりに採集狩猟社会の生産と豊饒にかかわる呪具であると考えた．弥生時代の銅鐸に描かれた絵画や出土状況にもとづいて，農耕儀礼の道具という説を紹介した．これらが共同体の儀礼や祭祀にかかわるものであったのに対して，古墳時代の人物埴輪や律令期の人面墨書土器は政治的な性格を高めて権力者や国家レベルの祭祀へと進化した儀礼の道具である．いずれも解釈の一例にすぎないが，その手続きとして遺物どうしの関係性や遺跡でのあり方というコンテキストを重視する方法を示した．それによって，精神文化を示すとされる遺物も，それ自体の性格はもとより社会組織や生産経済を考える手掛かりになることを論じた．

　銅鐸には大小があり，中国殷代の扁鍾という青銅器との類似から音律を奏でる楽器と考えられたこともあった．この説は排されたが，ある種の楽器であることは疑いない．古墳時代で楽器といえば，琴を弾く埴輪があり王権の儀礼にかかわると推測されている．楽器を取り上げて儀礼の問題に迫るという研究のテーマ設定もありうる．また，縄文時代の土偶と古墳時代の人物埴輪は人物造形品の範疇に属すが，中間の弥生時代にも人物造形品は知られている．これをテーマとして通時的にその性格の変化を追跡するのもよいだろう．この講義は日本の出土遺物に限ったが，楽器や人物造形品などの遺物は海外にもたくさんある．これらのいわゆる比較考古学も楽しい．これからの研究や学習のテーマ選びの方向性として参考になれば幸いである．

参考文献

1. 赤澤 威『採集狩猟民の考古学 その生態学的アプローチ』鳴海社（1983）
2. 小林行雄『古墳の話』岩波新書342（1959）
3. 佐原 真「銅鐸の絵物語」『国文学』第18巻第3号，46-56頁，学燈社（1973）・春成秀爾「角のない鹿」『日本における初期弥生文化の成立』442-481頁，横山浩一先生退官記念事業会（1991）
4. 岡田精司「古代伝承の鹿―大王祭祀復原の試み―」『古代史論集』上，125-151頁，塙書房（1988）
5. 中山太郎「穂落とし神」『土俗と伝説』1-4（1919）・大林太良「穂落神―日本の穀物起源伝承の一形式について―」『東洋文化研究所紀要』32（1973『稲作の神話』弘文堂）（1964）
6. 春成秀爾「銅鐸の埋納と分布の意味」『歴史公論』3，87-97頁，雄山閣（1978）
7. 若狭 徹『もっと知りたい はにわの世界―古代社会からのメッセージ―』東京美術（2009）
8. 田中勝弘「墨書人面土器について」『考古学雑誌』第58巻第4号，331-357頁（1973）
9. 金子裕之「平城京と祭場」『国立歴史民俗博物館研究報告』第7集，219-289頁（1985）
10. 鬼塚久美「人面墨書土器からみた古代における祭祀の場」『歴史地理学』第38巻第5号，19-37頁，歴史地理学会（1996）
11. 水野正好「招福除災―その考古学」『国立歴史民俗博物館研究報告』第7集，291-322頁（1985）

11 │ 日本の考古学①―旧石器・縄文・弥生時代―

設楽 博己

《**目標＆ポイント**》 日本列島の旧石器時代から弥生時代，弥生時代と同時期の北海道と南西諸島の文化を取り上げ，それぞれの特徴と変化の過程を講義する。これまでに学習した考古学の方法論が，歴史をたどるうえでどのように働いているのかも学ぶ。
《**キーワード**》 旧石器・縄文・弥生・続縄文文化・貝塚後期文化・土器・石器・集落・食料・祭祀・交流・分業・戦争・首長

1. 旧石器時代

（1） 日本列島初めての人類

　1万年以上前の更新世の日本列島は火山が盛んに噴火しており，関東地方などは関東ローム層と呼ばれる厚い赤土―火山灰でおおわれた。そのようなところに人が暮らしていたとはとても考えられず，その時代すなわち旧石器時代は日本列島に人はいなかったのではないか。これがアジア太平洋戦争までの一般的な理解であった。

　昭和21年（1946），復員して東京都から群馬県に移り住んだ相沢忠洋は，笠懸村（現みどり市）岩宿の切通しの赤土のなかから石器を発見した。これが日本列島に旧石器文化があったことを証明する第一歩になった。その後発掘調査や研究が進んで，日本列島の各地で旧石器が見つかり，いまでは日本列島の旧石器時代の遺跡は1万か所以上におよぶ。

　これだけの遺跡や石器を残しているのであるから，人がいなかったはずはない。ところが，日本列島の旧石器人骨は数えるほどしかない。日

本列島は酸性土壌が発達しており，人骨が溶けてしまったことが主な原因である。今のところ確実な旧石器人骨は，沖縄県域を除くと静岡県浜松市浜北の根堅遺跡の人骨の1例に過ぎない。人骨をよく保存する石灰岩地帯の沖縄県地方でいくつかの旧石器人骨が知られているが，その代表が八重瀬町の港川人骨である（図11-1）。

　港川人骨の年代はおよそ22,000年前であり，もっとも古い那覇市山下町第一洞穴の人骨はおよそ36,000年前である。アフリカを出て東アジアにホモ・サピエンスが到来したのはおよそ4万年前とされており，寒冷で大陸と日本列島がほぼ陸続きであったそのころに大陸から日本列島に渡って来たのであろう。山下町第一洞人などは，日本列島で最初期の旧石器時代人であるといってよい。

　それでは，4万年前よりも古い旧石器は，日本列島には存在していないのだろうか。かつて，日本列島の旧石器時代のはじまりは，およそ70万年前にさかのぼるとされていたが，それらはすべて捏造であることが判明した。捏造ではない4万年前を遡るとされる発掘資料もあるが，出土した地層の年代が不明であったり，本当に石器と認定できるか疑問視されているなどで，長野県飯田市竹佐中原遺跡などのわずかな例を除けば不確かである。

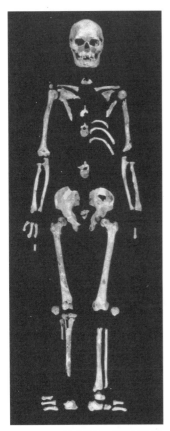

図11-1　沖縄県八重瀬町港川人骨
提供：東京大学総合研究博物館

（2）寒冷な気候の生活

　南極や北極などの氷に含まれている酸素原子の同位体比によって，当時の気候を解析する方法がある。酸素の同位体には16・17・18の三種があり重さが異なるが，酸素18を含む水の方が酸素16を含む水よりもいくぶん凝結しやすく雨や雪になりやすい性質をもつので，降水量や降雪量と結びついた酸素同位体比の変動は気候の変動を反映していると考えられる。

　また，海底に堆積する有孔虫化石の殻に含まれる酸素同位体比の変動は，海洋と氷床の量比で変動するので，数十万年単位の地球の氷河・氷床の量の変動を知るうえで有効である。イタリアのエミリアーニは1950年代にこの原理にもとづき，深海の堆積物から得られた有孔虫化石の分析から過去数十万年間の氷期・間氷期の変動を明らかにした。エミリアーニが見出したのは氷期，間氷期の繰り返しであったが，かれはその各ステージに対して，氷期に偶数番号を，間氷期に奇数番号を与えた（Marine Isotope Stage＝MIS：図6-2参照）。

　近年ではグリーンランドの氷床をボーリングすることで得られたコアによる酸素同位体比変動の分析結果から，海洋酸素同位体ステージごとの詳細な気候変動が明らかになっている。それに照らして，日本列島の旧石器時代（およそ38,000年前〜16,000年前）の占める位置をみると，およそ59,000〜28,000年前のMIS3の亜間氷期，最終氷期のなかでもっとも寒冷な亜氷期であるMIS2の28,000〜16,000年前のなかに，その形成期と展開期がある。

　寒冷な環境のなかで形成された旧石器文化であるが，その景観が再現できる遺跡がある。宮城県仙台市富沢遺跡からは，およそ20,000年前の森林が埋没した場所が発掘された（図11-2）。それらはトウヒやグイマツといった針葉樹で，現在よりも7〜8℃気温が低く，現在の北海道北

図11-2　仙台市富沢遺跡の旧石器時代の森跡
提供：仙台市地底の森ミュージアム

部と似たような気候環境であったとされている。シカと考えられる動物の糞も出土した。炭のかたまりの付近にはナイフ形の石器も出土し，たき火を中心としてシカなどの獲物を石器で解体していたキャンプのあとではなかったかと考えられている。

長野県信濃町野尻湖遺跡では，ナイフ形の石器とともにナウマンゾウやオオツノシカの骨や角が出土した。当時の人々は，現在は絶滅してしまった大型動物を追いかけながら移動生活を繰り返していたようであるが，関東地方などではときに石器を製作したスポットが何か所も連なって，直径が50mにおよぶ環状のキャンプのあとが見つかる場合がある。大型動物の狩猟など共同作業の場合には集まり，また散らばっていくという離合集散があったのであろう。

（3）旧石器人の技術と文化

日本列島の旧石器時代はおよそ2万年間続いたが，武蔵野台地を例にとると狩猟などに用いた石器の変化によっておよそ5つの時期に分かれている（図11-3）。

第Ⅰ期は，およそ38,000年前から35,000年前であり，大型の打製石斧とナイフ形石器，石刃が用いられた。打製石斧といっても日本列島のそれは刃が磨かれた局部磨製石斧であり，世界でも旧石器時代に磨製石斧

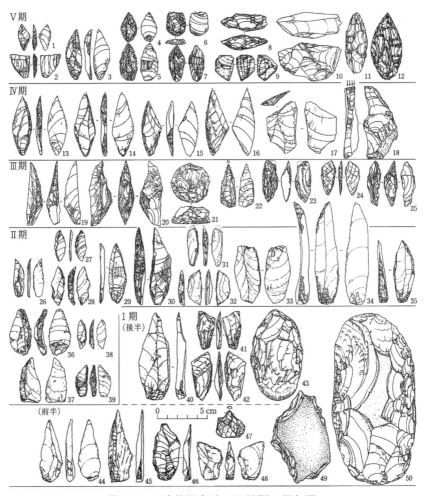

図11-3　武蔵野台地の石器群の編年図
1～3：野川遺跡Ⅳ2層　4～7：仙川遺跡Ⅲ層　8：西之台Ｂ遺跡Ⅲ中層　12：同Ⅲ上層　9：新橋遺跡Ⅲ層　10・11：狭山Ｂ遺跡　13～18：前原遺跡Ⅳ中1層　19～20：野川遺跡Ⅳ4層　21：新橋遺跡Ⅳ下層　22～25：西之台Ｂ遺跡Ⅳ下層　26：同Ⅴ下層　27・28：同Ⅵ層　29～30：鈴木遺跡Ⅵ層　31～33：西之台Ｂ遺跡Ⅶ層　34・35：大門遺跡第4文化層（Ⅶ層）　36～39：嘉留多遺跡Ⅶ層　40・43：鈴木遺跡Ⅸ層　41・42：高井戸東遺跡Ⅸ下層　44・48：多摩蘭坂遺跡第8地点第1文化層（Ｘｂ層）　45・46・49：高井戸東遺跡Ｘ層　47：西之台Ｂ遺跡Ｘ層　50：鈴木遺跡Ｘ層　出典：諏訪間順・野口淳・島立桂2010「関東地方南部」『講座日本の考古学1　旧石器時代上』青木書店413頁図6

が使用される数少ない地域の一つである。

　第Ⅱ期になると石斧が後退しナイフ形石器を中心に彫器，掻器，削器などが伴い，槍先形尖頭器も加わるようになる。この間の29,000〜26,000年前には，第3章でみたように鹿児島湾の姶良大爆発によって，日本列島の広い範囲に火山灰（AT）を積もらせた。それを境にMIS2の最寒冷期に入るが，上層からは掻器が出土するようになるのは，寒冷化を反映して皮革製品の需要が増したことに原因を求める意見もある。

　第Ⅲ期は，多様な形態のナイフ形石器が用いられた時期であり，角錐状石器や掻器などが伴う。

　第Ⅳ期は茂呂型と呼ばれる二側縁加工のナイフ形石器が盛行し，石刃素材の彫器，削器，掻器，槍先形尖頭器が伴う。

　第Ⅴ期は細石器が出現し槍先形尖頭器が伴う時期であるが，ナイフ形石器も依然として用いられた[1]。

　石器の石材はチャートや頁岩など多様であるが，黒曜石が多用された。長野県産の黒曜石の質がよいということはすでに知れ渡っていたようであり，半径200kmをこえる地域にまで和田峠産の黒曜石ないしその製品がもたらされている。また，伊豆の離島である神津島(こうづしま)産の黒曜石も北陸地方まで流通しており，まだ出土例はないが丸木舟が存在していたと考えざるを得ない。

　この時代は大型動物を追いかける移動生活が中心だったので，定住生活が生み出した竪穴住居や墓などはまだあまり使用されていない。しかし，きれいな赤い石に孔をあけたペンダント（北海道知内町湯の里4遺跡など）や石を削ってこけしのように仕上げた人物像（大分県豊後大野市岩戸遺跡）などが知られており，精神文化の高まりも徐々にではあるがみられるようになった。

　細石刃をつくるための石刃技法のような高度な技術，装身具で身を飾

ることや埋葬の観念の存在は，この時代の人々がホモ・ネアンデルターレンシス（旧人）と比べて手先の器用さや抽象的な思考回路が格段に発達したホモ・サピエンス（新人）に属しているからであり，この技術と文化は縄文時代の人々に引き継がれた。

2. 縄文時代

（1） むずかしい旧石器時代と縄文時代の区別

　旧石器時代は最終氷期の寒冷な時期に相当していたが，これに続く寒冷期と温暖期が短いサイクルで繰り返すおよそ11,700年前までの晩氷期という気候変動のなかで，縄文文化が形成されていった。しかし，どこから縄文時代とするかという時代区分に関しては，意見の統一をみておらず，三つほどの異なる見解がある。それを紹介することにしよう。

　まず，およそ16,000年前に土器と石鏃が出現するが，とくに土器の出現は画期的な現象であるとして，縄文時代の始まりをここに求める意見である。青森県外ケ浜町大平山元Ⅰ遺跡では，日本列島で最古段階に属する土器片が出土し（図11-4），それに付着した炭化物の炭素14年代測定を行い較正したところ，もっとも古いデータでおよそ16500年前という値が出た。これは世界的にみてももっとも古いクラスに属すが，中国ではもっと古い約20,000年前までさかのぼるとされる土器が存在しているので，日本列島が独自に進化を遂げていたわけではない。

　ただ，土器は無文で数も少なく類似した遺跡もほんのわずかであり，これに伴う石器は石刃技法を伴う石器が多いなど旧石器時代の様相が色濃く（図11-4），この時代はまだ氷期のまっただなかにあるといった点から，晩期旧石器時代に属すると考える立場がある。およそ14,000年前になると土器の量も増加し，遺跡の数も増え，静岡県富士宮市大鹿窪遺跡のように竪穴住居数棟からなる集落も出現するので，温暖化が進行し

たことを重視して，この段階から縄文時代であるとする立場もある。いずれにしてもこれらは縄文時代に草創期を認める見解だ。

およそ12,900年前から11,700年前にはヤンガー・ドリアスという寒の戻りがあり，厳しい氷期がふたたび訪れたが，その後は気温の上昇が顕著になり，後氷期である完新世に移行した。海に生活の場を求めるようになった結果貝塚が出現するなど，いわゆる縄文文化らしい文化が花開いたのが縄文早期であるとして，ここから縄文時代とする意見もある。

図11-4　青森県外ケ浜町大平山元Ⅰ遺跡の土器片（上）と石器（下）
出典：大平山元Ⅰ遺跡発掘調査団（1999）『大平山元Ⅰ遺跡の考古学調査』写真図版1・2・3より作成（協力：青森県外ケ浜町）

本講座では土器のはじまりを縄文時代の開始とみる立場に立つが，どこに生活文化の画期を求めるかといった力点の置き方によって，縄文時代のはじまりも一筋縄ではいかないことを承知しておく必要がある。

（2）定住生活の進展と環状集落の形成

　貝塚の形成などを縄文時代の始まりと考える説は，定住生活の本格化を視野に入れたものである。その背景として重要なのは，後氷期の気候温暖化と人口の増加であろう。温暖化とそれにともなう本格的な定住生活は西の方ほど早く進展し，鹿児島県霧島市上野原遺跡ではおよそ8000年前の縄文時代早期中葉に，50棟以上の竪穴住居が検出された。これらすべてが同時に建っていたのではないが，それ以前にはない大型集落が出現したのである。長軸が160mに及んで楕円形の環状に遺物が分布しており，真ん中の広場のような空間には壺型の土器が複数埋地されていたことも判明した（図5-3）。用途は不明であるものの，儀式的な色彩を感じさせる遺構である。直径が10cmを超える土製耳飾りなど，関東地方などでは縄文後・晩期にならないと現れないような遺物もすでに存在している。

　儀式的な施設や装身具の発達は，定住生活と人口の増加に応じて人々の暮らし，人々の関係性が複雑化していったあかしであろう。コナラやクヌギなど栄養価の高い堅果類をつける落葉広葉樹林の発達が，彼らの主食を旧石器時代の動物から植物へと変えていった。石皿や磨石など下ごしらえの道具の発達もそれを裏付けている。

　佐賀市東名（ひがしみょう）遺跡はそれからやや時代が下った縄文早期後半の遺跡であり，斜面に貝塚がいくつも残されていた。貝塚の下からはイチイガシなどを貯蔵した土坑がいくつも見つかっている。これらの木の実は編みかごに入れられていたが，樹皮を割いて編んだ籠は生活技術の向上を物

①東名遺跡の生活のようす

②大型かご（堆積層）

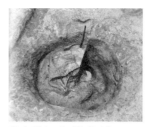

③大型かご（貯蔵穴）

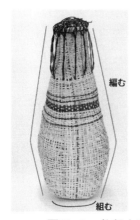

1 東名遺跡の編組製品の
バリエーション

図11-5　佐賀市東名遺跡の生活のようすと編みかご
出典：佐賀市教育委員会（2017）『東名遺跡』雄山閣，10・11・18・19・22頁

語っているとともに、定住生活の進展を示していよう(図11-5)。貝塚の自然遺物を分析したところ、有明海で今も特産の貝であるアゲマキなども食していたようである。35cmに及ぶ巨大なスミノエガキの殻も堆積しており、温暖化が著しく進行して彼らの生活を育んでいたことが分かる。しかしさらなる海進は生活をおびやかし、およそ7,400年前になると海に没して集落を捨ててどこかに移動せざるを得なかった。縄文時代の生活も、やはり環境の変化の影響を免れない[2]。

温暖化に伴う定住の進展と集落の膨張は、東日本ではおよそ7,000年前から4,500年前の縄文時代前期から中期に著しい。

縄文時代の大型の集落には、しばしば竪穴住居などの施設が環状に配置された形態が知られており、環状集落と呼ばれている。関東地方や中部高地地方に典型的にみられ、東北地方中部にまで及ぶ。なぜこのような形態がとられたのか、岩手県紫波町西田遺跡を例にとってみていきたい。

西田遺跡の環状集落の中央にめぐ

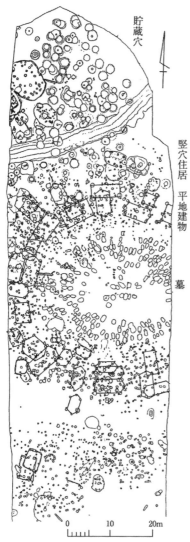

図11-6　岩手県紫波郡西田遺跡の環状集落
出典：永峯光一編(1981)『縄文土器大成』2中期，講談社134頁3

るのは，墓である（図11-6）。それも二重の構成であり，中央に二列の墓があり，その周りをいくつかのグループをなす墓群が取り巻いている。墓の外側には，墓に伴う儀礼の施設とされる掘立柱の平地建物がめぐる。さらに外側に貯蔵穴と思われる土坑と竪穴住居が配置されている。

このように，西田遺跡は何重かの同心円的な施設配置の構造をとっているが，その中心に位置するのが墓であることに注目したい。さらに墓にも二重構造がある点からすれば，集落の開設者など祖先と目される人を中心として生活が営まれていたと考えざるを得ない。

西田遺跡の墓域はいくつかのグループに分かれていたが，関東地方の環状集落には竪穴住居が同じようにいくつかのグループで構成されている場合がある。千葉県市原市草刈遺跡などはその典型的な例である。おそらく，複数の血縁的なつながりの強い家系の人々が集合して集落を営み，祖先に対するまつりを中央の広場で行うことによって，人々の共同体的な意識を高めていたのであろう。

（3）縄文時代後・晩期の複雑採集狩猟民

およそ4,000年前の縄文時代後期になると，こうした大型の環状集落は一時分解してしまう。小型の集落が点在するようになり，分散居住が頻繁になった。その理由は定かではないが，気候の寒冷化に原因を求める考え方もある。採集狩猟民にとって，同じところに人口の多い集団で暮らしていれば，気候寒冷化による資源の減少や枯渇に対するリスクは高まるので，それを回避するための一つの手段というのはありそうなことである。

その時に問題になるのは，祖先のまつりをどう挙行するのかということであった。秋田県鹿角市大湯環状列石は，古くから縄文時代のストーンサークルとして知られている縄文後期前半の遺跡である。史跡整備に

伴う発掘調査によって周りの施設が明らかにされてきているが，竪穴住居はほとんどない。これは，分散居住がまだ続いていることを示すものであろう。しかし，墓の規模はそれ以前に増して大きいのであり，同族集団からなるいくつかの集落から墓に出向いて祖先祭祀が行われていた可能性を考えさせる。

　縄文時代後期から晩期になると，土偶や石棒，石剣などさまざまな呪術的な道具が種類や数を増していく。あるいは抜歯という健康な歯を抜く儀礼も複雑性を増していったことが，抜かれた歯の数や様式の増加からうかがえる（図11-7）。晩期の抜歯では，最初に抜かれたのが上顎の両方の犬歯であり，その後下顎の両犬歯と切歯4本を抜く系列に分かれて進行した。最初の抜歯は成人式で，次の機会は結婚式など，人生の節目で痛みを伴う通過儀礼が強化されたのである[3]。これは，呪術や掟が厳しく社会を律するようになったことの表れであり，メンバーシップを表示して区別をはかることの必要性が増すほどに社会が複雑化していったのであろう。

　それは集落の様相からもうかがうことができる。後期後半から晩期になると，関東地方などでは環状盛土遺構とい

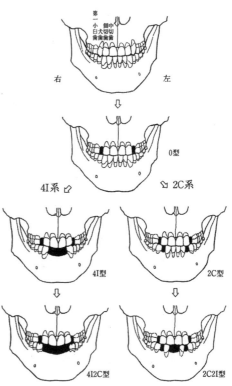

図11-7　西日本の縄文晩期抜歯様式
出典：春成秀爾（2002）『縄文社会論究』塙書房97頁図40

う施設が知られるようになる。ある場合は直径約150mに及ぶほどの範囲に幅20mほど高さ2mほど環状に土を盛り上げて，何らかの表示施設にするような大型の集落が出現した。千葉県の印旛沼周辺の縄文時代後・晩期の集落の研究によれば，数kmはなれて拠点的な集落が形成され，それぞれの間に緊密なネットワークが形成されていたことが出土遺物の分析から分かっている[4]。規模の大きな集落では呪術的な遺物を含めて出土する遺物の量も多く，分散化の一方で地域社会の結節点的な役割を演じていたとみられる。

　しかし，これらの集落も縄文晩期の終わりころには衰退し，関東地方などでは遺跡の数は激減した。さらなる寒冷化が追い打ちをかけたのか，西日本で生まれた新たな弥生文化の影響が早くも及んできたのか，衰退の理由はまだ明らかにされていない。

（4）縄文農耕論をめぐって

　本講座では，縄文時代を基本的に採集狩猟社会として位置付けているが，縄文時代に農耕があったのではないかという考えは早くからみられた。いわゆる縄文農耕論は，縄文文化研究の大きな課題であるが，それは大きく二つに分けることができる。一つは中期農耕論，もう一つが後・晩期農耕論である。

　中期農耕論は，たとえば長野県八ヶ岳南麓の縄文時代中期の文化は，巨大な集落に加えて装飾が豊かな縄文土器や土偶の存在，あるいは狩猟具である石鏃の少なさなどから，それを支えていたのが農耕ではなかったかという議論である。後・晩期農耕論は，西日本に定着する弥生文化の母体として農耕が存在していたのではないかという議論である。

　近年，土器の表面に残る窪みに注目した研究が進み，この問題に一定の理解が示されるようになったので，紹介したい。

土器は粘土をこねてつくるが，石粒などの混和剤をわざと混ぜる以外，偶然に異物が混入することがある。植物の種が土器の表面に混入した場合には焼け焦げて脱落し，窪みとなって残るが，そこに歯科医用のシリコンを注入して型を取り，顕微鏡で観察して種を同定するいわゆる「レプリカ法」とされる分析作業が現在進行中である。

その結果，縄文時代中期の中部高地地方を中心として，ダイズの圧痕が検出されるようになった（図11-8）。これが縄文時代中期のこの地方の文化の発展を支えた食料だった可能性はある。一方，縄文時代後・晩期の西日本でイネ籾とされていた土器の圧痕をレプリカ法によって詳細に観察して否定的な結果が出された例もある。現在までに分かった傾向としては，イネ・アワ・キビといった穀物の圧痕は，縄文時代晩期終末をさかのぼらない[5]。すなわち，縄文時代は基本的に穀物栽培を行わなかった社会の可能性が出てきたのである。

第5章でも指摘したが，ないことは証明できない。今後，この研究の事例を積み重ねて，蓋然性を高めていく以外にないのであるが，現状では

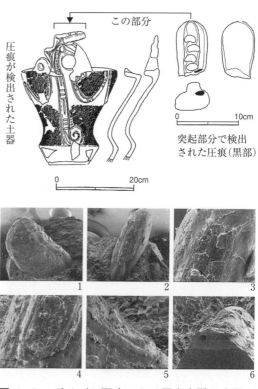

図11-8　ダイズの圧痕のある縄文中期の土器と圧痕のレプリカ写真　出典：保坂康夫ほか「山梨県酒呑場遺跡の縄文時代中期の栽培ダイズ」『山梨県立考古博物館紀要』（山梨県立考古博物館所蔵）

縄文時代の社会は採集狩猟社会であるとみなすのが妥当だろう。
　しかし，ダイズをはじめとした栽培植物は縄文時代に数多く知られており，エゴマ・アサ・ヒョウタンなどは縄文早期にさかのぼる。縄文時代の栽培植物は嗜好品が多いとはいっても，これは重要な事実である。また，青森市三内丸山遺跡のようにクリの花粉が野生の状態ではありえないほど集中してみつかる例や，大型の種実が出土することから，縄文時代にはクリなどの管理が高度化していたことも近年分かってきた事実である。縄文文化は1万年以上に及んで採集狩猟を持続する一方で，植物の管理栽培を手掛けていたが，このことも縄文文化が複雑採集狩猟民の文化的な性格をもっていたことのあらわれである。

3．弥生時代と併行する時代

（1）水田稲作の開始と穀物栽培の普及

　灌漑を伴う水田稲作が北部九州に導入されたことによって，弥生時代は始まる。アワ・キビといった雑穀の栽培もほぼ同時に導入された。これらはいずれも朝鮮半島南部からもたらされた技術である。すでにみてきたように，その開始年代には諸説あるが，ここでは紀元前9～前8世紀という立場に立っておく。
　福岡市板付遺跡では縄文時代晩期終末とされていた地層から，灌漑水路と水田跡が検出された。それまでは，湿田にイネを直播することで水田造営は開始され，やがて灌漑技術を要するが生産力の豊かな半乾田，乾田へと移行していったとされていたが，そうした進化論的な理解が必ずしも適切ではないことが確認された。弥生時代前期に先立って水田稲作が開始された時期として，早期が設定された。
　佐賀県唐津市菜畑遺跡も弥生時代早期の農耕集落であるが，こちらは板付遺跡では顕著ではなかったアワの炭化種実やそれに伴う畑雑草の花

粉が検出され，さらにさまざまな種類の魚類の骨も出土して，縄文時代的な網羅型の生業体系に穀物栽培が複合していったことが分かる。

つまり，弥生時代は水田で稲をつくる技術と畠で雑穀をつくる技術がほぼ同時に導入されて，縄文文化の伝統の濃淡に左右されつつ，それぞれの生業体系を選択しながら農耕文化へ突入していったのである。

そうした農耕文化の導入の多様性は，東日本への農耕の拡散の状況とも深くかかわっている。弥生時代前期になると，濃尾平野には遠賀川文化という稲作を中心とする文化が西方から押し寄せてきた。それに触発されて農耕文化を形成するようになるのだが，台地上の多くの地域は条痕文土器という在地色豊かな土器をつくり，生業のスタイルも雑穀栽培を主としていたようである。その文化が中部高地地方に影響を与えたことによって，中部高地地方から関東地方の初期弥生文化は雑穀栽培でスタートした。神奈川県大井町中屋敷遺跡では，1000粒ものアワの炭化種実が検出された。レプリカ法による穀物の圧痕もほとんどがアワとキビである[6]。

東北地方に弥生文化が到来したのも弥生前期である。青森県弘前市砂沢遺跡から灌漑水路を伴う水田跡が発掘され，従来考えられていたよりも早い時期にすでに東北地方で稲作が行われていたことが確かめられた。レプリカ法による圧痕の調査でみつかるのはイネ籾圧痕であり，アワ・キビはないらしい。

このように，弥生前期に栽培された穀物の種類は各地で多様であり，必ずしも西から東へと地理的勾配に即して一元的に稲作が伝播したのではないようである。また，後述のように北海道地方では続縄文文化，沖縄など南西諸島では貝塚後期文化という，縄文文化の伝統を引いて農耕を行わない独自な文化が形成され，日本列島は多様な文化に彩られていくようになった（図11-9）。

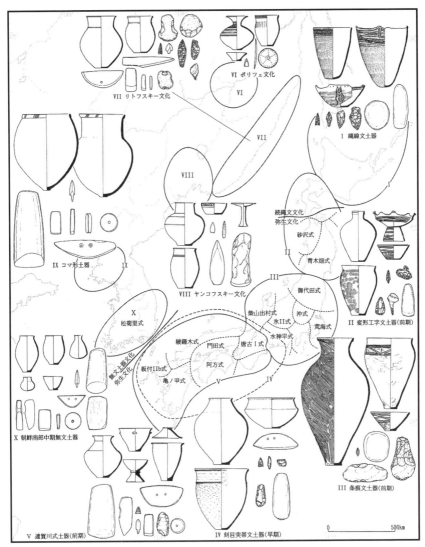

図11-9 弥生前期併行期の地域色
出典:日本第四紀学会・小野昭ほか編 (1992)『図解・日本の人類遺跡』東京大学出版会111頁図Ⅰ〜Ⅹ

（2）弥生時代の転機

　弥生時代の一つの転機は，中期である。それ以前との大きな違いは，青銅器が普及したことと，鉄器が導入されたことである。

　弥生前期にも青銅器はあったが，銅剣の柄を加工したノミくらいのもので，わずかにすぎない。ところが中期初頭になるとたくさんの青銅器を副葬する墓が出現した。福岡市吉武高木遺跡は木棺墓と甕棺墓からなる墓地遺跡であり，青銅器などの副葬品を多くもつ墓が20基ほど寄り集まっている[7]。副葬品の数と種類にも差があり，もっとも多いのは3号木棺墓であり，鏡・銅剣・銅矛・銅戈が副葬されていた（図11-10）。

　この墓地が提起する問題はいろいろあるが，まず数多くの副葬品をもつ墓が集中する特別の墓域が形成されている点であり，そのなかにも格差が認められる点である。それは，首長を中心とした権力の中枢が集落あるいは地域のなかに生まれたことを示す。また，木棺墓や副葬品の組み合わせが朝鮮半島に系譜の求められる点であり，それは首長とその権力の形成が朝鮮半島からの渡来人と密接な関係をもっていた可能性を示唆する。

　こうした現象は，この時期に北部九州で朝鮮半島系の土器が多数見つかる遺跡が増加することと無縁ではないであろう。福岡市諸岡遺跡や佐賀県小城市土生遺跡では，出土する土器の多くが朝鮮半島系の無文土器である。これだけの朝鮮半島

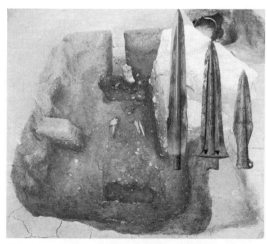

図11-10　福岡市吉武高木遺跡の木棺墓と副葬品
出典：岩永省三（1997）『金属器登場』歴史発掘7，講談社18頁27

系の土器が出土する遺跡の存在は、この時期に多くの人々が朝鮮半島から渡来してきたことをうかがわせるが、この時期を境に北部九州を中心に青銅器や鉄器が普及していく背後にも、青銅器や鉄器をたずさえて渡来した人々の活動をみることができよう。

山口県下関市土井ヶ浜遺跡でみつかった300体以上の弥生時代の人骨は、成人男性の身長がおよそ163cmと縄文時代の人骨よりも4cmほど高く、面長であり、中国や朝鮮半島の人々の形質に近いことから渡来系の形質をもっていることがいわれている。これらの人骨の多くが弥生前期終末のものであることも、この時期にかなりの渡来があった可能性を物語る（図11-11）。

北部九州では弥生中期後半になると、福岡市須玖岡本遺跡や糸島市三雲南小路遺跡のように大量の副葬品を納めた甕棺墓が検出される。それぞれ、『魏志』倭人伝に記された奴国と伊都国の領域に相当するので、この時期に首長を中心として急速に地域的なクニの形成が進行したことが分かる。『漢書』地理志には倭が百余国に分かれて季節に応じて漢に朝貢していたことが記されているが、これは紀元前108年に漢が楽浪郡を朝

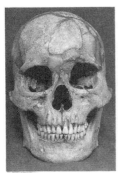
①縄文人（男性）
長崎県脇岬遺跡出土。

③弥生人（男性）
佐賀県吉野ヶ里遺跡出土。

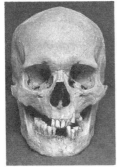
②弥生人（男性）
佐賀県大友遺跡出土。

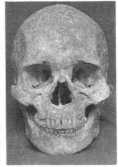
④古墳人（男性）
宮崎県大萩遺跡出土。

図11-11 各時代の人々の頭骨
出典：佐々木高明（1991）『日本史誕生』日本の歴史1, 集英社279頁145（長崎大学医学部解剖学第二教室提供）

鮮半島に設置したことを契機とするものであり，その結果前漢鏡が多数もたらされて甕棺に副葬されるようになった。

　弥生時代中期は温暖な時期であった。農業の生産力も増大したことが，日本列島各地で広大な水田跡が発掘されることから明らかである。近畿地方では大阪府和泉市・泉大津市池上曽根遺跡のように，面積が6 haに及ぶ大規模な環濠のなかに巨大な建築物を設けた地域の拠点をなす集落も現れた（図11-12）。こうした拠点的な集落は石器や木器，あるいは銅鐸などの青銅器生産の拠点になっていった場合が多く，周辺の集落あるいは遠方の地域とネットワークを結ぶことによって原料の獲得や製品の受け渡しをスムーズにする機構を構築した。もとは朝鮮半島から伝来した銅鈴を自分たちの好みに改変して銅鐸を生み出して，農耕のまつりに用いたような創意工夫も随所にみられる。

　関東地方でも横浜市大塚・歳勝土（さいかちど）遺跡のように面積が2 haほどの大型の環濠集落が急増した。東北地方では，いったん衰退した水田稲作が弥生中期なかばには復活し，青森県田舎館村垂柳（たれやなぎ）遺跡のように面積が約4,000㎡もある水田が開かれた。東日本では長野県中野市柳沢遺跡のように，銅鐸5個と銅戈8本を一括埋納した西日本にもめったにないよう

図11-12　大阪府和泉市・泉大津市池上曽根遺跡の大型建物跡と再現CG
提供：大阪府和泉市教育委員会

図11-13　神奈川県横浜市上台遺跡出土顔壺複製（弥生後期）
写真提供：横浜市歴史博物館

な遺跡も存在していることが分かってきたが，概して青銅器は顕著ではなく，一部では顔のついた壺形土器（図11-13）や青銅器を模倣した有角石器といった縄文文化の系譜を引いた道具でまつりを行っていたようである。

このように，弥生時代中期は北部九州では漢帝国と密接な関係を結んで政治的な社会を形成していったが，そのほかの地域も温暖な気候に支えられて農業の生産力が向上するなどした。その結果，地域集団の要となるような拠点的な集落があらわれ，日本列島の広い範囲で地域色豊かで独自な農耕文化が発展的に展開していった時期といえよう。

（3）古墳時代へのあゆみ

　福岡市志賀島（しかのしま）から江戸時代に見つかった金印は，「漢委奴国王」（かんのわのなのくにのおう）とあるように，奴国が後漢に朝貢して授かったものである。『後漢書』東夷伝には，建武中元2年（57）に光武帝が奴国の使者に印綬を授けたが，それが志賀島の金印であるとされている（図11-14）。これは倭が中国に朝貢したのに対してその見返りに傘下に入った証をもらうという漢の政治政策であるいわゆる冊封体制に組み込まれたことを示すものとされており，そうであれば，弥生時代後期の前半すなわち1世紀には玄界灘周辺の地域政権である奴国が外交の窓口として実力を発揮していたといえよう。

奴国が誇った安定した力がその後もつづいたことは、福岡市比恵・那珂遺跡のような巨大な集落からうかがえるし、鉄器の保有率も依然として北部九州に偏っていることからも明らかである。

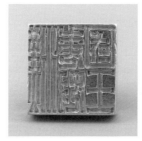

図11-14　漢委奴国王金印
提供：福岡市博物館／DNPartcom

しかし、弥生時代後期後半の2世紀になると、日本列島には別の勢力が目立つようになってきた。それが吉備地方と出雲地方である。

岡山県倉敷市楯築遺跡は復元推定の長さ約80m、高さ4～5mに及ぶ、突出部を前後にもった双方中円形の墳丘墓である。島根県出雲市西谷3号墓は、四角形の墳丘の四隅に突出部をもつ四隅突出型墳丘墓である。これらの墳丘墓の中心をなす人物の埋葬主体は大型であり、棺や槨に水銀朱を多量に納め、副葬品もガラス製の玉類や鉄剣など豪華な品々を納めた。墳丘では埴輪の起源である特殊器台を用いて儀礼を行うなど、前方後円墳の起源になるような墳墓の形成が始まった（図11-15）。それと同時にこの地域が銅鐸の埋納という手段によって、青銅器のまつりから手を引いたことが特筆される。

この時期、北部九州では福岡県糸島市平原遺跡のように大量の後漢鏡を副葬する墓もあり、中国とのパイプはまだしっかりとしていたようだが、銅矛を巨大化した祭祀を行っているように、近畿地方の銅鐸祭祀とともにいまだ地域を統合するためのシンボルによる祭祀は従来通りの方法に従っていた。墳墓によって権力の象徴化をはかるという、のちの時代をリードしていく動きは、中国地方という新たな方面から始まったの

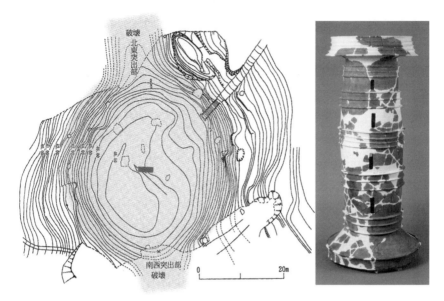

図11-15　岡山県倉敷市楯築墳丘墓と出土した特殊器台
出典：大阪府立弥生文化博物館（2013）『吉備と邪馬台国』45頁97・50頁110
写真提供：岡山大学考古学研究室

である。

　この時期には丹後地方にも鉄剣や鉄刀を納めた大型の墳丘墓が出現するが，朝鮮半島などから物資を入手することができた勢力が日本海沿岸に広範囲にあらわれた。2世紀後半といえば，中国の史書に登場する倭国乱の時代である。倭国乱の原因はよく分からないが，時あたかも中国で黄巾(こうきん)の乱が発生し，漢の勢力が著しく衰退していった時期である。奴国は漢との間に冊封体制を結んでいたのであるから，その影響を受けなかったとは思えず，倭国における墳丘墓の成立や鉄製品の流れの変化もそのような東アジアの動乱を背景にしている可能性が指摘されている[8]。

　3世紀に邪馬台国の女王卑弥呼(ひみこ)が多数の勢力によって共立されること

をもって倭国乱のおさまったことが『魏志』倭人伝には記されている。邪馬台国をめぐっては，北部九州と畿内地方の間で所在地論争が激しく繰り広げられているが，2世紀後半の墳丘墓が中国地方に成立し，3世紀になると奈良県桜井市域に当時の倭国のなかでもっとも大きな墳丘墓である纒向石塚という前方後円型の墳丘墓が築かれた。さらに最古の前方後円墳である長さ280ｍに及ぶ箸墓古墳がそれに引き続いて同じ地に築かれる。

　おそらく箸墓古墳もそうであろうが，初期の前方後円墳が，平面形が讃岐地方付近の墳墓の形，葺石が山陰地方の墳丘墓，埴輪が吉備地方の特殊器台，鏡の多量副葬が北部九州地方といったように，各地の地域勢力の特徴を取り込みながら成り立っていることと，卑弥呼が外部勢力によって共立されたという状況の間には何らかの関係性が考えられる。

　こうした勢力争いは青銅器のまつりを行っていた地域の間のことであったが，青銅器のまつりが希薄だった東日本は，古墳時代になると政権が奪取をもくろむ土地としての意味をもつようになる。弥生時代には，そうした支配にまつわる潜在的な地域的格差が顕著になっていった。

　旧石器，縄文時代という採集狩猟社会は持続的な安定性をもった社会であったが，大陸からの農耕文化の導入によってそれが打ち破られて弥生時代に突入した。さらに東アジアの政治状況とかかわりをもちながら政治権力が大きく社会を動かしていく古墳時代へと移行していったのである。こうした動きを振り返れば，弥生時代は日本の歴史のなかでもきわめて大きな変革の時代であったということができよう。

（4）弥生時代の南北世界

　弥生時代の動きで忘れてはならないのは，この時代の北海道地方と南

西諸島が弥生文化とは違う道を歩むようになった点である。これらの地域の弥生時代併行期の文化は，それぞれ続縄文文化，貝塚後期文化と呼ばれている。縄文時代には両方の地域で基本的に縄文文化が展開していたとみてよい。採集狩猟をおもな生業として，南西諸島には土偶が見られないものの，遺構や遺物の組み合わせもほぼ同じ内容をもつからである。これに対して，弥生時代併行期に，これらの地域は農耕を受容しなかった。これが弥生文化と決定的に違う点である。

続縄文文化はおおむね弥生時代と古墳時代に並行する，およそ紀元前5世紀〜紀元7世紀までの文化であるが，前後の2時期に区別できる。

前半の沿岸部では恵山(えさん)貝塚に代表される貝塚がさかんにつくられ，カジキマグロ，クジラ，アザラシなどを対象とした海での漁撈活動が活発化した。骨角器も非常に手の込んだものが多数知られている（図11-16）。直径が10mに及ぶ竪穴住居がつくられた。コハク玉など多量の副葬品を納めた墓の存在は，階層化の進行を物語る。

後半になると札幌市K135遺跡に代表されるように，サケ漁のために内陸河川沿いに集落が集中した。石器が減少するのは鉄器が増加したことを示す。

貝塚後期文化の生業基盤は，イノーと呼ばれるサンゴ礁の礁

図11-16　続縄文文化の骨角器
提供：国立歴史民俗博物館

湖である。この天然のいけすで網を用いた漁撈が展開された。骨角器はあまり発達せず，続縄文文化のように手の込んだつくりのものはない。ただし貝の文化は多いに発達し，美しい装身具がたくさんつくられた（図11-17）。竪穴住居は小型であり，集落も規模が小さい。墓の副葬品もほとんどなく，階層化をうかがうことはできない。大規模集団で集中的に捕獲と加工をおこなう必要がある続縄文文化のような漁業とは異なった漁撈活動が，集団が大型化したりリーダーの権限が強化された続縄文文化の社会との違いをもたらしたのであろう。

図11-17　南海産の貝製品（鹿児島県南種子町広田遺跡）写真提供：国立歴史民俗博物館

　このように，弥生時代併行期の日本列島の南北では，それぞれの生態系に応じた固有の文化や社会が展開した。しかし，それらの文化は地域のなかで孤立していたのではない。続縄文文化のコハク玉はサハリン方面との交易が盛んであったことを示す。伊達市有珠モシリ遺跡では，ゴホウラやイモガイなど南西諸島に生息する貝でつくった装身具が出土している。これら南海産の貝製品は，西日本を介して南西諸島ともつながるような広大な交流があったことを示している。貝塚後期文化では，南海産の貝を目玉にとくに北部九州の勢力との間に交易を発達させ，ときに中国や朝鮮半島の鉄器や青銅器なども受け入れた。

　後世，北海道は山丹交易を展開し，琉球は中国と冊封関係を結んで国家的な流通で繁栄したように，弥生時代併行期の固有の文化の発達と広

域な交易の展開は，その後の南北の文化的社会的な性格を形づくっていく契機になったのである。

〈註〉
1 諏訪間順・野口淳・島立桂「関東地方南部」『講座日本の考古学1 旧石器時代（上）』381-437頁，青木書店（2010）
2 佐賀市教育委員会『縄文の奇跡！東名遺跡』雄山閣（2017）
3 春成秀爾『縄文社会論究』塙書房（2002）
4 阿部芳郎「遺跡群と生業活動からみた縄文後期の地域社会」『縄文社会を探る』74-100頁，学生社（2003）
5 中沢道彦「日本列島における農耕の伝播と定着」『季刊考古学』138，26-29頁，雄山閣（2017）
6 設楽博己『弥生文化形成論』塙書房（2017）
7 常松幹雄『最古の王墓 吉武高木遺跡』シリーズ「遺跡を学ぶ」024，新泉社（2006）
8 白石太一郎『古墳とヤマト政権』文春新書，文芸春秋（1999）

12 | 日本の考古学②—古墳時代—

早乙女 雅博

《目標&ポイント》 墓制としての古墳や石室と副葬品の分析から，古墳時代を前期，中期，後期，そして前方後円墳の造営が終焉をむかえる終末期に時期区分して，それぞれの時期における政治的な発展や文化の様相を考古資料から明らかにしていく。そして，各時期の暦年代を，これまでの講義のなかで述べられた方法論をもとに埴輪と須恵器の型式編年と文献史学や年代測定法から求める方法を習得する。埴輪は，古墳から表面採集ができるので，発掘しなくても古墳の年代を決めることができる重要な遺物であり，古墳研究には欠かせない。第11章を引き継いで古墳文化の南と北に隣接する沖縄と北海道の社会と文化についても考古資料から見ていく。

《キーワード》 前方後円墳 竪穴式石室 横穴式石室 ヤマト政権 円筒埴輪 埴輪祭式 須恵器 終末期古墳 貝塚文化 オホーツク文化 擦文文化

1. 古墳時代

(1) 前方後円墳の時代

　弥生時代の墳丘墓から発展して3世紀中葉から3世紀後半に定型化した前方後円墳である箸墓古墳（奈良県桜井市）が出現する。初期の前方後円墳は円形の後円部に細長く低い長方形の前方部がつくが，その先端が撥形に開くものもある。箸墓古墳は撥形に開くが，後円部の径に比べて撥形の幅は狭い。前方部は次第に発達して開き，中期には先端部の幅と高さが後円部と同じ位になり，さらに後期になると先端部の幅が後円部径を大きくこえる。このような変化を示すことから，前方後円墳の形態によりおおよその時期を知ることができる。

東日本では前期に前方後方墳が多いが，中期になるとその地域でも前方後円墳に転換していく。前方後円墳の下位に前方後方墳，円墳，方墳という墳形の違いがあり，さらにそれぞれの墳形に大小の違いがあることから，都出比呂志は前方後円墳を頂点として墳丘の形態と規模によって被葬者の系譜と序列を示す政治体制として「前方後円墳体制」を提唱した（図12-1）。古墳時代は，前期（3世紀中葉・後半〜4世紀末），中期（4世紀末〜5世紀末），後期（5世紀末〜6世紀）にわけられ，前方後円墳が消滅してもなお古墳が造られている7世紀を考古学では終末期と呼んでいる。7世紀後半には中国の制度をもとに律令制が導入され，701年には大宝律令が制定され，710年に平城京を都として奈良時代が始まる。

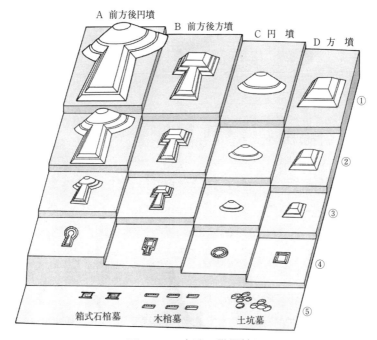

図12-1　古墳の階層性
出典：都出比呂志（1989）「古墳が作られた時代」『古代史復元6 古墳時代の王と民衆』講談社36頁図46

（2）前期

　最古の前方後円墳である箸墓古墳は，全長280mで墳丘は階段状に段築で築造され，墳丘斜面には葺石がある（図12-2）。前方後円墳は，その幾何学的な形から設計企画があったと推定され，岡山県の浦間茶臼山古墳は，箸墓古墳の1/2の長さで相似形となっている。最大の前方後円墳は畿内地方にあり，地方の前方後円墳は畿内地方の古墳をモデルとして築造されたことから，そこに中央と地方との政治的関係を認め，中央のヤマト政権と地方首長との連合政権とみなすことができる。ヤマトは大和・柳本古墳群のある奈良北部をいい，そこを基盤として成立した政権をヤマト政権という。その政権内にも複数の首長がいて，その盟主を大王と呼んでいる。大王は連合政権の大王でもあった。中期の古墳である埼玉県の稲荷山古墳から出土した金象嵌鉄剣の銘文には「獲加多支鹵大王」とあり，この大王がヤマト政権の盟主をさす。前期の後半になると前方後円墳や前方後方墳の北限は福島県・宮城県まで，前方後円墳の南限は鹿児島県まで広がった。

　後円部の中心には墳頂から穴を掘って，遺体を納めた割竹形木棺を安置した竪穴式石室を築くが，後半になると木棺に替わり長持形石棺が石室内に置かれるようになる。円墳や方墳では，割竹形木棺を粘土で覆った粘土槨が多い。割竹形木棺は丸太を縦に割って中をくり抜いたもので，その中に赤いベンガラや朱を塗って腐食防止や魔除けとした。

　副葬品には，画文帯神獣鏡・三角縁神

図12-2　箸墓古墳3D測量図
提供：アジア航測・橿原考古学研究所

獣鏡などの青銅鏡，石釧・車輪石・鍬形石の腕輪形石製品（石製腕飾類），合子・玉杖・琴柱形・壺や皿形・鏃形の碧玉の石製品，巴形銅器・筒形銅器・銅鏃・銅釧などの青銅製品がある。これらは，実用品ではなく宝器，呪術的な性格をもっている。

　三角縁神獣鏡はヤマト政権から地方の首長に配布されたもので，北は福島県，南は宮崎県まで分布していて，前方後円墳の分布範囲に近い。三角縁神獣鏡には「景初三年」の銘文があるものがあり，239年の製作であることが分かる。古墳時代の開始年代については，箸墓古墳の周濠底から出土した土器（布留0式）に付着していた炭化物の炭素14年代が240〜260年であることや三角縁神獣鏡の年代研究から，3世紀中葉に求める考えや，庄内式から布留式へ続く土器の編年や箸墓古墳から出土した特殊器台形埴輪から，3世紀後半に求める考えがある。

（3）中期

　前方後円墳が巨大化し，畿内地方では墳丘長425mの誉田御廟山古墳（応神陵古墳）や486mの大山古墳（仁徳陵古墳）が造営され，岡山県では360mの造山古墳や286mの作山古墳，群馬県では210mの太田天神山古墳，宮崎県では西都原古墳群の中にある175mの男狭穂塚古墳（帆立貝式古墳）と180mの女狭穂塚古墳が造営されるとともに，古墳が造られる地域も増加する。そして，前期にみられた前方後方墳は一部の地域を除いてなくなり前方後円墳に統一されていく。地方での大型古墳は，地域首長の上に立つ首長連合の盟主のものであり，このころ地方政権とも呼べる広域政治集団が生まれ，ヤマト政権の地方支配の一翼を担っていた。前方後円墳の分布は，北は岩手県奥州市の角塚古墳（45m），南は鹿児島県肝属郡の唐仁古墳群や塚崎古墳群のなかにある40号墳（66m）まで広がり，奥州市には軍事拠点であった胆沢城があり，のちの律令制

の日本の範囲とほぼ同じ広がりを示す。

　竪穴式石室内には，前期からの長持形石棺とそれが発展した形の家形石棺が納められるが，家形石棺は後期の横穴式石室に多くみられる。大山古墳では，後円部の石室は不明だが，前方部には竪穴式石室のなかに長持形石棺が納められ，石室内には眉庇付冑と横矧板鋲留短甲（よこはぎいたびょうどめたんこう）が副葬されていた。南九州では墳丘をほとんど持たない地下式横穴墓が造られる。垂直に竪穴を掘ったのち横に延ばして横穴をつくり，そこを墓室とする。前方後円墳ではないが，副葬品に畿内地方と同じ甲冑や馬具，装身具をもっているので，ヤマト政権の影響下に入っているのは確実である。

　中期になると宝器，呪術的な副葬品から武器，武具，装身具，馬具など実用的で軍事的性格の強いものへとかわる。武器としては，刀・剣・槍・矛・鏃があるが，それに付属する柄や鞘・矢羽根などは有機質で作られているので，鉄製部分のみが残っていることが多い。武具は体を守る短甲（図12-3），挂甲，頭を保護する冑がある。5世紀中葉以降になると，金製や金銅製の冠・垂飾付耳飾・指輪・帯金具・飾履などの装身具が朝鮮半島から輸入されるが，それをまねて国産化された装身具もあらわれ後期へと続く。鞍や鐙（くらあぶみ），鏡板，杏葉（かがみいたぎょうよう）などの馬具や須恵器も半島から製品が輸入されたり技術が伝わったように，中期は朝鮮半島との対外交渉で新しい技術が導入され，それをヤマト政権が管理することにより政権が強大化した。

図12-3　三角板革綴短甲（徳島県恵解山2号墳出土）
Image : TNM Image Archives

(4) 後期

　前方後円墳が中期に比べて小型化し数も少なくなり，畿内地方では6世紀後半の墳丘長318mの見瀬丸山古墳を最後として巨大前方後円墳の築造が終わり，円墳や方墳へと変わっていった。しかし，群馬県域や埼玉県域などの東国では100mクラスの大型前方後円墳の築造と人物埴輪や馬形埴輪を樹立する埴輪祭式が盛んになる地域もあらわれた。後期の古墳の特徴として，横穴式石室と群集墳をあげることができ，横穴式石室には大量の須恵器が副葬されるようになる。

　横穴式石室は中期後半に九州中・北部と畿内地方に出現するが，それが全国的に普及するのが6世紀である（図12-4）。百済より導入された横穴式石室は，遺体を安置する玄室に外部とつながる通路の羨道（えんどう）が付き，出入口は石を積み上げて閉じられる。出入口は石を外せば何度でも玄室内に入れるので，追葬により複数の遺体が埋葬されようになった。

　群集墳は，一定の地域内に小型の古墳が数多く集まって造られる古墳群をいう。前方後円墳に埋葬された地域首長の下位にあり，新しく勢力を伸ばしてきた家父長層が古墳を造営するようになったことを示している。家父長層とは，血縁関係にある大家族の長であり，集落のなかでは2～数軒の竪穴住居の集まりが大家族となる。丘や台地の斜面を掘って造られた横穴墓もほぼ同じ規模で群集して，古墳と同じ副葬品を持つので群集墳に含めて考えることができる。

　中期の副葬品にみられる須恵器や金属製品は，朝鮮

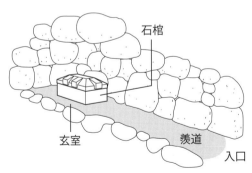

図12-4　横穴式石室（模式図）

半島からの輸入や技術導入で作られたが，後期になると国産化が進み倭独自の型式へと発展した。後期になって半島の影響で作られた環頭大刀はすぐに国産化され，新たに円頭大刀，圭頭大刀，頭椎(かぶつち)大刀などの装飾性が豊かな装飾大刀が造られ，ヤマト政権から各地の首長へ配布された。

　金属製品の国産化が進んだが，金，銅，鉄などの素材は朝鮮半島からの輸入に頼らざるを得なかった。しかし，日本列島でも4世紀には塊煉鉄から鉄器を造りだす精錬炉，6世紀になると鉄鉱石からの製錬が行われ，岡山県の大蔵南遺跡や京都府の遠所(えんじょ)遺跡からは鉄鉱石から鉄を取り出す製錬炉が発掘された。朝鮮半島南部では，すでに3世紀には製錬炉があるので，半島の技術が伝わった。青銅は7世紀中頃には日本産の鉛を使用してつくられたことが飛鳥水落(みずおち)遺跡の銅管の鉛同位体比分析により分かり，金は『続日本紀』によれば749年に陸奥国から朝廷に900両が献上されたのが最初である。金の産出地は，考古学的にみて宮城県涌谷町が有力候補となっている。

（5）終末期古墳

　全国的に前方後円墳の築造が終焉をむかえる頃，『日本書紀』によると蘇我馬子により588年に法興寺（飛鳥寺）が建立され，飛鳥の地に初めて瓦葺きの寺院が築かれた。この時，わが国に初めて百済より軒丸瓦・軒平瓦・丸瓦・平瓦の製作技術が伝わった。642年には皇極天皇が飛鳥板葺宮で即位するなど，694年に藤原宮へ遷都するまで，飛鳥が政治の中心となった。そこで終末期古墳を飛鳥時代の古墳とも呼ぶ。

　畿内地方では，前方後円墳の築造が終わる6世紀末から7世紀後半にかけて，一辺あるいは直径40〜60mの大型の方墳と円墳に巨大な横穴式石室が造営される。畿内地方の大王を含む有力支配階層の墓制が前方後円墳から円墳と方墳に変わり，前方後円墳に象徴される全国的な政治連

合が変質していった。奈良県の石舞台古墳は一辺約54mの方墳であるが、墳丘が削平されて長さ7.7mの横穴式石室の天井石が露出している（図12-5）。古墳の所在地、規模、年代から626年に没した蘇我馬子の桃源墓とする考えも出されている。

図12-5　石舞台古墳
出典『別冊歴史と旅4　空から見た古墳』（秋田書店1973年）80頁

　7世紀中葉になると畿内地方で八角墳が出現する。墳丘は八角形となり対辺の長さが20～40mで、切石積横穴式石室や横口式石槨が造られる。奈良県の段ノ塚古墳は舒明陵、野口王墓古墳は天智・天武の合葬陵に推定されるので、これらは大王墓として造営されたといえるだろう。畿内地方の有力支配階層のなかで、大王を中心とする支配体制を目指したことがうかがわれる。

　高松塚古墳は、径約23mの円墳で横口式石槨があり、八角墳が造営されている時代の古墳である。墳丘の最下層から藤原宮期（694-710年）の須恵器が出土しているので、古墳の年代は694年以降となる。南に開口部をもつ横口式石槨の内部には、漆喰を塗った上に、四神や男女の人物群像が描かれる。玄武や青龍などの四神は朝鮮半島の高句麗や中国の隋・唐時代のものに似ている。人物の顔は下膨れで唐の壁画にそっくりであるが、女子の服飾は高句麗壁画に似る。副葬品に唐の独弧思貞墓（墓誌・698年没）と同型の海獣葡萄鏡があることからも、唐の影響を受けた古墳と考えられる。

2．埴輪と須恵器

(1) 埴輪

　埴輪は古墳の墳丘や周濠の外側の堤に埋葬の時に立てられる。埴輪には大きく分けて円筒埴輪と形象埴輪の2種類があり，形象埴輪は器材埴輪，家形埴輪，船形埴輪，人物埴輪，動物埴輪に細分でき，器材埴輪はさらに蓋形，盾形，甲冑形，靭形などに分類できる。このうち人物埴輪，動物埴輪は中期以降に出現する。円筒埴輪は弥生時代の特殊器台などの墳墓祭祀土器から発展したもので，前期から後期まで長い期間にわたり全国的にみられ，形や製作技法の特徴によりⅠ期からⅤ期の5つの時期に分けられる。おおよそⅠ・Ⅱ期が古墳時代前期，Ⅲ・Ⅳ期が中期，Ⅴ期が後期にあたる。Ⅰ・Ⅱ・Ⅲ期の埴輪は野焼きで焼成されるため，燃料とした木材や灰が表面について黒い斑点（黒斑）がみられるが，Ⅳ期の段階で須恵器製作の影響を受けて窖窯(あながま)で焼成されるようになると，その埴輪には黒斑がみられない。また，主にⅣ期の埴輪はB種ヨコハケという製作技法が用いられている。円筒埴輪は粘土紐を巻き上げて作るため，紐と紐の接着面が剥がれないように木の板で縦方向に擦る。その時にできた刷毛で擦ったような筋をハケメ（刷毛目）と呼び，縦方向をタテハケ，横方向をヨコハケという。1次調整はすべてタテハケであり，突帯を付けたあとに行う2次調整の段階で，止めながら横に擦るB種ヨコハケがあらわれる。

　円筒埴輪は古墳を発掘しなくても墳丘や外堤から採集できるので，未発掘の古墳でも埴輪が採集できれば年代を決めることができる。また，埴輪製作窯の埴輪と古墳出土の埴輪を比較することにより，埴輪の流通を研究することもでき，さまざまな可能性をもっている。大山(だいせん)古墳や誉田御廟山(こんだごびょうやま)古墳は，後円部にあると推定される埋葬施設は発掘されてい

ないが，墳丘や周濠から採集された埴輪は窖窯で焼成されたⅣ期のものである。

埋葬にともなって立てられた埴輪は，被葬者を納めた後円部の竪穴式石室の墳丘上に，石室を囲むように円筒埴輪や蓋形,盾形,靫形埴輪で方形に配置された。そして，方形区画内には霊魂の依り代となる家形埴輪が置かれた。盾形,靫形は正面が外を向いているので，神聖な埋葬空間のなかを外の悪霊から守る役割を果たしているのだろう。区画外では死者に飲食物を捧げる供献土器が置かれる。中期になると墳頂部の供献土器による祭祀が，墳丘から降りてきて造り出し部で行われる。中期後半からは周濠の外堤上にも埴輪が立てられ祭祀が行われるが，新たに人物埴輪と馬形埴輪が出現する。その埴輪祭祀を後期の古墳である今城塚（大阪府高槻市）で見てみよう。

今城塚古墳は，墳丘全長181mで，後円部径に比べて前方部幅が長い後期前方後円墳の典型的な形

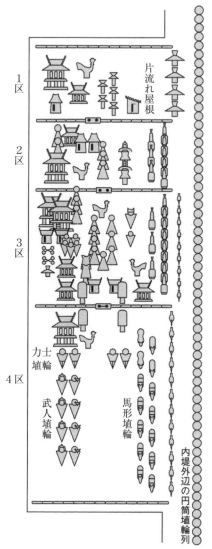

図12-6　埴輪祭式

森田克行（2011）『よみがえる大王墓・今城塚古墳』新泉社51頁29図をもとに作成

を示している。墳丘の裾には円筒埴輪が廻り，二重周濠の内堤張出部に200を超える形象埴輪が立てられた。張出部を4区に分け，それぞれに祭殿と考えられる吹き抜けの大型建物を配置し，後円部に近い第1区には片流れの屋根で壁に囲われた家屋，第2区には巫女形埴輪，3区には冠を被った男子埴輪，巫女形埴輪，第4区には武人，力士，馬形埴輪を立てて，実際に内堤や墳丘で行ったであろう葬送儀礼を埴輪で再現している（図12-6，10-9）。片流れの屋根の家屋は一般的な屋根の形と異なるので，これを古墳に埋葬される遺体を安置した殯屋，冠を被った男子を儀礼の司祭者でかつ首長権継承者とみて，この埴輪祭式は殯の儀式であり首長権継承儀礼であるとみる考えが出されている。

古墳の年代と祭式のほか，当時の生活風俗も知ることができる。女子埴輪や男子埴輪には，髪形，首飾，服飾が表現され，武人埴輪は，頭に衝角付冑を被り，挂甲を着て，左腰に刀，左手に弓，背中に靫を背負っている（図12-7）。鉄製の甲冑や刀は古墳の副葬品として出土するが，その着装の姿を埴輪により知ることができる。

栃木県の甲塚古墳は6世紀

図12-7　武人埴輪（群馬県太田市飯塚町出土）
Image：TNM Image Archives

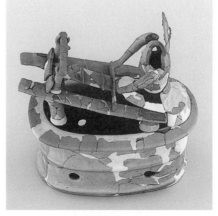

図12-8　機織形埴輪（栃木県下野市国分寺）　提供：下野市教育委員会

後半に築造された古墳であるが、機織形埴輪の破片が多数出土し、その全体形が復元された（図12-8）。一方（図左側）に招木と経巻具を上下に配置して、反対側（図右側）に布巻具を帯で腰に固定した人物がすわる地機で、これまで経巻具の木製品は見つかっていたが、全体形を復原できたのは初めてである。これらは、日常生活ではなく埴輪祭式の場面を表現したものだが、当時の人々の風俗を反映している。

（2）土師器と須恵器

弥生土器の製作技法を引き継いだ土器は、古墳時代に入ると土師器と呼ばれ奈良・平安時代まで続く。野焼きで作られるため、空気中から常に酸素が供給されるので酸化炎焼成といい赤褐色を呈する。調理用の甕、貯蔵用の壺、食器や祭祀用の高杯・鉢などがあるが、須恵器の出現により壺・高杯・鉢はしだいに須恵器にかわるが、炉や竈で調理するための甕や甑は引き続き土師器が用いられた。なお、東日本では食器には土師器も使われていた。

須恵器は、朝鮮半島南部の陶質土器の窖窯技術が日本列島に伝わり生産が開始された。山の斜面をトンネル状に掘って、下部に燃焼部、トンネル内が須恵器焼成部で上部に煙突があく（図12-9）。十分に温度を上げたのち密閉するので、窯の中に酸素が供給されず還元炎焼成となり灰色を呈する。5世紀の初め福岡県、岡山県、香川県、大

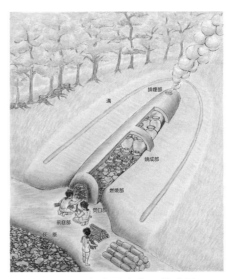

図12-9　須恵器窖窯の模式図
提供：和歌山県立紀伊風土記の丘

阪府の西日本各地で生産が始まり，その窯跡が見つかっている。5世紀前半になると大阪の陶邑の須恵器窯に生産地が集約されたあと，5世紀中葉（TK208式）には陶邑の須恵器と同じ型式の須恵器が各地の窯で生産されるようになる。土師器が各地の伝統を引き継ぎ，地域ごとに展開していくのに対して，須恵器は陶邑の型式が全国的に展開するので，地方の遺跡から出土する須恵器も陶邑編年の型式名で呼ばれる。それぞれの型式の年代は，以下のように自然科学的方法や文字・文献資料から求められた。おおよそ，1つの型式を一世紀の4分の1（25年）に分け，第1四半世紀などと呼ぶ。

　TK208式の古い様相をもつON46式は，第9章で述べたように考古地磁気により450±10年なので，TK208式は5世紀第3四半世紀となる。その次の段階のTK23〜47式須恵器の高坏は，埼玉県の稲荷山古墳から出土している。後円部の礫槨からは，金象嵌「辛亥年」銘の鉄剣が発見され，辛亥という干支から471年か531年の年代が考えられるが，あとで述べるTK10式の年代から471年がふさわしい。古墳はそれよりやや遅れて築造されたとみると，TK23〜47式の年代は5世紀第4四半世紀となる。TK10式の須恵器は福岡県の岩戸山古墳の墳丘から出土した。岩戸山古墳は前方後円墳の別区に石人と石馬が立っている。この情景は『続日本紀』のなかにある『筑後国風土記』逸文に書かれた筑紫君磐井の墓の記述とよく似ており，この古墳が磐井の墓と考えられる。『日本書紀』によれば，磐井はヤマト政権に対して乱をおこし528年に没しているので，TK10式は6世紀第2四半世紀とみなせる。TK23〜47式とTK10式のあいだにはMT15式があり，これは6世紀第1四半世紀となる。このようにして，須恵器の暦年代が決められた（**表12-1**）。

　埴輪が古墳や埴輪製作窯から出土するのに対して，須恵器は古墳，住居跡，高床倉庫跡，寺院跡などさまざまな遺構から出土するので，古墳

表12-1

須恵器型式名	年代	年代の根拠
(ON46) TK208	5世紀第3四半世紀	新池埴輪窯 考古地磁気・450年
TK23〜47	5世紀第4四半世紀	稲荷山古墳 鉄剣銘文・471年
MT15	6世紀第1四半世紀	
TK10	6世紀第2四半世紀	岩戸山古墳 筑後国風土記・528年

時代中期以降,古墳や埴輪が消滅したあとの平安時代初めまでの年代を決めるよい考古資料となっている。

3. 沖縄と北海道の考古文化

(1) 沖縄の文化

　貝塚時代は,本州の縄文時代にあたる前期と弥生から平安時代までにあたる後期に分かれる。その後11〜12世紀ころに畑作を中心とする農耕社会であるグスク時代が始まる。グスクとは村の祭祀儀礼としての宗教的な場として生まれたが,やがて集団間の争いに対する軍事的な性格も持つようになると大規模になり石垣が築かれたが,祭祀の場としての機能は引き継がれた。貝塚時代にみられる漁撈・採集から農耕社会に入り,社会の変化に応じてこのような施設が生まれたと考えられる。

　貝塚時代後期の遺跡は海岸近くにあり,サンゴ礁での漁撈を主としていて,そのなかで南海産の貝を採って種子島や九州と交易していた。貝輪に使われたゴホウラ,イモガイという巻貝やオオツタノハは,九州・本州周辺では生息しておらず,いずれも琉球列島で産出し種子島を通っ

て九州に運ばれた。イモガイの螺頭（らとう）を輪切りにして金銅製の円環にはめ込んだ雲珠（うず）（馬具の一種）は，九州や中国地方の古墳のみでなく，5～6世紀の朝鮮半島南部でも出土しており，九州の豪族から半島の新羅や加耶に伝えられた。平敷屋トゥバル遺跡，ナガラ原東貝塚，具志原貝塚からはゴホウラ製貝輪が出土したり，これらの貝を集積した遺跡も見られる。

貝塚時代の末期からグスク時代が始まる頃には，西北九州産の石製石鍋，徳之島の古窯跡で作られたカムィヤキ（須恵器に似る）や中国産の白磁碗が新たに出現する。

(2) 北海道の文化

本州では縄文時代のあとに弥生時代が始まるが，北海道では農耕社会に入らず採集・狩猟・漁撈社会が続く。しかし，鉄器が本州から入ってきて続縄文時代の後期になると，東北北部に広がり，その南は古墳文化と接触する。

7世紀から8世紀ころに続縄文土器の系統を引きながら，東北北部の土師器の影響を受けた擦文（さつもん）土器が出現する。擦文時代の始まりである。土器の表面には板で擦ったスジがみられ，これは東北地方の土師器にもみられる。縄目による文様が消えて沈線文や列点文が施される。竪穴住居は一辺5～6mの方形が多いが，10mを超える大型も見られる。柱穴は4本で，床中央には地床炉があり壁には竈がつく。大型住居は柱の間にもう1本の柱が立つ8本の柱がみられる。東北地方の古墳時代後期の土器や竪穴住居との共通点が多いが，採集・漁撈を中心とする生業は続縄文文化の伝統を継いでいる。集落は河川流域に分布し，特に100軒を超える大集落は下流域にあり，そのまわりに中小集落が分布する。サケ・マスを主な食料としているが，アワやヒエ，ソバも出土し，恵庭市

の柏木川遺跡では鉄製の鋤先，鎌などの農耕具がみられ，補助的に農耕も行われていた。9世紀になると，道東部へ進出し，オホーツク文化と接触しながら12世紀まで続いた。

オホーツク文化は，北方の樺太からの影響で生まれ，5～9世紀の道北から道東のオホーツク海沿岸に広がり，漁撈や海獣を捕獲していた。住居は大型の六角形で，入口の反対側に熊の頭骨を祀った骨塚がある（図12-10）。土器は黒褐色で細い粘土紐を波形に貼り付ける。

図12-10　オホーツク文化の大型住居
提供：オホーツクミュージアムえさし

その後オホーツク文化は擦文文化と融合し，10世紀に両者の特徴を持ったトビニタイ文化が出現する。集落も海岸のみでなく河川流域に拡大する。13世紀に入ると，炉をもつ平地住居になり，土器がつくられなくなり鉄鍋が広がる。このころに考古学上のアイヌ文化が成立する。

参考文献

石野博信・岩崎卓也・河上邦彦・白石太一郎編『古墳時代の研究』1-13　雄山閣（1990～1993）

一瀬和夫・福永伸哉・北條芳隆編『古墳時代の考古学』1～10　同成社（2011～2014）

近藤義郎『前方後円墳の時代』岩波書店（1983）
都出比呂志『前方後円墳と社会』塙書房（2005）
広瀬和雄・和田晴吾編『講座日本の考古学』7，8　古墳時代（上）（下）青木書店（2011・2012）

13 | 世界の考古学①―朝鮮半島―

早乙女 雅博

《**目標&ポイント**》 朝鮮半島は玄界灘をはさんで日本列島に通じており，先史・古代から列島との関係が深く，多くの文化が半島から列島に伝わった。半島の考古学的時代区分は，旧石器，新石器（櫛目文土器），青銅器（無文土器），原三国，三国（陶質土器）に分けることができ，三国が日本の古墳時代にあたる。この時代の墓制と集落や生業に注目して，人々の生活の様相や社会の発展，古代国家の出現を歴史的な流れのなかに位置づけながら，水田農耕を始めとするさまざまな日本列島への影響について考古資料をもとに講義する。また，交流は一方通行ではなく列島から半島への影響もみられ，半島南部の前方後円墳を題材として，相互の交流のあり方について理解を深める。

《**キーワード**》 旧石器時代　櫛目文土器　無文土器　支石墓　環濠集落　青銅器　積石塚　積石木槨墳　加耶　前方後円墳

1. 旧石器から新石器時代へ

（1）旧石器から新石器へ

　旧石器時代は前期と後期に分かれる。前期は原石を素材とした石核石器で，後期は原石を割った剝片を素材とした剝片石器を特徴とする。前期は京畿道の全谷里遺跡から原石の周りを打ち砕いて刃をつくったハンドアックス（握斧）が出土した（図13-1）。しかし，石器そのものから年代を求めることはでき

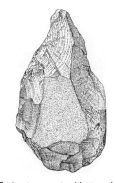

図13-1　ハンドアックス
鄭永和（1984）『全谷里発掘中韓報告』嶺南大学校博物館，46頁図版8

ず，石器が出土した地層の下にある基盤岩のカリウム・アルゴン年代測定法では27万年前，石器の遺物包含層の熱ルミネッセンス年代測定法では約45000年前と出たので石器にはその間の年代が与えられ，前期が存在することは確実であろう。後期は忠清北道の垂楊介(スヤンゲ)遺跡で，石刃，剝片尖頭器が出土している（図13-2）。剝片尖頭器は長さ6〜9cmあり，石刃の基部の両側を削って茎(なかご)を作り，そこに木の柄を付けて槍として使用されたと考えられる。日本の九州では始良丹沢火山灰（ATパミス）のすぐ上から出土している。この火山灰は29000〜26000年前に降り積もったもので，剝片尖頭器の上限年代をこの時期に求めることができる。旧石器時代は氷河期が何度かあり，海面が低下して対馬海峡が陸続きに近くなることもあり，朝鮮半島と日本列島との人の往来があったと考えられる。

図13-2　剝片尖頭器
忠北大学校博物館(1986)『韓国旧石器文化展』，73頁〔28〕下段

　半島では新石器時代の始まりを土器の出現で旧石器時代と区別する。この時代の土器は櫛のようなもので沈線を引いた文様なので櫛目文土器と呼ばれ（図13-3），日本での縄文時代に対して櫛目文土器時代とも呼ばれる。最も古い櫛目文土器は，炭素14年代法によると6000年〜5000年前の年代であるが，その後の考古学の発掘調査で済州道の高山里遺跡か

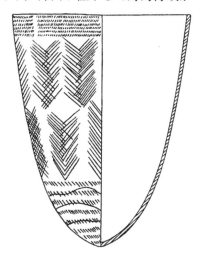

図13-3　櫛目文土器（智塔里遺跡）　出典：朝鮮民主主義人民共和国科学院考古学及民俗学研究所(1961)『智塔里原始遺跡発掘報告』，図版ⅩⅣ

ら隆起文土器が出土し，土器が出土した黒色土層の上にある黄褐色土層から鬼界アカホヤ火山灰が検出された。この火山灰の噴出年代は約7300年前であるので，櫛目文土器出現前に隆起文土器の時代があったが，時代名称としては櫛目文土器時代を用いている。

（2）新石器時代（櫛目文土器時代）の生活

　遺跡は住居跡，墓，貝塚があり，集落や貝塚は海岸に近い丘陵斜面，砂丘上や大河川の川辺りに多い。住居は平面が円形や方形の竪穴住居で，深いものでは1m掘り下げ，床の4カ所に柱穴と中央に石囲炉があり，日本の縄文時代の住居と同じである。貝塚は集落近辺や集落に形成され，平安南道の弓山遺跡では住居跡の上に貝層がのっている。人間が食べた残り滓を捨てたところで，貝類のほか魚骨，獣骨や土器片が出土し，当時の食生活を知るよい手掛りとなる。また，ここに遺骸を埋葬することも行われた。墓は集団墓で伸展葬が多く，貝や動物の牙で作った腕輪や土器，石器が副葬される例もあるが，墓の大きさや副葬品の量に大きな違いはなく，階層差はまだみられない。埋葬された人骨には，側頭部に外耳道骨腫が見られる例があり，これは長い期間潜水漁に携わっていたために出来たものである。釣針や網のほかに潜水漁で貝や魚を採っていたことを示している。

　南海岸から東海岸にかけて，軸部と針部を別々に作り組み合わせて結合する結合式釣針（図13-4）が貝塚や集落から出土する。縄文時代の西北九州でも結合式釣針が出土し，軸部が石製か骨角製かの違いはあるが，結合式という共通性がある。また，複数を組み合わせて銛頭

図13-4　結合式釣針
韓国国立中央博物館(2008)『国立中央博物館』（日本語版），29頁

となる鋸歯尖頭器・石鋸（図13-5）も南海岸と西北九州から出土しているので，玄界灘を共通の漁場とする漁撈文化圏を形成していた。東三洞貝塚からは，マダイ，マグロ，サメなどの魚類やイルカとカキやサザエなどの貝類が出土している。九州の腰岳産の黒耀石が南海岸の貝塚から出土するのもこのような漁撈文化圏を通じて半島に運ばれた。

図13-5　鋸歯尖頭器・石鋸　韓国国立中央博物館（2008）『国立中央博物館』（日本語版），33頁

　狩猟は石鏃を先端につけた矢を弓で引いたり，石製の槍頭を木の先端につけた石槍を手で投げて，シカやイノシシを捕獲した。内陸部の小河川流域に立地する遺跡もあり，住居跡の炉や貯蔵穴からドングリやクルミが出土している。この時代は，魚貝類，哺乳動物，堅果類など自然界から捕獲できる資源を食料としているが，農耕も一部で始められた。

　北朝鮮の智塔里遺跡では，住居内の土器の中から約3合の炭化物が出土し，アワあるいはヒエと推定された。石鋤，石鎌，鞍形すり臼（図13-6），磨り棒の農具や調理具も同時に出土しており，畑作で収穫された穀物を鞍形すり臼で粉にして食料としていたことが分かる。鞍形すり臼は中国の華北～東北地区の新石器時代にみられる農耕（アワ，ヒエ）にその系譜が求められるので，朝鮮半島の農耕は中国華北からの影響で始まったとみられる。しかし，食料として占める割合が小さいことからまだ本格的ではなく原始農耕とも呼ばれる。

図13-6　鞍形すり臼（智塔里遺跡）出典：朝鮮民主主義人民共和国科学院考古学及民俗学研究所（1961）『智塔里原始遺跡発掘報告』，図版ⅩⅩⅤ

2. 青銅器時代

(1) 無文土器と青銅器

　赤褐色の無文土器と青銅器の出現で新石器時代と区別され，本格的な稲作農耕の開始，支石墓や石棺墓という墓制の出現を特徴とする。半島南部でみると，櫛目文は消滅して孔列文土器の前期，松菊里式土器の中期，粘土帯土器の後期に三区分されるが，後期になると鉄器も出現することから前・中期を青銅器時代，後期を初期鉄器時代と呼ぶこともある。また全体の時代名として無文土器時代も使われる。おおよそ紀元前1000年に始まり，終わりは紀元前1世紀頃である。

　青銅器は中国東北地方の青銅器文化が流入し，前・中期には楽器の琵琶の形をした遼寧式銅剣，銅斧が伝わり，後期になると膨らみがなくなり直線的な刃をもつ細形銅剣に発展する。細形銅剣は半島から日本に伝わり，弥生時代の代表的な青銅器となっている。松菊里遺跡や霊岩遺跡で青銅器を鋳造するための石製鋳型も出土しているので，半島で製作が行われていたことは確実である。さらに，銅鉱石から製錬が行われていたかどうかを知るには，鉛同位体比分析が有効である。青銅は銅と鉛の合金であるので，鉛鉱石の産地が分かれば青銅がどこで製錬されたかが分かる。細形銅剣の分析結果では半島南部の鉛鉱石を使用しているので，すでに半島で製錬が行われ，鋳型に流し込んで製品を作っていた。日本での製錬は，鉛同位体比分析では7世紀中頃になってからと遅い。

　遼寧式銅剣は中国の遼寧省から多く出土することからその名が付けられたが，遺跡としては支石墓から発見されている。支石墓は遼東（遼寧省東部すなわち遼河左岸）から半島南部に分布し，北方式支石墓と南方式支石墓の2種類がある。北方式は2枚の板石を立てて支石とし，その上にテーブルのように平らな上石をのせた支石墓で，遼東から半島北部

に分布する。大きい上石では8mを超えるものがある。南方式は将棋の碁盤のように厚みのある上石を数個の低い支石で支えた支石墓で，上石の下に埋葬施設を設ける。ソウルから南の半島南部の地域に数基から数十基からなる支石墓群として分布する。1つの支石墓群の中で複数の支群に分けることができる例があり，支群どうしで副葬品に優劣があることから，そこに階層差を認める考えがある。後期にも一部では支石墓が継続するが，南方式の上石と支石が消えて，地下に木棺を納めそのまわりを石で囲って土を被せた囲石木棺墓があらわれる。副葬品には細形銅剣や鉄器がある。

(2) 稲作の開始と環濠集落

　この時代の農耕における大きな変化は，稲作の始まりである。水田遺構が半島南部の玉峴遺跡で調査された。丘陵上に50棟以上の長方形竪穴住居が営まれ，その下の谷で小区画の水田が発掘され，足跡，耕作具痕，株痕が残っていた。水田土壌からは稲のプラントオパールが大量に検出された。住居跡，水田跡からは孔列文土器が出土しているので，前期に竪穴住居に住んだ人々が集落の近くで水田稲作を行っていたことが分かる。プラントオパールはガラス質の珪酸体で，植物により形が異なり種類を同定できる。稲は葉の中に含まれ，葉が腐っても水田土壌の中に珪酸体は残る。

　ピョンヤンの南京遺跡では，長方形竪穴住居跡から炭化した米，アワ，キビ，モロコシ，ダイズが出土した。炭素14年代法では紀元前約1000年である。ソウル近くの孔列文土器が出土した欣岩里遺跡でも炭化米が出土した。アワ，モロコシなどの畑作穀物がともに出土していることから両者は畑作と考えられる。

　稲作は中国の長江下流域で紀元前6000年ころに始まり，長い期間を経

て朝鮮半島に伝わった。その伝播経路は図13-7にみられるように，①華中海上ルート②山東半島ルート③遼東半島ルート④華北大陸ルートの4つが考えられる。このうち水田稲作伝播ルートとしては，山東半島の楊家圏遺跡（紀元前2500～2000年頃）で稲の籾痕が発見されているので②のルートが，畑稲作伝播ルートは水田とは異なり③あるいは④である可能性が高い。③ルート上にある遼東半島の大嘴子遺跡（紀元前1000年頃）では，住居跡からコウリャン，米，種類不明の穀物が出土した。丘陵地帯にありコウリャンを伴うことから米も畑作と思われる。

前期の住居は長方形竪穴住居で，長辺が6～12m，短辺が4～6mのものが多い。炉は大型住居では複数設置される。後期になると竪穴住居

図13-7　稲作伝播ルート
出典：高倉洋彰（1995）『金印国家群の時代』青木書店，22頁図2一部改変

の形態は長方形，方形，円形と多様になる。しかし，1つの集落でみると同じ形態の住居が多い。集落の立地は，標高100mをこえる高地，標高20～40mの台地，川岸や海岸近くの低地に立地する。新石器時代に比べ，より高いところにも集落が進出するのが特徴である。前期の孔列文土器の段階から高地や台地上の集落に環濠が出現し，原三国時代まで続く。検丹里遺跡は，標高120～110m，平地からの比高が50mある高地に営まれた集落である。集落は三時期にわたるが，そのうちⅡ期の段階に環濠がつくられた（図13-8）。長径120mの楕円形で，出入り口は南北の2ヶ所に掘り残した陸橋がある。環濠内の中央には，独立して大型竪穴住居が1棟あり，南側に中・小型竪穴住居の5棟が2群に分かれて，北側には祭祀建物と考えられる掘立柱建物がある。この大型住居がこの集落のリーダーであり，集落内には階層差が出現していた。環濠集落の出現には，農耕とくに水田稲作の始まりが大きな契機となっている。水田での共同作業や収穫物の管理と分配には統率者が必要であった。

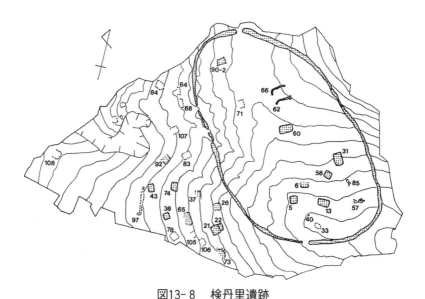

図13-8　検丹里遺跡
釜山大学校博物館（1995）『蔚山検丹里マウル（集落）遺跡』284頁挿図19

(3) 楽浪郡と原三国時代

『漢書』によれば紀元前108年に漢の武帝が楽浪郡を設置したとある。ピョンヤンの大同江南岸に面する土城からは，漢式の巻雲文軒丸瓦や「楽浪礼官」銘のある瓦当(がとう)，「楽浪太守章」銘の封泥(せんでい)が発見された。太守は郡の長官をさすので，ここに楽浪郡の郡治(役所)があったことが分かる。半島では初めての瓦葺き建物が建てられ，灰色土器，漢代の五銖銭や青銅鼎が出土したほか，青銅器やガラスの製作も行われていた。郡治の南側にある丘陵には木槨墓(もっかく)と塼室墓(せんしつ)がつくられ，墓制としては2世紀ころに木槨墓から塼室墓へと変わった。木槨墓からは，細形銅剣や銅矛などの在地系遺物と漢式鏡や漆器などの中国系遺物がともに出土した。石巌里9号墳では金製帯鉤や目鼻口を塞いだ玉製品，「居摂三年」銘の漆器や漢式の連弧文鏡が副葬されていたので，郡の太守クラスの人物とみられる。これまでとは全く異なる墓制が半島に出現したが，副葬品をみると漢代の中国系のほかに青銅器時代の伝統を引き継ぐ在地系のものもある。土器は酸化炎焼成の赤褐色から還元炎焼成の灰色にかわり，この新しい技術が半島南部に伝わり，原三国時代の瓦質土器が生まれる。

楽浪郡の北部には高句麗がすでに建国しており，南のソウルを含む京畿道から江原道にかけての中部には硬質無文土器を使用した積石墳丘墓の文化，南部では瓦質土器を使用した木棺墓の文化というように4つの文化圏に分かれた。それがのちに中部では百済へ，南部では新羅(しらぎ)，加耶(かや)へと発展した。ソウルの漢江の自然堤防上に営まれた渼沙里遺跡では，平面が呂字形の入口前室をもつ長方形竪穴住居が発掘された。中央奥壁寄りに炉があり，壁際には板石をトンネル状に組合せてつくった床上オンドルが設けられた。中部ではオンドルをもつ住居跡が多い。魚網錘が出土しているので，農耕以外に漢江での漁撈活動が行われたことが分か

る。南部の墓制は木棺墓であるが，木棺の周りに溝を掘って囲んだ青銅器時代後期に出現した周溝墓も多くみられる。周溝墓は複数で群をなして造営されるが副葬品に差があり，鉄器が多く副葬される周溝墓は上位階層の墓である。しかし，群から独立した場所ではなく他の周溝墓と同じ群内にある。日本の弥生時代の方形周溝墓と同じ構造であり，両者には何らかの関係があったと思われる。

　石帳里遺跡では長方形の箱型の製錬炉や円形，方形の精錬炉が発掘された。鉄鉱石から鉄を取り出し，さらに不純物を取り除き，鋳型に流し込んで鋳造したり，叩いて鍛造する工程がすでに原三国時代には行われていた。

3．三国時代

　三国時代については，墓制を中心に見ていこう。墓制を示す考古資料は，墳丘，埋葬施設，副葬品の3点があげられる。それぞれの国において，この3点の内容と組合せは異なり，各国内でも3点の規模と質が異なることから，国ごとに墓制が異なるという特徴と国内での被葬者の階層構造を知ることができる。

（1）高句麗

　高句麗は最初，中国の遼寧省桓仁に王都を置いたが，その頃の考古資料は少ないためよく分からない。3世紀初頭に吉林省集安に王都を移し，ここには積石塚が数多くみられる。積石塚は，川原石や山からの割石，外面を平滑にした切石を積み上げたもので，墳丘内部にも石が詰まっている。石の積み方と埋葬施設で分類すると，①基壇を設けずに石を積み，墳丘上部に石槨を設けたもので，平面は方形や円形であるもの，②平面方形に一段の基壇を設けて，その上に石を積み，石槨を設け

たもの，③平面方形に数段の基壇を積み上げて，上部に石槨を設けたもの，④平面方形に数段の基壇を積み上げて，上部に横穴式石室を設けたもので，最下段の基壇に立石を立てかけるものが多く，一辺が70mに達するものがある（図13-9）。埋葬施設を墳丘上部に造り，墳丘は①を除くとすべて方形を呈する特徴がみられる。①が最初に出現し，その後最下段に基壇が造られる②が出現し，基壇が発達していく③と④がそのあとに出現した。①は紀元前後に出現し5世紀前半まで続き，④は3世紀末から4世紀初に出現し5世紀前半まで続くことから，①から④の順へ代わるのではなく，3世紀末以降は①から④までが同時並存していた。④の積石塚では墳丘から軒丸瓦も出土し，立石がみられるものが多いことから，4世紀初頭に高句麗王権が発達したことを示し，①から④は階層差を示していることが分かる。

①積石塚

②方壇積石塚

③方壇階梯積石塚

④方壇階梯石室墓

図13-9　高句麗の積石塚　出典：李殿福（1980）「集安高句麗墓研究」『考古学報』第2期，176頁表4の一部

　427年に王都を集安から北朝鮮のピョンヤンに移すが，ここには積石塚はなく土を盛り上げた封土墳のみである。積石塚から封土墳へ代わったのではなく，楽浪郡が滅亡したのちの4世紀代にすでに封土墳があり，それが5世紀以降もピョンヤンで続いたので，積石塚は集安での墓制とみることができる。封土墳は平面方形で埋葬施設は地上あるいは半地下に造られた横穴式石室である。そのうち約90基の横穴式石室には彩色された壁画が描かれている。徳興里古墳の壁に墨で書かれた墓誌に

は，中国の鎮という人物が高句麗に亡命して408年に77歳で亡くなり埋葬されたことが記される。高句麗の官位の国小大兄を受けているので，亡命後は高句麗に仕えていた。壁画は墓主の肖像と行列や流鏑馬(やぶさめ)などの儀礼や風俗が壁面に描かれる。江西大墓は墓誌が書かれていないが，天井の唐草蓮華文は中国の北朝時代の壁画墓（560年頃と推定）や奈良県の法隆寺の救世観音像（7世紀前半）の光背

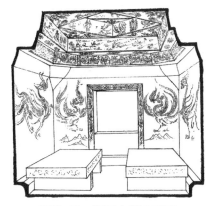

図13-10　江西大墓の壁画
出典：朝鮮総督府（1915）『朝鮮古蹟図譜』第二冊，204頁609

文様と似ているので，6世紀後半から7世紀初の年代が与えられる。人物や風俗の絵画はなく，壁には玄武・青龍・朱雀・白虎の四神が描かれている（図13-10）。壁画は，はじめ人物風俗が描かれていたが，6世紀に入ると四神にかわった。高句麗壁画は奈良県の高松塚（第12章参照）の壁画と比較されるが，人物風俗の壁画とは約200年，四神の壁画より約100年遅いので，直接比較するのは無理がある。

（2）新羅と加耶

　三国は，朝鮮の文献史料である『三国史記』に新羅本紀，高句麗本紀，百済本紀とあることから，この3つの国をいうが，新羅と百済に挟まれた地域には加耶諸国が存立していた。新羅の墓制は，木棺を納めた木槨を積石で覆い，積石の上面に粘土を貼り，さらに盛土をした積石木槨墳で，外形は円墳である（図13-11）。最大の古墳は皇南大塚で南と北の円墳を二つつなげた双円墳である。全長120mあり，1つの円墳の直

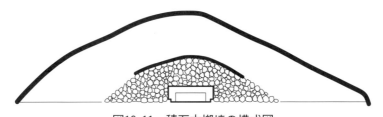

図13-11　積石木槨墳の模式図
韓国文化公報部文化財管理局（1975）『天馬塚』の図をもとに作成

径は80mで，木棺の中から冠・耳飾り・帯金具・飾履という装身具の組合せを身につけた被葬者が発掘された。円墳の大きさに大小があるが，古墳の規模よりも前記した副葬品の組合せに階層差が明確にあらわれる。金製の冠・耳飾り・帯金具に金銅製の飾履の組合せが最上位の階層であり，下位に行くに従い材質が金製から銀製へとかわり，組合せから冠が無くなり，飾履が無くなり，帯金具が無くなり，耳飾りのみとなる。さらにその下位は耳飾りも副葬されていない。皇南大塚南墳は，最大規模の墳丘をもち，金製の装身具の組合せをもっていることから，新羅王の墓であり，副葬された土器の年代が5世紀中葉であることから，『三国史記』にみえる訥祇王の墓である可能性が高い。

　加耶は4世紀には墳丘をほとんど持たない木槨墓，5世紀には石槨に盛土した円墳が造られ，埋葬施設の規模と副葬品に階層差があらわれている。4世紀の金官加耶の王陵がある大成洞古墳群でみると，長さ約5mの主槨と約2〜3mの副槨をもつ主副木槨墓が王陵クラスであり，副槨を持たずに主槨に匹敵する長さの木槨をもつ大型木槨墓がその次のクラスで，その下位に3mクラスの木槨墓があり，副葬品も下位

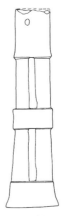

図13-12　筒形銅器
慶星大学校博物館（2000）
『金海大成洞古墳群Ⅰ』，
99頁図面19-1

に行くにしたがい少なくなっていく。王陵と
その次のクラスの木槨墓からは，倭から加耶
へもたらされた筒形銅器（図13-12）や巴形
銅器（図13-13）などの倭系遺物が出土して
いるので，金官加耶の支配層と倭のヤマト政
権が互いに交渉していたことが分かる。加耶
から倭へは鉄の素材である鉄鋌がもたらされ
た。なお，筒形銅器については韓国での発掘
により出土例が増え，倭ではなく加耶製とい
う意見も出されている。

図13-13　巴形銅器
慶星大学校博物館(2000)
『金海大成洞古墳群Ⅰ』，
129頁図面31-10

（3）百済

　百済の最初の王都である漢城（ソウル）では，3世紀頃に複数の木棺を埋葬施設した封土墳が出現するが，王陵と考えられる大型の古墳は石村洞古墳群で出現した。石村洞3号墳は三段まで基壇が残っていた方壇階梯積石塚で，一辺約50m，高さ4m以上ある。積石部から出土した青磁の盤口壺は，中国の東晋時代（317～420年）後期の磁州窯で製作されたもので，積石塚の年代は4世紀後半とされる。百済の積石塚は高句麗の影響を受けたもので，高句麗の王陵である集安の将軍塚が，一辺30mの積石塚であることから，3号墳も百済の王陵で，その年代から被葬者は近肖古王（在位346～375年）と推定されている。石村洞古墳群の北方，漢江に面して，南北約1500m，東西200～300mの規模の風納土城があり，大型竪穴建物跡や礎石建物，祭祀遺構が検出され，これが王宮に関連する施設と考えられた。

　475年に高句麗の攻撃により漢城が陥落すると，王都を南に120km離れた熊津（公州）に移した。横穴式石室は5世紀の漢城期に出現したが，

熊津期になると四方から大きく内傾していくドーム状の穹窿式天井をもつ平面方形の横穴式石室が宋山里古墳群のなかに出現する。この古墳群には塼室であるが武寧王陵が含まれているので，このような石室は王陵に採用された上位階層のものであり，宋山里型石室と名付けられた。武寧王陵は両袖式の塼室墓で，羨道(せんしつ)(えんどう)に2つの墓誌石が置かれていた。1つは王の墓誌で，「…百済斯麻王…癸卯年五月丙戌朔七日壬辰崩…」と刻まれ，斯麻王すなわち武寧王が西暦523年（癸卯年）に亡くなったことが記される。『三国史記』には，「武寧王の諱(いみな)は斯摩」とあるので斯摩が斯麻王にあたり，文献史料と墓誌が一致する。ここからは多くの百済製の副葬品のほか，青磁器は中国南朝の梁から輸入され，玄室を構成する塼にみえる蓮華文も梁の影響を受けている（図13-14）。一方，木棺の木材である高野槙や硬玉勾玉は倭から入手したもので，武寧王の時代の百済では南朝や倭との国際的な交渉が盛んに行われていた。

13-14 武寧王陵の塼
出典：韓国国立光州博物館（2009）『武寧王陵〔新報告書1〕』，245頁図版213の一部

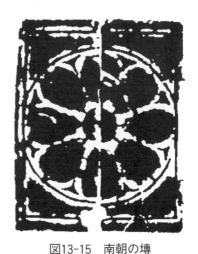

図13-15 南朝の塼
出典：羅宗真（1963）「南京西善橋油坊邑南朝大墓的発掘」『考古』第6期，298頁図17の一部，中国社会科学院考古研究所

（4）全羅道の前方後円墳

　武寧王の時代を中心にして，5世紀後半から6世紀前半にかけて公州から南に遠く離れた全羅南道の栄山江流域には15基の前方後円墳（長鼓墳）が分布している。前方後円墳は倭の古墳時代の墓制であり，朝鮮半島ではこの地域以外には見られない。古墳の形が前方後円で墳丘に葺石や埴輪があり，横穴式石室の多くは栄山江式石室と呼ばれ，公州や在地の石室とは異なり倭の九州系横穴式石室との類似点が多い。発掘調査された明花洞古墳は全長33mの前方後円墳で，盾形の周溝をもち墳丘裾に円筒埴輪が立てられ，石室の壁の最下段に大きな石（腰石）を置いている。このような石室は九州系横穴式石室のなかでも北部九州型石室と呼ばれ，福岡県の番塚古墳にみられる。円筒埴輪は上部に向かって開く円筒に2つの突帯をつけて倭の円筒埴輪と似るが，倭は外面を刷毛目調整しているのに対して，明花洞古墳は叩き調整をしており，製作が現地の土器作り工人によると考えられる。全羅南道は円墳や方墳に大形甕棺が複数埋葬される墓制であるが，その中心地である潘南面古墳群を取り囲

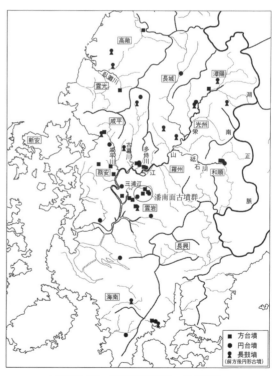

図13-16　前方後円墳　分布図
韓国考古学会編（武末純一監訳）『概説韓国考古学』
同成社（2013），307頁図220より作成

むように，地方の在地の古墳からも離れたところに前方後円墳が分布する（図13-16）。しかも，1代か2代の期間で終わり継続的な築造ではない。倭との類似点も多いが，副葬品や埴輪の製作技法，九州系横穴式石室以外の石室に全羅南道の在地的要素も見られ，多くは1世代限りであることから，その被葬者については，倭から全羅南道に渡った倭人説，在地豪族説，倭人やその2世が百済王権に仕えた倭系百済官僚説の3つが出されている。円筒埴輪は在地の大型甕棺墓である新村里9号墳にもみられ，前方後円墳のみでなく在地の古墳にも倭との交渉がうかがわれるので，前方後円墳の被葬者問題は在地の古墳も考慮に入れる必要があり複雑である。538年には，王都を泗沘（扶餘）に移し，陵山里古墳群に王陵が造営される。ここでは，平面長方形で，天井はかまぼこ形から平斜式（天井断面が台形），平天井へと時代的に変化した板石で構築された石室は陵山里型石室と呼ばれる。泗沘期の百済の全域に分布の広がりをみせ，全羅南道でも前方後円墳の造営が終わり中小形の円墳は陵山里型石室となり，泗沘期の王権と関わる銀花冠飾りも出土することから，この時期には完全に百済の支配下に入ったと考えられる。

参考文献

東潮・田中俊明編著『韓国の古代遺跡1新羅編』中央公論社（1988）
東潮・田中俊明編著『韓国の古代遺跡2百済・加耶編』中央公論社（1989）
東潮・田中俊明編著『高句麗の歴史と遺跡』中央公論社（1995）
韓国考古学会編・武末純一監修『概説韓国考古学』同成社（2013）
金元龍・西谷正訳『韓国考古学概説』六興出版（1984）
金元龍監修『韓国の考古学』講談社（1989）
早乙女雅博『朝鮮半島の考古学』同成社（2000）
吉井秀夫『古代朝鮮墳墓にみる国家形成』京都大学学術出版会（2010）

14 | 世界の考古学②—西アジア—

西秋 良宏

《目標&ポイント》 日本人研究者は，日本列島から遠い世界各地でも活発な考古学調査を行っている。本章では，日本人にとって第二次大戦後最初の本格的な人文系海外調査フィールドとなった西アジアを例として，海外考古学の意義について学習する。
《キーワード》 人類の拡散，食料生産経済，古代文明，世界宗教，文化遺産問題

1. 海外の考古学

　日本列島で得られる証拠だけでは解決できない考古学的課題を扱うには，海外での学術調査が必要になる。たとえば，人類が石器を製作し始めたのは250万年以上も前のことと言われているが，その頃の製作技術を研究するにはそれが見つかるアフリカに出かける必要がある。当時，人類はアフリカ大陸にしか生息していなかったからである。また，熱帯地域におけるヒトの適応を調べようと思ったら，そのような環境が拡がっている地域に出かけねばならない。もちろん遺物や資料が国内に収蔵されていればある程度の研究も可能だが，一から課題に向かうとなると，やはり原資料を入手するために海外調査を実施することになる。
　日本人による海外の考古学調査は，第二次大戦前までは東アジアにほぼ限られていたが，戦後は世界各地で実施されるようになった。先鞭をつけたのは1956年から57年にかけて西アジア各地で10ヶ月ほども野外調査を行った東京大学イラク・イラン遺跡調査団である。ついで，1958年

からは、やはり東京大学がペルーを中心とした南米にアンデス調査団を派遣しているし、1959年には京都大学から南アジア方面でのガンダーラ仏教遺跡調査団がでかけている。海外調査は日本の経済成長とも関わってその後、順調に増加し、渡航が容易になった1980年代以降には急増している。現在では、世界各地で、多くの日本人研究者が固有な考古学的課題の研究に取り組んでいるのが実状である。

2. 西アジアの考古学的課題

西アジアは、いわゆる中東地域に相当する（図14-1）。西は地中海沿岸のレヴァント地方、南はアラビア半島、北はコーカサス山脈以南、東はアフガニスタンあたりまでとするのが一般的である。乾燥地というイメージが強いが、実際には沙漠だけでなく、緑の多い海岸平野や万年雪の残る高山帯など地形は変異に富んでいる。

図14-1　西アジアの主な地域

この地域に人類が登場したのは約200万年前の前期旧石器時代である。アフリカから初期人類が拡散する際の玄関口であったから，ユーラシア大陸で最も長い人類史を擁する地域だと言える。旧石器時代は更新世の終わりとともに約1万1500年前頃終わり，完新世には初期農耕の時代である新石器時代が世界にさきがけて始まる。次いで，約7000年前には社会の複雑化が進展した銅石器時代，5000年前頃には古代文明が開化した青銅器時代，約3500年前には古代帝国が発展する鉄器時代へと移行する。青銅器時代には文字が出現したから，それ以降は歴史時代である。人類史そのものだけでなく，歴史時代が最も長い地域だということもできる。

(1) アフリカ大陸からユーラシア大陸へのヒトの拡散

西アジアでなければ解決できない固有の課題をいくつかあげてみよう。第一は，アフリカから出た初期人類の拡散や適応を調べることである。ヒトは600万年以上も前にアフリカ大陸で誕生したが，ユーラシア各地に拡散したのはそれから400万年ほども経てからのことである。いつ，なぜ，どのような経緯でアフリカを出たのか，新天地にいかに適応したのか。また，どんなルートでユーラシア各地に拡散したのかなどを調べるには，その起点となった西アジアでの現地研究が欠かせない。

現在のところ知られている西アジア最古の遺跡は約200万年前のものである。代表的なのは，シリアのアイン・アル゠フィル遺跡である。アフリカの前期旧石器時代初頭，オルドワン文化と同工の礫石器群が，180万年前の地層の下から見つかっている。インドネシアのジャワ島やジョージアのドマニシ遺跡でも180万年くらい前の遺跡が発見されているから，アフリカを出た人類はかなり速やかに各地へ拡散したらしい。先住集団がいなかったためであろう。アイン・アル゠フィル遺跡ではラ

クダの化石が伴っているから当時も乾燥地にあったことが分かる。初期人類は，かなり多様な環境に適応する能力があったことの証左である。ただし，この時期の遺跡は高緯度地帯には見つかっていない。

　人類は，その後も何度か拡散した。例えば，約160〜140万年前のイスラエル，ウベイディヤ遺跡では前期アシュール文化，約78万年前のジスル・ベノート・ヤコブ遺跡では中期アシュール文化の石器群が見つかっている。いずれの石器群も，故地アフリカの技術的特徴を色濃く残したものである。おそらく拡散した集団はまず自前の文化を西アジアに持ち込み，やがて在地の文化と融合していったのだと考えられる。

　これらの初期人類は西アジアを経由してヨーロッパや南アジアへも拡散したと思われるが，最も広範に拡散し，先住集団と置き換わったのが私たち現生人類である。現生人類が西アジアに到来したのは中期旧石器時代（約25〜5万年前）である。この時代には埋葬の習慣が始まるため，人類化石の発見も増加する。10万年前頃の現生人類の化石がイスラエルのスフール，カフゼ両洞窟で見つかっている。ただし，これらの集団がそのまま西アジアをへてユーラシア各地に拡散したかどうかは議論が分かれている。というのは，西アジア以外の地域ではその頃の現生人類遺跡として確実なものが乏しく，約5〜6万年前頃以降のものに限られるからである。

　すみやかな拡散がなしえなかった原因の一つは，ネアンデルタール人が西アジアに展開していたことと関係していよう（図14-2）。両集団は共存し，交雑した可能性が指摘されている。最終的に現生人類のどんな特質が本格的な拡散を可能にしたのかについては，認知能力説，身体形質説などをふくめ議論の的となっているのが現状である。また，拡散のルートは紅海からレヴァント地方を北上するルートと，アラビア半島南部を経由して東に向かう南廻りルートの二種類があったらしい。考古学

的資料を用いたその同定も大きな関心が集まっているテーマである。

(2) 食料生産経済の開始

次に農業の開始の問題をとりあげる。農業，すなわち食料生産経済は狩猟採集に頼っていた旧石器社会に大きな転換をもたらした。転換は，西アジアだけでなく，沙漠や高山，極北圏など一部地域をのぞいて世界各地で生じ，現在にいたっている。いわば，現代社会の基盤を作ったこの転換を，英国の考古学 G. チャイルドは新石器革命と呼んだ（第3章）。この過程は，各地で，たとえば日本列島でも縄文時代から弥生時代への移行として研究できるが（第11章），他地域からの伝播や移住を全く考慮しないで自力で進展したプロセスが研究できる地域と言えば多くはない。西アジアはその一つであり，かつ，最も古い。したがって，ヒトの社会や経済がどのように進化した時，農耕が発生するのかを説明するモデル地域となりうる。

西アジア型農業の主要作物はコムギ，オオムギなどのムギ類である

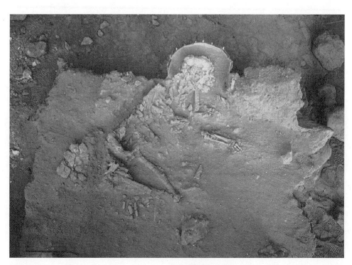

図14-2　イスラエル，アムッド洞窟で見つかったネアンデルタール化石人骨，5〜7万年前（提供：東京大学総合研究博物館）

が，それらの野生種は後期旧石器時代（約5万～2.5万年前）や終末期旧石器時代（約2.5～1.15万年前）にも利用されていた。ガリラヤ湖に水没していたため保存のよかった約2.5万年前のオハロ第二遺跡では，ムギ類の穀粒だけでなく，デンプンが付着していた石皿なども見つかっている。また，その他の植物，水鳥の遺存体などの分析によって，ほぼ一年中，居住されていたことも分かっている。いわゆる定住は，農耕発生の前段階に生じた重要な居住様式であるが，湖岸のように条件のよい地域では旧石器時代にも既に行われていたということである。定住がより一般的になるのは，終末期旧石器時代の後葉，ナトーフ文化の時期である（約1.5～1.15万年前）。この時期には，半地下式で石壁をもつ建物が作られている。磨り石類や穀類収穫具である鎌が発達したことなどから，野生種の栽培が試験的に始まったのではないかとする研究者もいる。シリアのアブ・フレイラ遺跡ではライムギの栽培が始まっていたという主張もなされている。

　遺跡からムギ類が多く出土するようになるのは続く新石器時代の前半，先土器新石器時代である。当初は野生種の栽培であったらしいが，1万年前頃になると，形態的な栽培種も出現する。シリアのムレイベトやカラメルなどの遺跡で最古級の栽培種穀物が見つかっている。ヒツジ，ヤギといった家畜動物の利用は，穀物栽培と同じ頃に開始されたようであるが，家畜種があらわれるのは栽培種の出現よりやや遅れる。家畜化が穀物栽培よりも遅れて発達したのは，冬季の飼料がムギワラで確保できるようになったことと関係すると思われる。このような植物栽培，家畜飼育の開始，発展はいわゆる肥沃な三日月地帯一帯でひろく，ほぼ並行して進展したものらしい（図14-1，14-3）。

　ヒトがなぜ食料生産を開始したのかについては，いくつかの仮説が提示されてきた。まず，チャイルドは，更新世末の気候乾燥化にともなっ

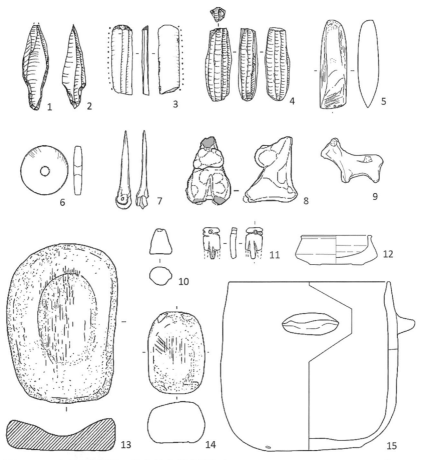

図14-3　初期農耕期の代表的な道具類（シリア，セクル・アル・アヘイマル出土，約9000年前）。1-2：石鏃，3：鎌刃，4：黒曜石製石核，5：磨製石斧，6：紡錘車，7：骨製錐，8：女性土偶，9：動物土偶，10土製トークン，11：石製装身具，12：石製容器，13-14：磨り石，15：土器。縮尺不同
©西秋良宏

て，ヒトと動植物が水辺に集中した結果，始まったというオアシス説を唱えた。一方，当時の気候変動は重要ではなかったと考えた R.ブレイドウッドは，農耕牧畜に適した植物が自生し，かつ動物が生息していた地域における長期にわたる文化蓄積の結果として説明しようとした。核地帯説と呼ばれる。また，定住と集約的な動植物利用が進んだ結果，人口が増大し，非適地に拡散した集団が食料生産を始めたという人口説も唱えられている。精神や社会の変化に着目した見方もある。たとえば，定住後，社会の階層化が進展し，リーダーが饗宴に使用する食物調達を始めたという説である。あるいは，定住する人口密集社会においては象徴能力に長けた人がより適応しやすくなり，自然環境への対処の仕方も変化したとする象徴説も提示されている。

　農耕がなぜ始まったかという議論をすすめるには，食料生産経済の発展を考古学的証拠を使って細かく跡づけることが重要である。近年の研究によれば，終末期旧石器時代から1万年以上も続く，長い生活様式変化の結果として農耕牧畜が発生したことが分かってきた。栽培種植物や家畜動物の誕生の前段階には，野生種植物の栽培や野生種動物の飼育，管理といった段階が一定期間続いていたはずである。それらがより活発になり農耕牧畜の進展へとつながったきっかけの一つは，完新世初めの気候温暖化であったとみられる。1万3000年から1万1500年ほど前まで続いた，いわば寒の戻りであるヤンガー・ドリアスという寒冷乾燥期が終わって，本格的な温暖期にはいる頃に西アジアでは新石器時代が開始する。そして，栽培家畜種が確立したのは，先土器新石器時代の半ば，10000年前頃以降である。いずれにしても食料生産経済の進展は革命という用語から推定されるほど急激な変革ではなく，1000年単位の時を重ねて進んだゆるやかなプロセスであった。

（3）古代文明の発生

　新石器時代は初期農耕社会である。日干し煉瓦で作られた建物が密集するムラが形成されるようになる。建物の建て替えは古い壁を壊して整地してから行われることが多いため，長期間居住されたムラは丘のような高まりとなる（図14-4）。そのような丘は現地語でテルとかタペ，タルなどと呼ばれている。そのため，西アジアの遺跡には，そのような名前のついたものが少なくない。時代の異なるムラが重なっているわけであるから，テルは層位的な発掘を施すことにより社会や技術の発展を時代順に調べることができる格好の遺跡である。

　初期農村社会から古代文明が発生したプロセスの研究も，そのようなテルの調査が舞台となっている。新大陸をふくめ，各地で古代文明は発生しているが，自力で，かつ最初に生み出した地域として，西アジアはやはり特異な地域であるといえる。

　最古の文明はティグリス・ユーフラテス河畔，すなわちメソポタミアの銅石器時代末に誕生した。現在のイラクの大半とシリア北東部にあたる地域である。バグダードあたりを境に南北に分けられる。どちらも乾燥地帯であるが，年間降水量が400mm以上ある北メソポタミアではムギ類の天水農耕が可能である。一方，南メソポタミアではより乾燥しているが，沖積低地であるため土壌が肥沃であり灌漑ができればムギ類の高い生産性が得られる。

図14-4　イラク，テル・サラサート遺跡の発掘トレンチ　銅石器時代の日干し煉瓦建築が見える（提供：東京大学総合研究博物館）

メソポタミアの古代文明を特徴付けるのは都市社会である。最古の都市の一つは南メソポタミアのウルクである。前4千年紀には250haに達するような規模になり，人口も数万を数えたと見積もられている。一方，北メソポタミアでもシリアのブラクという都市が興った。中心部は100haほどであるが，周囲の集落を加えると相当な規模であったとされる。やがて前3千年紀には多くの都市国家がうまれ，その後半には最初の領域国家であるアッカド帝国が誕生した。前2千年紀にはアッシリアやバビロニア，アナトリアのヒッタイトなど世界史を彩る数々の帝国が各地で勃興している。

　いずれにしても血縁集団の規模を超えた大規模集団である都市をささえるため，分業，階級，文字，官僚組織などさまざまな社会的仕組みが整えられていった。どれも現代社会を特徴付ける要素でもある。どのように，そうした複雑な仕組みが出現したのかを長期的に調べる上で，考古学的知見は欠かせない。都市が出現する前4千年紀後半は銅石器時代の後期にあたる。銅石器時代の文化進化が一つの焦点となる。

　社会の階層化や分業の進展については墓の副葬品や建物のサイズ，土器や奢侈品などの生産箇所や，分布などが分析されている。しかし，少なくとも前5千年紀まではかなり平等な社会であったらしいことが分かっている。傑出した集落も知られていない。前4千年紀以降，社会を複雑化させる一つの中心となったのは神殿であったらしい。人々を引きつける宗教的な中心であっただけでなく，祭儀をとりしきる人物集団，奉納品の管理，饗宴の開催など，多くの人々をまとめる複雑な社会的仕組みの構築へとつながったことが考えられる。南メソポタミアのエリドゥという遺跡では，前5千年紀のウバイド期の小さな神殿が前4千年紀末ウルク後期には巨大化して，都市の政治権力の中心となっていく様子が層位的にとらえられている。

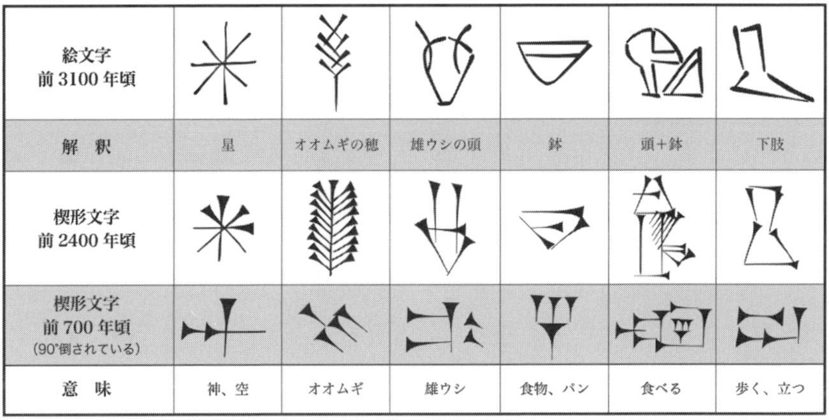

絵文字 前3100年頃	※	ᛘ	▽	▽	⬠	⬡
解 釈	星	オオムギの穂	雄ウシの頭	鉢	頭+鉢	下肢
楔形文字 前2400年頃	※	ᛘ	▽	▽	⬠	⬡
楔形文字 前700年頃 (90°倒されている)	𒀭	𒊺	𒄞	𒃻	𒅥	𒁺
意 味	神、空	オオムギ	雄ウシ	食物、パン	食べる	歩く、立つ

図14-5　メソポタミアの文字の変遷（ローフ2008より）

　官僚機構に欠かせない文字の出現過程についても考古学的知見で説明されている。メソポタミアの文字は粘土板に葦の筆で刻まれた楔形文字が著名であるが，前4千年紀に現れる最初期の文字は，楔形と言うよりも事物の形を簡略化して刻んだ象形文字であった（図14-5）。そのルーツは新石器時代から用いられたゲームの駒のような小形土製品，いわゆるトークンにあったとされている（図14-3）。決まった形でヒツジやムギなどを表す土製品を作り，それで貸し借りや保管の際に数を管理していたようである。やがて，土製品の形を記号化して，粘土に刻むようになったというのが文字発生の仕組みであったらしい。取引や神殿への奉納物管理などの記録に用いられていることからして，文字は経済用に考案されたと言える。最初期の文字は南メソポタミアのシュメール社会に生まれ，やがて，都市社会の発展とともに前3千年紀には北メソポタミアなど他の地域にも広がっていった。これも長いプロセスであったということになろう。

（4）世界宗教の誕生

　最後に，もう一つ，西アジア固有の考古学的課題として，世界宗教の成立についてふれておく。西アジアは現代社会に多大な影響を与えているキリスト教，ユダヤ教，イスラム教が誕生した土地である。仏教やヒンズー教など世界的に影響力のある宗教は他にもあるが，西アジアで支配的となった諸宗教はいずれも一神教である点で特徴的である。西アジアは，近年しばしば文明の対立とか宗教戦争などと呼ばれる国際問題の舞台にもなっている。どんな歴史的背景をもってそれらの宗教，それに基づく社会が生まれたのかを調べておくことは，現代社会を理解する手がかりを提供しよう。

　キリスト教は新約聖書，ユダヤ教は旧約聖書，そしてイスラム教はコーランを教典としている。それらは歴史書でもあるが，史実にもとづかない事柄も含まれるから，歴史理解に利用するにあたっては用心がいる。また，記載内容が編纂者の方針にしたがっているという問題もある。したがって，それら宗教の成立期の状況を歴史として正確に知るには，教典の読解だけで無く，客観的な証拠である考古学的記録の精査や，それと文書記録との照合などの作業が欠かせない。そうした研究は聖書考古学，イスラム考古学として独立した考古学分野となっている。いわゆる宗教考古学の分科に相当する。

　旧約聖書は天地創造の物語なども含むが，主たる部分は古代イスラエルのユダヤ民族の歴史叙述にさかれている。地中海世界に文字が普及したのが前1千年紀前半であることから，文字記録として残されたのはその頃以降であるが，それ以前からの口頭伝承を含めて編纂されたものと思われる。南メソポタミアからレヴァント地方南部へ移動してきたというアブラハムの時代は，おそらく青銅器時代中期のことである。族長時代とされるがそれは実際の青銅器社会のどのような側面を表しているの

か。モーセがファラオの圧政に苦しむイスラエルの民を連れ，エジプトからカナンの地に移る時期は，おおよそ青銅器時代後期に相当するとされる。そこでイスラエルの民は先住集団と戦い，カナンに土地を得ていくわけであるが，旧約聖書に登場する地名や実際の興亡の同定が考古学の課題の一つとなっている。たとえば，彼らが最初に陥落させたというイェリコの町の構造は，強固な城壁で囲まれていたのかどうかなどが，発掘調査によって調べられている。

　青銅器時代は前13～12世紀頃，おそらくエーゲ海方面から到来したいわゆる海の民の侵入をもって終わりを告げる。イスラエルだけでなく，シリアやレバノンなどの海岸部都市遺跡でも破壊の痕跡が考古学的に確認されている。つづいて，前1千年紀の鉄器時代にはいると，同時代の記述が増加することもあって，情報がより詳細になる。ダビデやソロモンらの王国時代に続き，前8世紀以降になると，メソポタミアで強大となった新アッシリアや新バビロニアとの戦いの痕跡が考古学的証拠の中にあらわれる。

　さて，イスラムが興ったのは紀元後7世紀である。始祖モハンメッドがアラビア半島の一角で唱え，やがて，7世紀後半にはダマスカスを首都とするオマイヤド朝，8世紀半ばにはバグダードを首都としたアッバース朝などが成立し，周辺地域が急速にイスラム化していった。この過程で，西方ではキリスト教を奉じるビザンツ帝国，東方ではゾロアスター教を国教とするササン朝ペルシャ帝国との争いが繰り返されている。

　イスラム考古学においては，聖書考古学のように教典の記載を史実と照らし合わせようとする作業は研究の中心とはされていない。それは，この時代は既に文献記録が豊富であること，また，コーランは聖書と違い，必ずしも建国の物語ではないことなどが理由にあげられよう。実際

には，独特な社会構造を反映した都市構造の調査や，モスクを始めとする宗教建築，イスラム陶器，ガラス等各種工芸生産や長距離交易などの研究などが主たる研究課題となっている。宗教考古学だけでなく歴史考古学としての色彩が色濃い。

イスラム都市遺跡の調査は20世紀はじめから進められている。イラクのサマッラ，エジプトのフスタート，イランのニーシャプールなどでは息の長い調査が行われている。それによれば，モスクの存在をのぞけば，イスラム勃興期の7世紀の物質文化はビザンツやササン朝期のものと大きな違いがないと言われる。イスラム陶器など独自の工芸が発展してくるのは8世紀以降である。青や緑の施釉陶器が特徴的で，時期により類似した陶器が各地で生産されていたことから，技術交流がさかんであったことが知られる。また，時代を下ると中国の唐三彩，染め付けの影響を受けた陶器が生産されるようになっている。国際的な交流の中で工芸が振興したことが分かる。

3．西アジア考古学を学ぶ意味

さて，以上，西アジア考古学で特に話題となる研究テーマをあげてみた。他にも多々あるが，これらは，どれも人類史的・世界史的に普遍的価値がある課題である点，重要である。そのことが，西アジアを世界中の研究者が集う国際的研究フィールドとさせている。日本人による西アジア考古学調査も，そうした課題を意識していた。先述した1956年発足のイラク・イラン遺跡調査団が掲げていた課題は文明の起源の研究である。そのため，文明の基盤たる食料生産経済がおこった初期農耕の時代から研究を始めたのである。戦前までの日本人による海外考古学調査が，どちらかと言えば，東アジア諸地域の文化，文明を調べることで日本の文化や歴史の理解につなげようとする日本中心の研究であったのに

対し，戦後に始まった西アジア研究は，人類の普遍的な価値に目を向けるようになったという点で転換点ともなった。1950，60年代は，第二次大戦の反省にたって文明とは何なのかについて世界的に再研究が進んだ時期にあたる。日本の西アジア考古学は，同じ頃始まったアンデス文明研究とともに世界的潮流と合致するものであったということも出来よう。

現在では，日本人による現地調査は活発に実施されるようになっており，毎年，10近いチームが各地で活動している。これまでに現地調査が実施されたのは20ヶ国ほどに達し，発掘された遺跡数も200を超えている。ネアンデルタール人化石の発掘など旧石器時代から，初期新石器時代遺跡，銅石器時代，青銅器，鉄器時代，さらには聖書考古学，イスラム考古学などの歴史時代にいたるまで，研究の範囲もほぼ全時期にわたっている。西アジアは日本からすれば一見，縁遠いように思われる地域であるが，人類共通の歴史研究に参加するという点で関与しうるのである。

さらに広い意味で，西アジア考古学を学ぶ意義をもう少し考えてみよう。少なくとも二つ，重要な点を指摘できる。

（1）世界の考古学潮流

一つは，研究の国際性である。これほどまでに多くの考古学者が世界中から集う地域は他にない。各国で独自に発展した研究法が持ち込まれることもあれば，時々の研究動向を反映した研究が展開されることもある。いわば，西アジア考古学には世界考古学の潮流が反映される。たとえば，発掘法においては，ウィーラーが開始したグリッドを用いる層位的発掘法を発展させたのは，K.ケニヨンが率いた1950年代のイェリコ遺跡調査においてのことだった（ウィーラー・ケニヨン法。第2章参

照)。また，編年という点でも，19世紀には特徴的遺物を用いた示準化石法が一般的であったが，20世紀前半には一括で出土した遺物の組み合わせを考古学的文化と定義し，その違いをもって編年をくみたてる方法が登場した。その主導者であったG.チャイルドは，西アジアで発生した農耕社会や古代文明がいかに西方へ伝播しヨーロッパ社会の基盤を形作ったかを構築してみせた。特徴的な遺物や土器の文様などの割合を層位的，定量的に比較するセリエーション法という方式も20世紀前半に開発されているが，C.ペトリーがエジプトやイスラエルの重層遺跡（テル）で本格的に実践している。また1950年代に放射性炭素年代測定法が開発された際には，その確かさを確認するため，早くから歴史時代が始まった西アジア地域，エジプトの墳墓から採取した炭化物が試験に用いられている。

　西アジアは1960年代以降に欧米を中心にさかんになったニュー・アーケオロジーの舞台にもなっている。ニュー・アーケオロジーとは，社会や経済が変化するプロセスを自然科学的思想，手法を重視して解明しようとしたことからプロセス考古学とも呼ばれる。農耕起源を人口理論から説明しようとする研究について先述したが，それは生態学やシステム理論を考古学に適用しようとしたものである。また，初期農村から文明社会にいたる社会の複雑化を民族誌から推定される社会の型，すなわちバンド社会，首長制社会などと照合して社会進化として定義しようとする試みもメソポタミアの銅石器時代社会の研究に導入されている。

　1980年代以降には，人間社会の変化を生物科学，自然科学と言うよりも，人間の意志や社会のあり方に力点おいて説明しようとする潮流，すなわちポスト・プロセス考古学が台頭した。旗頭であったI.ホッダーはその実践の場として，トルコの新石器時代遺跡，チャタル・ホユックを選び，ユニークな野外調査を実践している。同じ遺跡を異なる方法

論，解釈論をもった研究チームが調査したらどのように成果に差異が出るのか，などといった実験も行われている。

　これらの方法的潮流は，必ずしも，それぞれが他に置き換わっていくというものではなく，並立，累積してきたと言うのが実情である。各国の研究者が集う西アジアにあっては，そのほとんど全てが取り入れられ，ユニークな調査研究史を形成してきた。すなわち，それを学ぶと言うことは，国際的な研究現場に身をおくことに通じる。

（2）文化遺産保護の問題

　もう一つ，西アジア考古学を学ぶ意義として，文化遺産保護の国際感覚滋養をあげたい。大英博物館やルーブル美術館を飾るハムラビ法典やアッシリアの石像，エジプトのミイラ等に代表されるように，世界で最初に歴史が始まった地域である西アジアでは文化財的価値が高い作品が多々，出土する。それらは19世紀から国際的な注目を引きつけてきた。火をつけたのは，古代文字の解読である。エジプトの象形文字はJ.F.シャンポリオン，メソポタミアの代表的文字，楔形文字はH.ローリンソンらによって解読された。これによって，当地の歴史に聖書やローマ史など欧米で関心の高い史書に登場する物語や諸都市が埋もれていることがはっきりしたからである。

　19世紀はもちろん，20世紀半ばまでは，発掘された遺物，文化財の多くが欧米諸国に運ばれることとなったが，1970年代以降は，西アジア諸国は他の国々と同様，文化財である考古学的発掘物は自国にとどめおく方針が普遍化している。現在では，現地では研究できない科学分析等のためのサンプル輸出のみが認められるというのが通例である。

　現在の日本と同様，建築，道路建設などにともなう事前調査も，20世紀半ば以降，進展してきた。先鞭をつけたのは1970年代初頭，シリアの

図14-6　シリア，パルミラ遺跡の凱旋門　©西秋良宏

ユーフラテス河に建設されたアサドダムによる水没遺跡調査である。1960年代に大規模に実施されたエジプトのアスワンハイダム建設にともなう各国協力調査につぐ西アジア版である。日本のように緊急発掘は自国の考古学者で実施するというのではなく，大規模事業の場合は，世界の考古学者に呼びかけて協力を募るというのが特徴である。各国の調査隊が参加するという方式は，現在も続いており，日本のチームの参加も一般的になっている。

　このように西アジア諸国の文化財保護・保管に対する関心は増している。しかしながら，その取り組みに深刻な陰を落としているのは中東地域全般につきまとう政情不安である。第二次大戦以降に限ってあげてみても，中東戦争（1948，1956，1967，1973），レバノン内戦（1975-1990），イラン・イスラーム革命（1979），イラン・イラク戦争（1980-1988），湾岸戦争（1991），アフガニスタン紛争（1978-2001），イラク戦争（2003）

やその後の混乱，そして現在も続くアラブの春（2011-）。一国内にとどまった争乱もふくめれば枚挙にいとまがない。

　こうした政情不安が文化財としての考古学遺跡，遺物に与える影響は甚大である。アフガニスタン，バーミヤン仏像の破壊は大きな衝撃を与えたし，湾岸戦争時にはイラクの博物館が略奪され，文化財の違法流出が生じた。現在のシリア，イラクで続く紛争もニネヴェやハトラ，パルミラなど，ユネスコの世界遺産指定遺跡の破壊被害につながっている。西アジアに千年単位で残されてきたモニュメント群は，在地社会の象徴ともなっている。したがって，国旗などと同様，争乱がおきた際には対抗勢力にとって格好の標的となりうるのである。考古学研究だけでなく，こうした問題の解決にも国際社会の協力が不可欠である。それらの地域の文化遺産研究者でもある考古学者には相応の尽力が求められる。これを学ぶことは，同時に現代社会を学ぶことにも通じると言えるだろう。

4．まとめ

　考古学は，地域史の構築という側面と世界史・人類史の普遍的価値を追求するという側面，その二つの面でヒトが来た道の理解に貢献する。ここでは，後者の側面を中心に西アジア考古学の特徴を述べた。ユーラシア大陸で最も長い人類史をもつ西アジアには，ここでしか調べられない研究テーマがいくつもひそんでいる。また，人類史においても意義深い出来事が起こった地域であること，常に国際的な研究フィールドとなっていること，さらには，その研究は文化遺産問題という点で現代社会とも密接な関係をもっているということができる。

　西アジアの地域史という点については本章では簡単に述べたのみである。西アジアと言っても地中海沿岸のレヴァント地方，内陸のメソポタ

ミア,アラビア沙漠,山岳地帯であるザグロス山地やアナトリア高原,さらにはエジプトでは個々,異なる歴史が展開されていた。それらについて学べる参考書や国内の博物館は少なくないので,興味をもった方々は,各地の歴史についても学んでいただきたい。

参考文献

大津忠彦・常木晃・西秋良宏『西アジアの考古学』同成社（1997）
筑波大学西アジア文明研究センター『西アジア文明学への招待』悠書館（2014）
西秋良宏・木内智康『農耕と都市の発生』同成社（2009）
日本西アジア考古学会（編）『西アジア考古学講義ノート』日本西アジア考古学会（2013）
長谷川修一『聖書考古学——遺跡が語る史実』中央公論新社（2013）
ローフ,M.『古代のメソポタミア』（松谷敏雄監訳）朝倉書店（2008）

15 | 考古学と文化財の保護

早乙女 雅博
設楽 博己

《目標&ポイント》 考古学の研究対象である遺跡や遺物は研究者だけでなく，広く国民や人類の共有財産として保存し活用し，文化の向上と進歩に貢献することが文化財保護法にうたわれている。わが国の文化財保護の歩みを考古学と関連づけながら概観し，保護の方向性を示すとともに，遺跡の保存と活用がどのように行われているかを実例で示す。その一例として遺跡と博物館が組み合った野外博物館があり，そこでは遺物を含めた考古資料の保存と活用が図られ，文化財保護に果たす役割が大きいことを理解する。そして，それを担う人材が考古学の専門職員であり，彼らを育成する大学の考古学教育の重要性について述べ，この「考古学」講義がもつ意義の理解を深める。
《キーワード》 サキタリ洞遺跡　埋蔵文化財　文化財保護法　保存と活用　行政発掘　国立博物館　野外博物館　考古学教育　専門職員

1. 文化財の保存と活用

(1) 文化財の保存と活用の実際

　鍾乳洞が崩落してできた沖縄のガンガラーの谷のなかにサキタリ洞遺跡がある。洞穴は，下から時代が古い順に土が堆積しているので，層位的な発掘ができ，各層から出土した炭化物の炭素14年代測定により，層の年代が今から何年前と分かる。それによって，その層から出土した遺物の年代を決めることができる。

　ここは，2007年から沖縄県立博物館・美術館が発掘を始め，縄文時代の土器や旧石器時代の石器と人骨が出土した。この遺跡の旧石器時代の人骨でもっとも古いのはおよそ3万年前の子どもの骨である。特に注目

されるのは，世界最古とされる2万3千年前の貝製の釣針である（図15-1）。旧石器時代というと石器ばかりが注目されるが，骨角器も生活の道具として使用していた。最も古い地層からは3万5千年前のシカの化石が発見された。

図15-1　貝製の釣針
提供：沖縄県立博物館・美術館

2万2千年あたりを境にそれ以前はシカ，以後はイノシシと動物相の変化が見られる。このシカの骨は火で焼けていることから，人類の手が加わっていることは明らかであろう。サキタリ洞遺跡の近くには港川人（約2万2千年前）が，石垣島では白保竿根田原洞穴人（約2万7千年前）という新人（ホモ・サピエンス）化石が発見され，沖縄は旧石器時代の人類化石の宝庫といえる。サキタリ洞遺跡の発掘が進めば3万年より古い地層からの人類化石の発見も期待できる。学問的な成果をもとに遺跡の価値と魅力を見出し，今後に夢をふくらませるサキタリは，研究者のみでなく国民にも夢を与えてくれる。

洞穴内の中央には，ケイブカフェ（洞穴喫茶店）がもうけられ，観光客は隣接する発掘区をながめながらコーヒーを飲み，古代を想像して歴史を体験できる（図15-2）。ガンガラーの谷は先史時代ばかりでなく，近世に至るまで各所に生活の跡が残されている。洞穴の管理者が主催する谷のツアーでは，この谷の自然と利用の歴史を楽しく学ぶことができる。3万年前の旧石器時代人と同じ環境のな

図15-2　ケイブカフェ
出典：笹川平和財団海洋政策研究所"Ocean Newsletter No. 400"（提供：藤田祐樹）

かにいる感動を味わうことができるのであり，観光資源としての遺跡の活用という点で，モデルケースの一つといってよい。ただし，観光資源は遺跡の保存と価値の継続性があってはじめて成り立つものであり，遺跡の保存は観光に優先されなければならないことも承知しておく必要がある。

(2) 戦前の文化財保護の歴史

　日本における遺跡の保護は，明治初期と太平洋戦争後の二つの時期に大きな画期があるが，明治以前にもその動きはあった。水戸黄門としてテレビでもおなじみの水戸光圀が，元禄5年（1692）栃木県大田原市にある上侍塚古墳と下侍塚古墳（図15-3）を地元の大金重貞に命じて発掘したのはその端的な例である。発掘は那須国造碑の主を明らかにする目的でおこなわれ，墓誌は発見されずに所期の目的を果たすことはできなかったが，特筆すべきは，その時に出土した遺物を含めた発掘後の処置であった。発掘によって崩壊した墳丘は盛り土をして復旧させたばかりか，墳丘に松を植えて崩壊を防いだ。出土した遺物は図面をとったうえで木箱に納めて埋め戻している。その際，水に強い松材の木箱に入れて樹脂で密封する念の入れようであり，埋蔵文化財保護のお手本といってよい処置に驚かされる。

　文化財の保護を制度化しようとする動きは律令期にさかのぼるが[1]，明治4年（1871）の太政官による「古器旧物保存方（かた）」布告ののち，明治7年（1874）に太政官が布達した「古墳発見ノ節

図15-3　下侍塚古墳　©早乙女雅博

届出方」が，日本初の遺跡に関する保護制度とされる。「古器旧物保存方」を引き継ぎ，これにかわって明治30年（1897）に法制化された「古社寺保存法」は日本で最初の文化財保護に関する法律である。社寺や古美術にかかわらず史跡の保存を広く求める要請を受けて，「古社寺保存法」は昭和4年（1927）に「国宝保存法」に変更され，大正8年（1919）に制定された「史蹟名勝天然記念物保存法」と昭和8年（1933）に制定された「重要美術品等ノ保存ニ関スル法律」の三つが，戦前における文化財保護にかかわる三法とされている。

　明治4年の「古器旧物保存方」は同年の廃仏毀釈により破壊された文化財の調査を目的とするものであり，「史蹟名勝天然記念物保存法」の制定に先立って明治44年に貴族院に提出された「史蹟及天然記念物保存ニ関スル建議案」は，急速な国土の開発に対応するべく史跡などの永遠の保存計画を企図したものであった。また，昭和初年の二法案成立の背景には，パリでおこなわれた万博などをきっかけとする国粋主義や郷土意識の高まりがあった。このように，明治維新後の急速な近代化や国際化の波の中で文化財保護の制度も整えられていった。

（3）文化財の保存と活用についての戦後の国の政策

　太平洋戦争後まもない昭和24年（1949）に法隆寺の金堂が焼失し，壁画を含む貴重な文化財が灰燼に帰する痛ましい事故が生じた。それをきっかけとして，あらたな文化財保護法が成立したのが翌昭和25年（1950）である。

　新憲法下の文化財保護法は，戦前の三法を一本化した。文化財保護法第1条は，「この法律は，文化財を保存し，且つ，その活用を図り，もつて国民の文化的向上に資するとともに，世界文化の進歩に貢献することを目的とする。」と，憲法の平和国家樹立の宣言を反映した文化国家

の施策と，戦前の偏狭なナショナリズムを排した世界貢献を高らかに謳っている。

戦後法の大きな特徴は，文化財の保存と管理のほかに「活用」を前面にすえている点である。先に取り上げたように，サキタリ洞の事例は，活用という点で戦後法にもとづく文化財政策の具体的施策を示す典型的な事例といえよう。

文化財には，6つの種類がある。「文化財保護法」第2条では，有形文化財，無形文化財，民俗文化財，記念物，文化的景観，伝統的建造物群に分けられ，これらのなかで時に重要なものを，有形文化財では重要有形文化財に指定し，記念物では史跡，名勝，天然記念物に指定して現状のままで保存する。さらに重要文化財のなかで，世界文化の見地から価値の高いもので，たぐいない国民の宝を国宝に指定し，史跡のなかで特に重要なものを特別史跡に指定する。考古資料でみると，重要な遺物は重要有形文化財，国宝として，重要な遺跡は史跡，特別史跡として指定されて保護される（表15-1）。

表15-1　文化財の種類

国宝	重要有形文化財	有形文化財（考古資料）
	重要無形文化財	無形文化財
	重要有形民俗文化財	有形民俗文化財
	重要無形民俗文化財	無形文化財
特別史跡	史跡	記念物（貝づか，古墳，都城跡，城跡）
特別名勝	名勝	記念物
特別天然記念物	天然記念物	記念物
	重要文化的景観	文化的景観
	重要伝統的建造物群	伝統的建造物群

これに加えて第92条では，土地に埋蔵されている文化財を埋蔵文化財として，その発掘には文化庁に届け出ることが義務化されている。まだ発掘されず地下に何があるか分からないところも，分布調査や農作業などで過去に遺物や遺構が発見されたところは周知の埋蔵文化財包蔵地として遺跡の保存を図っている。そのために，国や地方公共団体では埋蔵文化財分布地図を作成して，広く国民に周知している。埋蔵文化財は全国に46万か所あり，これらすべてを現状保存することが理想であるが，その上に高速道路や住宅が造られる場合は，発掘調査して記録をとり，その記録を保存している。ただし，重要な遺跡であることが発掘で分かった場合には，工事計画を変更して史跡として保存するよう指導している。

　日本の高度経済成長により遺跡の破壊が進むなかで，それに対処するため昭和41年に文化庁の前身の文化財保護委員会から「風土記の丘構想」が発表された。古墳群，寺院，城跡などの遺跡を広域で保存し整備活用することを目的として，古代の国（おおよそ今の県に相当）に1か所ず

図15-4　西都原古墳群
提供：宮崎県立西都原考古博物館

つつくる計画で，中核施設として展示施設の設置を義務付けた。現在までに16か所つくられた。第1号は日向国にあたる宮崎県の西都原古墳群で，約300基からなる古墳群が保存整備され，特別史跡の指定地外に西都原考古博物館が建てられ，さらに周辺の景観も保存されている（図15-4）。

図15-5　三内丸山遺跡　復元建物
出典：wikimedia

このように整備して多くの人々が訪れて，遺跡を目で見て楽しみ理解してもらうことは遺跡の保存につながる。しかし，住居跡などの建物は木材が腐って残らず，そのままでは目で見えないので，整備活用の手段として復元という方法がとられることがある。青森県の三内丸山遺跡では，発掘で検出された6本の柱穴と底に残った柱から屋根のない建物が復元されたが，当時の建物に屋根があったかなかったかは不明であり，復元の難しさを示している（図15-5）。

2．博物館と考古学

（1）中央の博物館

　明治4年（1871）には「古器旧物保存方」，明治9年（1876）には「遺失物取扱規則」が太政官から布告され，埋蔵の物を掘り出した者は役所に届けるように決められた。その後，明治15年（1882）に太政官から，東京大学[2]が考古学研究のため教員学生を各地に派遣し，介墟洞窟を検出して地方庁又は所有主と協議して古物を採集したときは，東京大学で保管するようにという布告が出された。その背景には，明治10年（1877）

の東京大学外国人教師のモースによる大森貝塚の発掘の成果がある。その後明治32年（1899）の内務省訓令で，遺失物法第13条により学芸技芸若しくは考古の資料となるべきものを発見した時は，古墳関係品その他の学芸技芸若しくは考古の資料となるべきものは宮内省，石器時代遺物は東京帝国大学へ納めるよう規定された。この規則は戦後になって変わったが，宮内省へ納められた考古資料は東京国立博物館[3]に引き継がれ，東京帝国大学へ納められた石器時代遺物は東京大学総合研究博物館が引き継いでいる。このようにして全国各地の遺物が東京帝室博物館と東京帝国大学に集まった。学術発掘によらない遺物も多く，古墳や寺院からの出土と分かっても遺跡との関係（どの位置から出土したかなど）がよく分からず，考古資料というよりは美術品に近い扱いで展示された。東京国立博物館では絵画や陶磁器などの美術工芸品が展示の中心となっているため，よりその傾向が強い。熊本県の江田船山古墳の銀象嵌大刀（国宝）や奈良県の小治田安麻侶墓誌（重要有形文化財）は，そのような経緯で入ってきた。戦前の収集の経緯から，国宝や重要文化財に指定された全国の優れた考古資料が集まっているので，縄文から弥生，古墳時代をへて古代寺院，さらにはその後の中近世まで通史的に各時代を代表する遺物が展示され（図15-6），日本の歴史を展示する中央博物館の役割を担っている。国立博物館は東京のほかに京都，奈良，九州があり，九州では対外交流を重視した展示を行っている。また，国立歴史民俗博物館は考古資料を活用した展示が行われ，これらが日本を代表する博物館となっている。外国

図15-6　東京国立博物館考古展示室
Image : TNM Image Archives

でも韓国の国立中央博物館，中国の国家博物館，エジプトの大エジプト博物館，フランスの国立考古学博物館などが，その国の歴史を考古資料から通史的に展示している。

（2）野外博物館

　日本における都道府県や市町村の地方博物館は考古収集品もあるが，地方自治体による発掘調査で出土した遺物から展示が構成できるので，遺跡発掘の写真パネルや遺跡模型などを積極的に利用して遺物と遺跡を近づけることにより，地域の歴史や文化を理解し易くなっている。

　これをさらに発展させたのが野外博物館（Open air museum あるいは Field museum）である。大規模の遺跡の発掘調査を契機に，その地域あるいは日本の歴史や文化の理解にとって重要な遺跡を保存し，その近くに博物館やガイダンス施設を建てて遺跡と遺物を一体として視覚的に体験的に理解できるように展示した施設である。遺跡は埋め戻して保存するのみでなく，そこに当時の姿を復原して見学者が先史と古代を想像し易くしている。「風土記の丘構想」が，わが国におけるスタートであるが，保存の意識が高まるなか各地でつくられている。

　群馬県の保渡田古墳群では，全長約100mの3基の前方後円墳を保存して，そのうちの一つの八幡塚古墳は墳丘の葺石や埴輪列，二重周濠の内堤上の埴輪祭式が復元され（図15-7），後円部の埋葬施設の舟形石棺が見学できるようになっている。近くには「かみつけの里博物館」があり，実物の埴輪や出土品が展

図15-7　八幡塚古墳の墳丘と埴輪祭式復元
提供：高崎市立かみつけの里博物館

示されるほか，古墳群とその被葬者の住居と考えられる三ツ寺Ⅰ遺跡の豪族居館さらにその周辺の農村集落が模型で復元され，複数の遺跡の関連性と遺物の理解を助けている（図15-8）。このような野外博物館は，宮崎県の西都原古墳群（古墳），山口県の綾羅木郷遺跡（弥生，古墳），大阪府の池上曽根遺跡（弥生），千葉県の加曾利貝塚（縄文），青森県の三内丸山遺跡（縄

図15-8　保渡田古墳群（上）と三ツ寺Ⅰ遺跡（下），その中間に農村集落がある復元模型
提供：高崎市立かみつけの里博物館

文），北海道のカリカリウス遺跡（擦文）など全国各地に広まり，地域と時代の特色を生かした野外考古学博物館となっている。野外博物館は先史古代世界を想像しやすく，自分たちの生活と遺跡が近くなり，そこを訪れる人々が遺跡や文化財の大切さを理解して永続的な保存につながる重要な役割を持っている。

3．大学教育と考古学

（1）大学の授業

　大学の考古学教育は，専門的な考古学知識の習得であるが，卒業後に就職する可能性がある行政内の専門職員としての人材育成も求められている。行政発掘は一般職員でなく考古学のトレーニングを受けた専門職員が担当する。考古学科の一般的な講義題目をみると，①考古学概論，

②考古学方法論，③日本考古学・外国考古学，④考古学実習・発掘実習（第2章参照）があり，これに⑤人類学・古代史学・美術史学（人文科学のなかでの関連分野），⑥考古化学・年代測定学（自然科学のなかでの関連分野），⑦保存科学，⑧文化財保護法・文化財行政学が

図15-9　大学の遺跡発掘実習授業（奈良大学）　提供：奈良大学文学部

加わる場合がある。①②③⑤⑥が考古学研究のための教室内で学ぶ知識であり，④が野外で行う技術の習得，⑧が遺跡の保護行政に関する知識である。①～④は考古学科の教員が行い，⑤～⑧は考古学科の教員やそれぞれの専門分野の教員が行う。

　考古学は人類の歴史の復元という意味で歴史学の中に含まれる場合が多いが，一般的に言う歴史学すなわち文献史学の教育と大きく異なるのは，④発掘実習をカリキュラムに設けていることである。実習により，発掘技術を身につけ，遺物整理，報告書の作成までの一貫した作業ができるようになる。座学の授業だけでは技術を習得するのは難しく，実際に遺跡の発掘をするのが効果的である。しかし，学外の発掘現場で一定期間が必要であるから，通常の授業ではなく夏休みなどの長期休暇を利用するため，費用の負担や指導する教員の負担も大きい。

　遺跡は埋蔵文化財として文化財保護法で保護され，国や地方自治体の行政のなかで取り扱われている。そこで発掘実習を大学と自治体の共同事業としたり，インターンシップとして自治体が行う発掘に学生が参加して，単位を認定するなどの工夫も行われている。自治体との共同作業は，⑧文化財保護法・文化財行政学が実地で学べるという利点もある。

（2）自治体の埋蔵文化財専門職員

　年間8000件の発掘調査が行われているが，そのうちの9割以上が自治体が行う行政発掘である。すなわち開発によって埋蔵文化財が消えてしまうので，記録によってしか残すことができないために行う発掘である。その発掘を担当できる埋蔵文化財専門職員が行政側から大学に求められ，大学にはその人材育成が期待されている。専門職員による行政発掘の発掘報告書は研究や大学の教育に活用され，それを基にした教育を受けた学生が教育委員会・埋蔵文化財センター・博物館などの自治体に就職して発掘や文化財行政に携わり，学生を通して大学と自治体は密接な関係にある。しかし，大学を卒業した専門職員は発掘調査のみでなく，開発事業と遺跡保護との調整，遺跡保存と活用の方針策定，地域住民へ保存活用の啓蒙などの文化財保護行政も仕事のなかに入っているので，⑧文化財保護法・文化財行政学を学ぶことが望ましい。考古学専攻では，一般に考古学という学問にかかわる授業が行われるが，大学のなかには①〜⑧までを含んだ文化財学科を設置しているところや考古学専攻生がそれを学べるところがある。

　考古学にかかわる専門職員は自治体全体で約5900人いるが，大学の専攻生が全員そこに就職できるわけでなく，一般企業に就職する学生も多い。文化財の保存や遺跡の保護は，自治体職員のみでなく市民に支えられるところが多い。大学で考古学を学んだ経験は社会に出ても文化財に関心を持ち続け，彼らがサポーターとなって文化財行政を支えていくことが期待される。

〈註〉
1．天平宝字元年（757）の『養老律令』には，古い器物を発見して届けると報酬を与える制度がみえる。
2．1886年に帝国大学，1897年に東京帝国大学，1947年に東京大学と改称された。
3．1872年に文部省博物館として発足し，1889年に宮内省の帝国博物館となり，1900年に東京帝室博物館と改称，1947年に宮内省から文部省に移管され国立博物館となり，さらに1952年に東京国立博物館と改称された。

参考文献

青木豊・鷹野光行編『地域を活かす遺跡と博物館』同成社（2015）
川村恒明監修・根木昭，和田勝彦編著『文化財政策概論』東海大学出版会（2002）
坂詰秀一監修『観光考古学』考古調査ハンドブック7，ニュー・サイエンス社（2012）
澤村　明『遺跡と観光』市民の考古学8，同成社（2011）
奈良文化財研究所『遺跡整備調査報告　管理運営体制及び整備活用手法に関する類例調査』（2008）
文化庁文化財部記念物課監修『発掘調査のてびき―各種遺跡調査編』同成社（2013）
文化庁文化財部記念物課監修『発掘調査のてびき―整理・報告書編』同成社（2010）

索 引

●配列は五十音順，＊は人名を示す．

●あ 行

相沢忠洋＊　199
アイヌ文化　242
姶良・丹沢火山灰（AT）　48, 245
アイン・アル＝フィル遺跡　263
アサドダム　278
アシュール文化　264
飛鳥時代の古墳　233
アスワンハイダム　278
アフリカ単一起源説　118
家形埴輪　165, 235, 236
鋳型　150
池上曾根遺跡　77, 171, 219, 290
遺構　32
遺失物取扱規則　287
石舞台古墳　234
石包丁　96, 100, 155
イスラム考古学　273
板付遺跡　145, 147, 214
一括遺物　51
遺伝人類学　118, 120
伊都国　160, 218
稲作　171, 214, 249
稲作伝播ルート　250
稲吉角田遺跡　185, 186
今城塚古墳　194, 236
今山遺跡　96, 97
イモガイ　125, 241
『イリアス』　15
岩宿遺跡　62, 199
岩戸山古墳　239
イントカル（IntCal）　79, 80
ウィーラー，M.＊　24, 79
ウィグルマッチ法　81
ヴィンケルマン，ヨハン・J.＊　12

上野原遺跡　90, 207
雲珠　241
腕輪形石製品　230
馬形埴輪　193
ウルク　270
衛星画像　40
燕　144, 153
円形粘土帯土器　151
円筒埴輪　177, 235, 259
円墳　233, 234
オアシス説　268
大壁建物　168
大王　229
大平山元Ⅰ遺跡　138, 205, 206
大塚・歳勝土遺跡　172, 219
オオツノシカ　135
大洞式土器　53
大森貝塚　9, 16, 61, 287
『大森介墟古物編』　10
大湯環状列石　210
沖ノ島　180
オズワルト，ウェンデル＊　128
オホーツク文化　242
遠賀川文化　215

●か 行

海獣葡萄鏡　234
貝製釣針　282
貝塚　206, 246
貝塚後期文化　224, 240
海洋酸素同位体ステージ（MIS）　111
海洋リザーバー効果　75
塊煉鉄　154
貝輪　125, 241
家屋文鏡　165

拡散モデル・ルート　119, 120
核地帯説　268
核 DNA（ゲノム）　121
鍛冶具　155
鍛冶工房　154
瓦質土器　252
仮数年代法（SD 法）　57
加速器質量分析法（AMS 法）　70, 74
化石人骨　11
可鍛鋳鉄　153
瓦当　252
金井東裏遺跡　51
甲塚古墳　237
花粉分析　114
竈　166
亀ヶ岡式土器　91
甕棺墓　217, 218
加茂岩倉遺跡　189
画文帯神獣鏡　229
加耶　252, 255
唐古遺跡　55
漢　220, 222
ガンガラーの谷　281
環境考古学　19
環濠集落　157, 171, 219, 249
漢城　257
環状集落　169, 209
環状盛土　145, 211
『漢書』地理志　98, 218
完新世　113, 138
神庭荒神谷遺跡　189, 190
管理的石器　133
気候温暖化　268
気候変動　113
器材埴輪　235
『魏志』倭人伝　218
旧石器時代　13, 60, 199

共存関係　51
漁撈　131, 141
キリスト教　272
金印　73, 220
金属器製作技術　150
空中写真　39
楔形文字　271, 277
櫛目文土器　245
グスク時代　240
百済　252, 257
クラーク，デビッド*　86
グーラン，ルロア*　87
黒井峯遺跡　174, 175
群集墳　232
景観考古学　101
蛍光 X 線分析法　91, 92
形式　44
型式学　16, 44
型式組列　44
形象埴輪　235
結合式釣針　246
原位置論　87, 89
原三国時代　252
原始農耕　247
現生人類　118, 134, 264
交易　94
後期旧石器時代　134
黄巾の乱　222
考古地磁気法　66
『考古略説』　9
交差編年（交差年代法）　16, 54
工人集落　176
更新世　113
較正曲線　72, 79
江西大墓　255
豪族居館　173
高地性集落　158, 173

皇南大塚　255
後氷期　206
光武帝＊　220
孔列文土器　248, 249
『後漢書』東夷伝　220
古器旧物保存方　283, 287
国宝保存法　284
穀物栽培技術　143
黒曜石　92, 95, 96, 122, 123, 141, 204
古社寺保存法　284
互酬経済　95
古代DNA　121
『古代美術史』　12
骨角器　133, 224
コッシナ，グスタフ＊　107
琥珀　124
小林行雄＊　17, 55, 187
古墳時代　227
ゴホウラ　241
古木効果　75
古北海道半島　115, 134, 135, 138, 140
古本州島　115, 134, 138
コラーゲン　116
古琉球諸島　134
痕跡器官　46
誉田御廟山古墳（応神陵古墳）　230, 235
コンテキスト　24
近藤義郎＊　63

●さ　行
祭祀　179, 180
祭祀遺物　179
細石刃石器　135, 140
西都原古墳群　230, 286, 290
サキタリ洞　281, 282, 285
冊封体制　220
雑穀栽培　215

擦文土器　241
佐原　真＊　46, 62, 106, 188
三角縁神獣鏡　229, 230
三国時代　253
三時期区分法　59
三次元測量図　29, 37
酸素同位体ステージ（OIS）　111
酸素同位体比年輪年代法　78
三内丸山遺跡　214, 287, 290
GIS（地理情報システム）　39, 101
C3植物　117
GPS（全地球測位システム）　25, 27
シーボルト，ヘンリー・フォン＊　9
C4植物　118
支石墓　157, 248
史蹟名勝天然記念物保存法　284
事前調査　20, 21, 25, 277
実測図　21
社会的ネットワーク　142
宗教考古学　272
周堤墓　145
終末期古墳　233
重要美術品等ノ保存ニ関スル法律　284
首長制　95
『種の起源』　15
シュリーマン，ハインリッヒ＊　14, 15
小区画水田　148
象徴説　268
縄文時代　140, 205
縄文土器　52, 53
縄文農耕論　212
植刃槍　135
食性分析　116
『続日本紀』　233, 239
植物考古学　19
植物資源　114, 141
食糧生産の開始　266

新羅　252, 255
白保竿根田原洞穴人　282
新池遺跡　176
新町遺跡　157
進化論　15
人口説　268
新石器革命　61, 265
新石器時代　13, 60
新石器文化　140
神殿　270
人物埴輪　192
人面墨書土器　195
水洗選別　39
水中考古学　40
水田　145, 147, 171, 215, 219, 249
数値年代　44
須恵器　231, 238, 239
須恵器窖窯　238
陶邑窯跡群　177, 239
須玖Ⅰ式　150
須玖岡本遺跡　99, 218
ステノ，ニコラウス*　48
垂楊介遺跡　245
製塩土器　177
聖書考古学　273
青銅器　92, 104, 144, 150, 217, 248
青銅鏡　98, 149
製錬　233
精錬　154, 233
世界宗教　272
石刃技法　132, 136, 204
石棒　183, 184
石槨　253
石核石器　244
石器石材　121, 132
絶対年代　43
漸移的置換説　119

前期旧石器時代　244
全谷里遺跡　244
塼室墓　252, 258
戦跡考古学　19
尖頭形石器　136
前方後円墳　191, 223, 227, 230, 259
装飾大刀　233
装身具　204
相対年代　43
層位学　48
続縄文文化　224, 241
測量調査　23, 27

●た　行
大山古墳（仁徳陵古墳）　230, 235
ダーウィン，チャールズ*　15
台形様石器　135, 136
胎土分析　91, 124
高松塚古墳　234
高床倉庫　168, 171, 186
高床建物　165
戦いの技術　157
多地域進化説　118
竪穴式石室　229
竪穴住居　33, 139, 164, 241
立岩遺跡　96, 97
楯築墳丘墓　191, 221
垂柳遺跡　148, 219
ダンスガード・オシュガー・サイクル　111
断絶置換説　119
炭素14年代法　18, 69
炭素・窒素同位体分析　116
地下水位　148
地層　31, 48
チャイルド，ゴードン*　10, 18, 51, 60
中期旧石器時代　264

鋳造鉄器　153
中範囲理論（ミドルレンジセオリー）　181
貯蔵穴　167, 169
通過儀礼　211
『通論考古学』　10, 60
筑紫君磐井　239
造山古墳　230
筒形銅器　230, 257
都出比呂志　228
積石塚　253, 257
定住　164, 207, 266
ティーセン多角形　103
定着型狩猟漁労採集民　138
ディーツ，ジェームズ*　58
鉄器　152, 217
鉄鋌　257
テル　269, 276
デルプフェルト，ウィルヘルム・D.*　14
天然アスファルト　124
電波（レーダー）探査　40
土井ヶ浜遺跡　218
東京国立博物館　288
東京（帝国）大学　288
道具の製作　132
銅剣　189
踏査　25
陶質土器　91
唐仁古墳群　230
銅石器時代　269
銅鐸　180, 185, 187, 189
銅鐸絵画　187
銅鐸の埋納　189, 190, 221
動物形土製品　182
動物考古学　19
銅矛　189
土器絵画　188
特殊器台　222, 235

土偶　179, 181
徳興里古墳　254
都市国家　270
都市社会　270
土層断面図　31
トータルステーション　28, 36
トビニタイ文化　242
富沢遺跡　148, 201, 202
トムセン，クリスチャン・J.*　13, 19, 59
巴形銅器　230, 257
トランシット　31
登呂遺跡　168, 171
トロイ　14

●な　行
ナイフ形石器　164
ナウマンゾウ　135, 201
長持形石棺　229
奴国　160, 218, 221
菜畑遺跡　214
鉛同位体比分析　90, 149, 248
二極構造（石器製作）　137
西アジア　261
西田遺跡　170, 209
丹塗り摩研壺　157
日本版較正曲線　79
ニュー・アーケオロジー　18, 276
認知考古学　20
ネアンデルタール人　118, 119, 264, 265
熱残留磁化　66
熱残留磁気分析法　35, 66
熱ルミネッセンス法　67
年縞堆積　111
年輪年代法　76
農業の開始　265
野尻湖遺跡　202

索引 | 299

● は　行

ハインリッヒ・イベント　113
墓　210, 246
剝片石器　244
博物館　21, 287
土師器　238
箸墓古墳　80, 223, 227, 229, 230
柱穴　163, 164
機織形埴輪　237
畑　149
八角墳　234
発掘実習　291
発掘調査　23, 24, 30
発掘報告書　21, 41
抜歯　211
埴輪　191, 235
埴輪祭式　232, 289
ハプロ・タイプ　119
濱田耕作*　10, 17
原田大六*　104, 105
ハリスのマトリックス法　36
半減期　71
パンスヴァン遺跡　87
ハンドアックス（握斧）　244
晩氷期　138, 139
比恵・那珂遺跡　221
東名遺跡　207, 279, 280
微細構造学的分析　35
ヒスイ（翡翠）　92, 124
ヒッサルリクの丘　14
ピット　32, 34
卑弥呼　222
標準型式　48
表面採集　26
肥沃な三日月地帯　266
平原遺跡　221
頻度セリエーション　57

ビンフォード，ルイス*　18, 89
フィッショントラック年代測定法　68
封泥　252
封土墳　254, 255
武器　159
武具　159
複雑採集狩猟民　214
武人埴輪　237
太形蛤刃石斧　96
風土記の丘構想　286, 289
武寧王*　258
プラントオパール　249
ブレイドウッド，ロバート*　51, 268
プロセス考古学　86, 101, 276
文化圏　103, 106
文化財保護法　25, 284, 285
墳丘墓　191, 222
分節構造　170
分布圏　101, 106
分布図　88, 99, 100
分布調査　20
平城京　228
平地建物　165, 168
ヘイデン，ブライアン*　128
平面図　27, 34
ベータ線計数法　70
ペトリー，ウィリアム・M・F*　16, 57
ペルテ，J.ブーシェ*　24
弁辰地域　154
編年　45
方形周溝墓　172
放射性元素　65
方墳　232, 234
『北欧古代学入門』　13, 59
墨書土器　195
卜骨　171
掘立柱建物　165, 168

保渡田八幡塚古墳　193, 289
ホモ・サピエンス（新人）　205, 282
ボロノイ分割　103

●ま 行
マイクロ・モフォロジー　35
埋蔵文化財　21, 25, 286
埋甕炉　166
纒向石塚　223
マクロ分析　86, 91
磨製石鏃　157
磨製石剣　157
松本彦七郎　53
マンモス動物群　135
三雲南小路遺跡　97, 99, 218
ミクロ分析　86
三ツ寺Ⅰ遺跡　173, 174, 290
ミトコンドリアDNA（mt-DNA）　118
水戸光圀*　283
港川人骨　200, 282
見張り無し施設　130
ミュオグラフィ法　40
民族考古学　20
無文土器　248
メソポタミア　269
モーガン，ルイス*　61
モース，エドワード*　9, 16, 61, 287
モーズリー，ヘンリー*　91
木棺墓　157, 217, 252
モルティエ，ガブリエル*　13
モンテリウス，グスタフ・O・A.*　16, 45, 51

●や 行
野外調査　23
野外博物館　289
山内清男*　17, 52, 53

山下町第一洞人　200
邪馬台国　222
ヤマト政権　92, 106, 229, 230, 239
弥生土器（弥生式土器）　17, 62
弥生土器様式論　55
ヤンガー・ドリアス期　139, 206, 268
様式論　55
横穴式石室　232, 233, 254
横穴墓　232
吉武高木遺跡　217
吉野ケ里遺跡　172

●ら 行
楽浪郡　98, 218, 252
ラボック，ジョン・L.*　13, 18, 59
ラルテ，エドワード*　13
リー，リチャード*　127
リヴァース，A・ピット*　24
理化学的分析　109
立面図　28
リビー，ウィラード*　18, 71
隆起文土器　246
遼寧式銅剣　150, 248
臨機的石器　133
レーザー測量器　29
歴史考古学　19
レプリカ法　114, 118, 213, 215
レンフリュー，コリン*　61, 94
炉跡　32

●わ 行
倭国乱　160, 222
綿貫観音山古墳　192
和辻哲郎*　104
割竹形木棺　229

分担執筆者紹介

(執筆の章順)

西秋　良宏（にしあき・よしひろ） ・執筆章→2, 14

1961年	滋賀県に生まれる
1983年	東京大学文学部卒業
1991年	ロンドン大学大学院博士課程修了（Ph.D）
現在	東京大学総合研究博物館教授
専攻	先史考古学，西アジア史
主な著書	*Lithic Technology of Neolithic Syria*（Archaeopress）
	Tell Kosak Shamali (2 vols,)（共編著 Oxbow Books）
	The Middle and Upper Paleolithic Archeology of the Levant and Beyond（共編著 Springer Nature）
	『ホモ・サピエンスと旧人（全3巻）』（編著　六一書房）

藤尾　慎一郎（ふじお・しんいちろう） ・執筆章→4, 8

1959年	福岡県に生まれる
1981年	広島大学文学部卒業
1986年	九州大学大学院文学研究科博士課程後期単位取得退学
2002年	博士〔文学〕取得　広島大学文学部
現在	大学共同利用機関法人人間文化研究機構国立歴史民俗博物館研究部教授
専攻	先史考古学（農耕の始まり，年代学）
主な著書	単著『縄文論争』講談社メチエ
	単著『弥生変革期の考古学』同成社
	編著『弥生時代の考古学』2，同成社
	単著『弥生時代の歴史』講談社現代新書
	単著『日本の先史時代』中公新書

佐藤　宏之（さとう・ひろゆき）

・執筆章→6, 7

1956年　宮城県に生まれる
1982年　東京大学文学部卒業
1994年　法政大学大学院人文科学研究科博士課程修了，博士（文学）（法政大学）
現在　　東京大学名誉教授
専攻　　先史考古学，民族考古学
主な著書　『日本旧石器文化の構造と進化』（単著　柏書房）
　　　　　『北方狩猟民の民族考古学』（単著　北海道出版企画センター）
　　　　　『食糧獲得社会の考古学』（編著　朝倉書店）
　　　　　『講座　日本の考古学　旧石器時代』（共編著　青木書店）
　　　　　『晩氷期の人類社会』（共編著　六一書房）

分担執筆者紹介

(執筆の章順)

西秋　良宏（にしあき・よしひろ）　　　・執筆章→ 2, 14

1961年	滋賀県に生まれる
1983年	東京大学文学部卒業
1991年	ロンドン大学大学院博士課程修了（Ph.D）
現在	東京大学総合研究博物館教授
専攻	先史考古学，西アジア史
主な著書	Lithic Technology of Neolithic Syria（Archaeopress）
	Tell Kosak Shamali (2 vols,)（共編著 Oxbow Books）
	The Middle and Upper Paleolithic Archeology of the Levant and Beyond（共編著 Springer Nature）
	『ホモ・サピエンスと旧人（全3巻）』（編著　六一書房）

藤尾　慎一郎（ふじお・しんいちろう）　　　・執筆章→ 4, 8

1959年	福岡県に生まれる
1981年	広島大学文学部卒業
1986年	九州大学大学院文学研究科博士課程後期単位取得退学
2002年	博士〔文学〕取得　広島大学文学部
現在	大学共同利用機関法人人間文化研究機構国立歴史民俗博物館研究部教授
専攻	先史考古学（農耕の始まり，年代学）
主な著書	単著『縄文論争』講談社メチエ
	単著『弥生変革期の考古学』同成社
	編著『弥生時代の考古学』2，同成社
	単著『弥生時代の歴史』講談社現代新書
	単著『日本の先史時代』中公新書

佐藤　宏之（さとう・ひろゆき） ・執筆章→6, 7

1956年	宮城県に生まれる
1982年	東京大学文学部卒業
1994年	法政大学大学院人文科学研究科博士課程修了，博士（文学）（法政大学）
現在	東京大学名誉教授
専攻	先史考古学，民族考古学
主な著書	『日本旧石器文化の構造と進化』（単著　柏書房）
	『北方狩猟民の民族考古学』（単著　北海道出版企画センター）
	『食糧獲得社会の考古学』（編著　朝倉書店）
	『講座　日本の考古学　旧石器時代』（共編著　青木書店）
	『晩氷期の人類社会』（共編著　六一書房）

編著者紹介

早乙女　雅博（さおとめ・まさひろ）
・執筆章→ 1, 9, 12, 13, 15

1952年　神奈川県に生まれる
1981年　東京大学大学院人文科学研究科博士課程単位取得退学
現在　　東京大学名誉教授，放送大学客員教授
専攻　　東アジア考古学
主要著書　『朝鮮半島の考古学』（同成社）
　　　　　『考古学探訪の基礎知識』（共著　山川出版社）
　　　　　『古代朝鮮の考古と歴史』（共編著　雄山閣出版）
　　　　　『関野貞アジア踏査』（共著　東京大学総合研究博物館）
　　　　　『高句麗壁画古墳』（監修共著　共同通信社）
　　　　　『新羅考古学研究』（同成社）

設楽　博己（したら・ひろみ）
・執筆章→ 3, 5, 10, 11, 15

1956年　群馬県に生まれる
1978年　静岡大学人文学部卒業
1986年　筑波大学大学院歴史人類学研究科博士課程単位取得退学
2006年　博士（文学）：筑波大学
現在　　東京大学名誉教授，放送大学客員教授
専攻　　日本考古学
主な著書　『弥生文化形成論』（単著　塙書房）
　　　　　『縄文社会と弥生社会』（単著　敬文舎）
　　　　　『弥生再葬墓と社会』（単著　塙書房）
　　訳書　『複雑採集狩猟民とはなにか』（佐々木憲一監訳　雄山閣）

放送大学教材　1554921-1-1811（テレビ）

新訂　考古学

発　行	2018 年 3 月 20 日　第 1 刷
	2023 年 1 月 20 日　第 4 刷
編著者	早乙女雅博・設楽博己
発行所	一般財団法人　放送大学教育振興会
	〒105-0001　東京都港区虎ノ門 1-14-1　郵政福祉琴平ビル
	電話　03（3502）2750

市販用は放送大学教材と同じ内容です。定価はカバーに表示してあります。
落丁本・乱丁本はお取り替えいたします。

Printed in Japan　ISBN978-4-595-31857-3　C1320